高尚全 著

民营经济论

人民出版社

序　言

　　2018 年 11 月，针对社会上流传的关于民营经济的各种不利言论，中央专门召开了民营企业座谈会。习近平总书记在座谈会上指出：非公有制经济在我国经济社会发展中的地位和作用没有变！我们毫不动摇鼓励、支持、引导非公有制经济发展的方针政策没有变！我们致力于为非公有制经济发展营造良好环境和提供更多机会的方针政策没有变！我国基本经济制度写入了宪法、党章，这是不会变的，也是不能变的。任何否定、怀疑、动摇我国基本经济制度的言行都不符合党和国家方针政策，都不要听、不要信！所有民营企业和民营企业家完全可以吃下定心丸、安心谋发展！在这次座谈会上，习近平总书记更明确表示，民营企业家是自己人！习近平总书记的讲话，一扫此前笼罩在民营企业和民营企业家上空的阴霾，为民营企业的健康发展树立了重要的信心保障。

　　中国改革开放 40 年来，民营经济从无到有、从小到大、从弱到强，是印证我国经济发展的"活化石"。中国市场经济好不好，中国老百姓日子过得好不好，民营经济是有很大的发言权的。现阶段，民营经济已成为推动我国社会主义市场经济发展的重要力量，也是实现中华民族伟大复兴的重要力量。我国经济发展能够创造中国奇迹，民营经济功不可没。

民营经济的发展历程是一个思想解放的过程，是一个披荆斩棘的探索过程，更是一个迈向光明的过程。习近平总书记、李克强总理、刘鹤副总理都强调民营经济起了"五六七八九"的作用，即为国家贡献了 50% 以上的税收，60% 以上的国内生产总值，70% 以上的技术创新成果，80% 以上的城镇劳动就业，90% 以上的新增就业和企业数量。民营经济对中国的作用不言而喻。

本书实事求是地讲述了改革开放 40 年来民营经济发展的过程，政策完善发展的历程，以及各类民营企业现阶段的困难和解决之道：第一部分讲述民营经济制度论，从国家制度的角度出发，研究了各种有关民营经济制度的出现、发展、完善等问题；第二部分讲述民营经济主体论，着重强调民营企业要有主人翁意识，认识到自身才是划桨人，要依靠自己谋取出路；第三部分讲述民营经济环境论，主要论述了当前民营经济发展的环境以及我国政府在促进民营经济发展方面所提出的政策。这些内容，相信对读者了解现阶段我国民营经济的现状有所助益。

2018 年是风起云涌的一年，国际经济环境充满了不确定性风险。在中国的国际化贸易进程中，民营企业起到了强有力的推动作用，比如华为在国际信息化竞争中就占据了先机，为国家高科技芯片领域争取到了与发达国家"掰手腕"的资本。我们要积极响应习近平总书记的号召，完善法律的保障作用，创造公平的竞争秩序，建立健全的社会服务体系，营造鼓励创新的法治环境，坚定不移地鼓励、支持、引导民营经济健康发展。

高 尚 全
2019 年元月

目　　录

Ⅱ　民营经济主体论

Ⅲ 民营经济环境论

绪论：民营经济是实现中华民族伟大复兴的重要力量

熟悉中国改革历程的人都了解，改革开放 40 年的历史，既是我国民营经济从无到有、从弱小到壮大的过程，也是政策方针逐渐认可民营经济重要作用的过程。党的十二大肯定劳动者的个体经济是公有制经济的必要补充。党的十三大把私营经济、中外合资合作经济、外商独资经济同个体经济一起作为公有制经济必要的和有益的补充。党的十四大强调多种所有制经济成分共同发展是一项长期的方针。党的十五大明确提出，公有制为主体、多种所有制经济共同发展，是我国社会主义初级阶段的基本经济制度，非公有制经济是我国社会主义市场经济的重要组成部分。随着改革的深入，民营经济的作用逐步体现，民营经济的发展壮大与我国整体经济实力的发展壮大几乎是同步的。可以说，民营经济是实现中华民族伟大复兴的重要力量。

一、我国经济发展能够创造中国奇迹，民营经济功不可没

40 年来，我国民营经济从无到有、从小到大、从弱到强。截至 2017 年底，民营企业数量超过 2700 万家，个体工商户超过 6500 万

户，注册资本超过 165 万亿元。民营经济已成为推动我国社会主义市场经济发展的重要力量，也是实现中华民族伟大复兴的重要力量，使中国发生了翻天覆地的变化。人均 GDP 从 1978 年的 155 美元，增长到了 2017 年的近 9000 美元；经济总量占世界经济的份额从 1.8% 提升到了 15%，成为世界第二大经济体；人民生活水平大幅度提高，全国居民可支配收入增长了 22.8 倍，7 亿人摆脱了贫困；走出了一条从站起来到富起来再到强起来的路子。正如习近平总书记所说："我国经济发展能够创造中国奇迹，民营经济功不可没！"

二、我国民营经济的地位和作用是如何形成的

谈到民营经济的发展，首先要有一个基本判断，民营经济的发展历程是一个思想解放的过程。改革开放之前，我国长期存在着"所有制歧视"，甚至个体经济被视为资本主义尾巴。随着党的十一届三中全会的召开，确立了以经济建设为中心，如何发展民营经济便逐渐成为思想解放和党的方针、政策的着力点。1982 年，党的十二大提出："鼓励劳动者个体经济在国家规定的范围内和工商行政管理下适当发展，作为公有制经济的必要的、有益的补充。"1987 年，党的十三大再次认为，私营经济"是公有制经济必要的和有益的补充"，直到 1997 年十五大才提出，"非公有制经济是我国社会主义市场经济的重要组成部分"。2002 年，十六大报告提出"两个毫不动摇"——"必须毫不动摇地巩固和发展公有制经济"，"必须毫不动摇地鼓励、支持和引导非公有制经济发展"，突破了非公有制经济与公有制经济不可融合，公有制经济要在国民经济中占绝对优势的思维定势。2003 年，十六届三中全会第一次提出建立现代产权制度，大力发展混合所

有制经济，允许非公有资本进入法律法规未禁入的基础设施、公用事业及其他行业和领域，非公有制企业在投融资、税收、土地使用和对外贸易等方面，与其他企业享受同等待遇。这是我国改革理论的又一次突破，在所有制理论上打破了姓"资"姓"社"的禁区。2004年，宪法修正案，把"私有财产不受侵犯"写入宪法，为民营经济发展创造了更好的法治环境。2007年通过《物权法》和《企业所得税法》，保护了包括个人在内的所有物权人的合法物权，为内外资企业提供同一条起跑线，结束了不合理的外资"超国民待遇"。2007年，党的十七大报告提出"坚持平等保护物权，形成各种所有制经济平等竞争、相互促进新格局"，法律上的"平等"保护和经济上的"平等"竞争这两个"平等"是党的十七大在所有制理论上的亮点，是非公有制经济理论的又一次飞跃。党的十八大报告再次强调指出，推动各类所有制经济健康发展，毫不动摇鼓励、支持、引导非公有制经济发展，保证各种所有制经济依法平等使用经济要素，公平参与市场竞争，同等受到法律保护。党的十九大报告进一步为民营经济指明方向："必须坚持和完善我国社会主义基本经济制度和分配制度，毫不动摇巩固和发展公有制经济，毫不动摇鼓励、支持、引导非公有制经济发展"；"支持民营企业发展，激发各类市场主体活力"。改革开放以来，有关支持民营经济发展的相关政策体系也不断完善，民营经济发展环境持续优化。引人关注的是，2018年第四季度，中央高层对民营经济发展密集发声，强调发展民营经济，习近平总书记在东北三省考察时重申"两个毫不动摇"，在给受表彰民营企业家的回信中明确"任何否定、弱化民营经济的言论和做法都是错误的"，在广东考察时他提出"要为民营企业、中小企业发展创造更好条件"。2018年11月1日，习近平总书记亲自提议并主持召开高规格的民营企业座谈会，习近平总书记肯定了改革开放 40 年来民营经济的贡献，并指出："任何否定、怀疑、动摇我国基本经济制度的言行都不符合党和国家方针政策，都不要听、不要信！"

改革开放 40 年来，我国非公有制经济的发展，从"资本主义的尾巴"到"必要的有益的补充"，再到需要"毫不动摇"发展的社会主义市场经济的"重要组成部分"，到现在进行"平等竞争"和受到"平等保护"的市场主体，都是不断解放思想、逐步冲破认识上的传统羁绊的一次次理论飞跃。这些理论上的突破与飞跃，为民营经济的发展提供了强大的动力。

三、如何切实解决民营经济实际存在的问题

的确，民营经济的发展既有上面说的动力，也有障碍。多年以前我就针对民营企业发展还存在着三重障碍谈了看法，如今这三重障碍依然存在，即产权保护制度不完善、市场准入不充分、融资渠道不畅通。

第一，关于产权保护制度。实践中侵犯个人产权方面的问题屡有发生，民营经济进一步向更高层次发展面临着一系列突出障碍。比如，国内民营企业在兼并重组活动中，由于缺少制度特别是法律等方面的保护，因非市场因素导致失败甚至遭受重大损失的案例时有发生。

第二，关于市场准入歧视。在政策取向上，除关系国家安全和自然垄断的领域外，允许民营经济进入其他领域，与其他所有制经济一视同仁，平等竞争，鼓励民间投资以独资、合作、联营、参股、特许经营等方式进行投资和参与国有经济战略性调整等一系列措施。当前

最为紧迫的是，要打破阻碍民营经济发展的行政性垄断，在已经开放的领域进一步消除依然存在的某些歧视，健全和完善公平竞争的有效机制。即使在传统上被视为必须国家垄断的某些领域，也应根据实际情况对垄断的层次、范围和环节作出充分论证，将能够市场化经营的部分进行必要的分解或剥离。

第三，关于融资渠道问题。在间接融资方面，由于我国银行体系主要服务于国有企业，大部分民营经济缺少获得银行贷款的正规渠道。近年来各大专业银行相继成立了中小企业信贷部，一些地方政府也纷纷建立了中小企业担保基金，但由于整个金融组织结构缺少面向民营企业特别是中小企业的民营银行，加上信用中介服务体系发展滞后，国有大银行无论在自身机制上还是在技术操作上，都无法适应民营经济发展的需要。在直接融资方面，股权融资是民营企业特别是民营高科技企业最主要的融资形式。但由于目前全国性资本市场主要服务于国有企业改制和重组，地方性、区域性产权交易市场融资活动受到禁止，民营企业融资依然面临困难。

积改革开放 40 年之经验，有些核心内容，其中，第一条经验，必须坚持市场化的改革方向，以人民福祉为目标，坚守各类市场经济主体平等的法治理念。改革没有完成时，改革事业仍然需要在诸多议题上深入推进，必须进一步解放思想，以更大的勇气和决心才能推进改革。2018 年，关于民营经济出现了一些奇谈怪论，产生了负面影响，从年初就有人提出"消灭私有制"，到第四季度更有人提出"民营经济离场"、"新社会主义工商业改造"，诸如此类的言论不时发酵，引发中国改革何处去的舆论热议。2018 年，在中国经济增速放缓之际，中国不少民营企业因债务和资金问题面对困境，"离场论"、"私有制消灭论"、"新社会主义改造"的这些言论加重了民营企业界的不公平、不信任、不安全等焦虑，一度弄得人心惶惶，任其发展下去，势必影响民营经济和整个国民经济的发展。有人打着批私有化的幌子来否定民营经济，我认为，调整所有制结构，探索公有制的实现形式，发展非公有制经济，是改革的需要、是时代的需要、是人民的需要。国有资产从固化的实物形态转化为流动的资本形态，不是私有化，而是在流动中实现国有资产的保值增值。中央反复重申"两个毫不动摇"，即"毫不动摇巩固和发展公有制经济"、"毫不动摇鼓励、支持、引导非公有制经济发展"，提出"以公有制为主体，多种所有制经济共同发展的基本经济制度"。这是社会主义实践中探索和创造的重要经验。改革开放 40 年，中国的生产力状况和生产关系都发生了巨大的变化，事实证明，这 40 年生产关系的变化调整，适应并促进了生产力的发展，才有了今时今日丰富的物质基础。整体上，国有企业当前仍是推动中国经济发展中非常重要的力量，但代表中国经济发展状况的不再仅仅是国有企业，民营企业创造了一半以上的税收，60% 以上的国内生产总值，70% 以上的技术创新成果，80% 以上的城镇劳动就业，连慈善捐助也是主力军。所以，对民营经济的错误观念必须要坚决反对。第二条经验，改革开放 40 年给我们的一条重要经验或启示就是，坚守市场经济主体平等的理念。如果不能使不同产权主体之间保持平等地位，那就重则会发生强取豪夺，轻则打击生产和交易积极性，都将造成生产的破坏，交易关系难以持续。市场经济作为法治经济，就应当保障各类所有制市场主体公平受到法律保护。但是，从现实情况来看，民营企业尤其是民营非上市公司的合法权利的法律保障程度还难以达到最基本的要求。在司法实践中，企业之间纠纷处理的干扰因素过多，导致市场主体的合法权利往往难以受到保障，这种现象在民营企业当中尤其显著。更有甚者，民营非上市公司各种财产权利还受到各种腐败势力的压榨，难以得到法律的公正保护，其结果是企业创新积极性不足，资本大量外逃。要创造良好的市场环境，就必须保障各类所有制市场主体的合法权利。中央作出全面推进依法治国的决定，不仅仅是治国方略的重大宣示，同时也是为了更好地实现各种所有制经济依法平等使用生产要素、公平参与市场竞争、同等受到法律保护。

四、如何正确对待民营经济和公有制的关系，如何理解保护私人财产和维护公共利益的一致性

2018 年第四季度，中央频频就民营经济问题公开表态，称要"鼓励、支持、引导、保护"民营经济，并提出要出台更多政策，给民营企业创造良好稳定环境。这些表态稳定了人心。对此，我要强调的一点是，民营经济和公有制经济不是对立的，而是互相依存，谁也离不开谁的，高层在毫不动摇鼓励、支持和引导非公有制经济发展的基础上加上"保护"，对民营经济至关重要，因为离开营商环境、法治环境，民营企业发展不了。

对保护私有财产这个问题的正确理解，事关民营经济的长远发展，最终事关中国经济的长远发展。2004 年召开的十届全国人大二次会议上审议通过了宪法修正案，这是我国对宪法进行的第四次修订。其中一个主要的变动就是根据我国的实际情况对现行宪法中有关保护私有财产的法律规定作了修改，把原宪法第十三条"国家保护公民的合法的收入、储蓄、房屋和其他合法财产的所有权"，"国家依照法律规定保护公民的私有财产的继承权"改为"公民的合法的私有财产不受侵犯"，"国家依照法律规定保护公民的私有财产权和

继承权"，"国家为了公共利益的需要，可以依照法律规定对公民的私有财产实行征收或者征用并给予补偿"。修改后的宪法加强了对私有财产和个人利益的保护。原宪法用列举的方法，规定了保护公民的合法收入、储蓄、房屋等合法财产，却并未列举生产资料。而随着私营企业的发展，有产者越来越多，除劳动收入以外，还可以拥有股票、债券等金融资产并获取收益。鉴于此，本次修改不再采用列举的方法，而是直接规定保护范围为"公民的合法的私有财产"。私有财产是一个概括性的概念，包括一个公民所有的一切具有财产价值的权利和利益，既包括生活资料，也包括生产资料，如厂房、设备、土地使用权、投资收益、各种无形资产等，这就明确地扩大了保护范围。虽然以前刑法、民法通则中都有保护私有财产的条款，但宪法作为国家根本大法在私有财产保护上表述得含糊不清，基本法、单行法表述得再清楚，就整个法律体系而言，私人财产仍然无从真正获得完整的法律地位。这次在宪法中明确提出"私有财产不受侵犯"，是对私有财产权利的承认和尊重，这大大提高了私人财产权的地位。

此次修改后的宪法对私有财产和个人利益的保护还体现在明确了征收征用的三个条件：第一是为了公共利益的目的；第二是必须严格依照法律规定的程序；第三是必须予以补偿。这三个条件就是要约束政府的行为，如果没有这三个条件，政府可能动不动就借口征收来侵占个人的财产，侵犯个人利益。现实的情况是，不满足三个条件的征收征用时有发生。在法律上，"社会公共利益"是有严格界定的，指的是全体社会成员都可以直接享受的利益，如机场、公共道路交通、公共卫生、公共图书馆、灾害防治、国防、科学及文化教育事业，以及环境保护、文物古迹及风景名胜区的保护、公共水源及引水排水用地区域的保护、森林保护事业，都属于社会公共利益，而"经济开发区"、"科技园区"、"旧城改造"、"商品房开发"都不是社会公共利益。可是在实际操作中，很多地方把开发区、商品房、科技园区、旧城改造等项目也作为社会公共利益，把土地使用权征收后出让给企业。

一些言论并没有因为私有财产已经在法律上得到保护而改变对民营经济的偏见，担心私人财产权地位的提高将使公共利益受到损害，并进而担心公有制也将受到挑战。其实，这种担心是完全没有必要的。修订宪法只不过是强调私人财产对于公民的重要意义，强调国家根据法律保护私人财产而已，因为我们以前对私人财产的保护不到位，对个人利益的重视不够。并且，保护私有财产、维护个人利益和维护公共利益存在一个内在的统一关系。作为一个法治国家，通过完善法律以保护公民的私有财产权，对国家政治生活的长期稳定，社会财富的迅速增长，以及社会文明程度的普遍提高，具有至关重要的作用，是有利于社会主义经济发展的，是符合广大人民群众的长远利益的。

从概念上讲，私有财产的保护和维护公共利益是一致的。因为并非只有公共财产才是社会财富，私有财产本身也是社会财富的一个部分。在高度社会化的今天，个人活动已经离不开社会，个人的生产、消费就是这个社会大机器运转的一个部分。我们要突破单一的财产观念，树立全社会的财富观念。应当看到市场经济的发展，个人财富的快速增长、比重的不断提高是不以人们意志为转移的客观规律，是一个必然趋势，所以我们的目光不应仅仅盯在国有财产增值上，而更应注意全社会财富的增长，国家、政府要创造环境，维护全社会财富的增长，千万不要有恐富症。只有这样，才能实现民富国强的社会主义社会。从小的方面讲，我们是为个人积累财富；但同时从全社会的角度来看，我们也是在为社会积累财富。由私有财产参与的社会再生产本身就是为社会生产财富。在生产高度社会化的今天，股份制、合作制和混合所有制的出现，资本股份化、证券化，这样就出现了财富的公众化和社会化的趋势，非公有企业的发展壮大实际上也是公众财富增加的过程，同时，公有制形式正在多样化，股份制是今后公有制的主要实现形式。所以民间资本的介入，实际上意味着这种混合经济的形式正在发展，这也是公有制发展壮大的新形式。

从静态的角度来看，非国有企业的贡献，保护私有财产和维护公共利益是一致的。从直接贡献来看，非公有企业对我国的经济发展贡献越来越大。非公有企业的发展已经成为关系到国计民生的大事，保护非公有企业，保护私有财产权就是维护公共利益，促进社会发展。从间接贡献来看，企业所有者获得的利润固然是社会财富，但其创造的财富还应包括职工工资、税收等许多内容。一个企业的良好发展必然带动一方经济的发展。非公有制经济越发达，上缴税收越多，国家财政支出能力就越强，政府就能提供越多的公共产品，这也是符合社会的公共利益的。从这个意义上说，民富才能国强，保护私人财产，发展非公有制经济，也是对社会财富和经济发展的贡献。

从动态的角度来看，加强对公民的合法的私有财产的保护，对发展社会经济，维护公共利益是必要的。人民是创造财富的主体，但是创造财富需要良好的环境。只有为社会中一切合法财产提供切实有效的保护，才能坚定民营经济长期发展的信心，才能形成高效运作的市场竞争环境，才能最终为我国经济的长期、稳定增长提供持久的动力源泉。"有恒产者有恒心"，如果缺乏对私有财产的有力保护，人们对自身的财产权的实现几乎处于不确定的状态，其财产就不是恒产，也就很难使人们产生投资的信心、置业的愿望和创业的动力。只有明确对私人财产包括生产资料的宪法保护，才能从根本上解决这一问题。现在私有财产权受到国家根本大法的保障，使得国家对非公有制经济的政策具有持续性和可预见性，使行政权力受到有效的制约，促使政府信用的确立，从而鼓励公民个人对其财产投资、经营和积累，便能够形成一种持久的激励机制，使其对财产的使用及收益产生高度的责任感，激发出其内在的创造财富的积极性与能动性。投资者、企业家可以安心从事生产经营活动，进一步把企业做大做强；境外的投资者不用担心被任意没收财产；就是老百姓，随着经济的发展家产也会越来越多。这样就能够形成一种合理的财产秩序，放手让一切劳动、知识、技术、管理和资本的活力竞相迸发，让一切创造财富的源泉充分涌流，从而最大限度地加快社会财富的增长和经济的发展，这将大大促进整个社会的福利和社会效率，增加公共利益。

习近平总书记在关于支持民营经济的讲话后，各部门、各地区都在积极行动中。如果说最迫切的要求那就是，把多年呼吁却未完全落实的能够落实到位，第一是完善法律的保障作用。中国在完善保护私人财产的法律制度上，在修改宪法、刑法及相关法律法规时，确立国家保护私人财产的基本原则，进一步确认和保障私人资本与投资的合法权益。我国已经相继制定和颁布了《公司法》、《个人独资企业法》、《合伙企业法》，初步构建了我国的现代企业法律体系，但其中部分内容仍对民营企业的创建设立了较高的门槛，不利于民营经济的健康发展，应加紧修订与完善。第二是创造公平的竞争秩序。应对现行政策法规中歧视民营经济的有关条款进行认真的清理，逐步放开行业准入限制，减少政府审批环节和行政性收费，公平税费负担，实行国有经济与民营经济的公平竞争。与此同时，鼓励民营经济参与基础设施与公用事业的投资与建设，支持发展民间金融机构，拓宽民营经济直接、间接融资渠道。第三是建立健全社会服务体系。积极培育各个行业内部的协会与商会等自律性组织，由这些组织代表本行业利益与政府进行平等沟通，建立起长期稳定的对话渠道，使政府决策更加符合市场主体的切身利益，更加贴近实际经济活动。同时，鼓励各类中介机构为民营经济提供创业辅导、信息咨询、资金融通、技术支持和人才培训等方面的服务。第四是营造鼓励创新的法治环境。市场经济的核心理念是鼓励创新。凡是现行法律（法规）没有禁止做的事，都是可以做的；而当人们进行了种种创新，发明出各种新的做法、交易方式和行为方式之后，社会若认为这些新创造出来的行为有损于其他人或整个社会的利益，可以通过立法程序规定某些行为为非法。这就是说，法律不规定什么是可以做的，而只规定什么是禁止做的。亦即企业和个人的创新行为，无须政府审批。这不仅是一种"法理原则"，而且是一种社会治理、政府行政的基本准则。其宗旨是，在抑制反公共利益行为的同时，鼓励社会各类行为主体的创新活动，并以此为动力，推动社会的进步与经济的繁荣。

Ⅰ 民营经济制度论

积极发展多种经济形式和
多种经营方式

（1985 年 1 月）

坚持以社会主义公有制为主体，积极发展多种经济形式和多种经营方式，建立起适合我国国情的生产资料所有制结构，是较快实现国家繁荣富强和人民富裕幸福的重要途径之一。

一、新中国成立以来经济形式的变化情况

经济形式和经营方式不是一成不变的。随着生产力的发展，要求经济形式和经营方式进行相应的变革。恩格斯曾经说过："社会制度中的任何变化，所有制关系中的每一次变革，都是产生了同旧的所有制关系不再相适应的新的生产力的必然结果。"① 回顾一下我国经济形式的变革情况，总结历史经验，对今后坚持发展多种经济形式和多种经营方式是十分必要的。

35 年来，我国生产资料所有制形式的变革经历了四个阶段：

第一阶段，即在国民经济恢复时期。所有制形式变化的主要特点

① 《马克思恩格斯选集》第 1 卷，人民出版社 2012 年版，第 303 页。

是，由半殖民地半封建性质的资产阶级和封建地主阶级的私有制转变为以社会主义全民所有制为领导的多种经济形式并存的结构。

在城市，没收了官僚资本主义企业，接管了帝国主义在华企业，并进行了民主改革和生产改革，形成了社会主义全民所有制。加上原来的解放区和革命根据地的公营经济，组成了我国的社会主义国有经济。

在农村，实行了土地改革，把封建地主土地私有制转变为广大农民个体土地所有制。

在国民经济恢复时期，我国逐步形成了全民所有制经济、公私合营经济、集体经济、个体经济和民族资本主义经济等五种经济成分。这个时期，这五种经济成分都得到了不同程度的发展，适应了当时生产力发展水平，促进了国民经济的迅速恢复和发展。

第二阶段，即在第一个五年计划时期。到1956年，我国完成了对农业、手工业和资本主义工商业的社会主义改造，社会主义公有制占绝对优势的生产资料所有制结构已经确立。

这个时期，我国经济形式发生了急剧的变化。在农业方面，农民由个体经营逐步向互助组和合作社方向发展，把农民个体所有制转变为劳动群众社会主义集体所有制。在手工业方面，引导个体手工业向合作化、集体化方向发展，把大多数手工业个体所有制改造为集体所有制。在商业方面，采取了加工订货、统购包销、经销代销、公私合营等一系列形式。规定了定股、定息的办法，分别对资本家、小店主、小摊贩采取了不同的政策。上述"三大改造"的实现，促进了我国生产力的发展。但是，1955年以后，由于对生产资料所有制的改造要求过急，出现了工作方式过粗，形式过于简单划一的弊例，使所有制结构趋向单一化，生产经营也过分集中。

第三阶段，即在"大跃进"、国民经济调整和"文化大革命"时期。这个阶段，除调整时期以外，经济形式变化的主要特点是，发展全民所有制经济，削弱集体所有制经济，取消个体经济，使我国经济变为基本上是单一的国有制结构。

在"大跃进"时期，农村大办人民公社，实行"一平二调"，大刮"共产风"，使农村集体所有制由小集体向大集体，甚至向全民所有制过渡。城市商业、手工业也由个体、小集体所有制向大集体和全民所有制转变。1958 年和 1959 年两年中，全国有 109 万人由合作店、组并入国营商业，近 10 万个手工业合作社（组）的 500 万社员中，转厂过渡的占 85%，其中转为地方国营工厂的占 48%。这种急于过渡的做法，破坏了生产力的发展。

在调整时期，注意和发展了集体经济，适当允许个体经济的存在，在农村恢复了社员的自留地，开放了集市贸易，城市的集体商业、手工业也得到恢复，从而使国民经济较快地恢复和发展。

在"文化大革命"期间，对调整时期所采取的一些正确措施横加批判，在所有制问题上大搞"穷过渡"，把社员的自留地、家庭副业、集市贸易等都作为"资本主义尾巴"强行砍掉；城乡个体经济也被取消。这种"左"倾错误，完全背离了马克思主义关于生产关系必须适应生产力发展水平的基本原理，其结果是严重地挫伤了广大农民和手工业劳动者的生产积极性，造成了市场商品大大减少，商业和服务网点严重不足，城镇就业困难，阻碍了生产力的发展。

第四阶段，即党的十一届三中全会以来，我国生产资料所有制结构发生了良好的变化。

6 年来，在坚持国有经济占主导地位的前提下，鼓励和扶植了集体经济和劳动者个体经济的发展。

城镇集体所有制工业发展很快。从 1979 年到 1983 年的 5 年中，集体所有制工业总产值平均每年增长 11.5%，在全部工业总产值中所占比重由 1978 年的 19.2% 上升为 1983 年的 22.0%。而同期全民所有制工业增长速度为 6.7%。农村集体经营的乡镇企业也得到了迅猛的发展。1983 年乡镇企业总收入达 929 亿元，占农村经济总收入的 1/4，获纯利润 118 亿元，上缴国家税金 58 亿元。乡镇工业的发展，使农村剩余劳动力得到了安置，提高了农民的收入，也为国家和集体积累了资金。

集体所有制的商业、饮食业、服务业发展也很快，商品零售总额 5 年中增长了 3.1 倍，在社会商品零售总额中的比重由 1978 年的 7.4%，上升到 1983 年的 16.6%。增长速度快于同期全民所有制零售总额增长 46% 的速度。

1983 年城乡集体所有制建筑业劳动者共 785 万人，比全民所有制建筑业职工还多 58%。

我国各种经济形式结构变化（1952—1983 年）　（单位:%）

年　份	1952	1957	1965	1978	1983
一、工业总产值	100	100	100	100	100
全民所有制	41.5	53.8	90.1	80.8	77.0
集体所有制	3.3	19.0	9.9	19.2	22.0
公私合营	4.0	26.3			
私营	30.6	0.1			
个体经济	20.6	0.8			0.1
其他					0.9
二、社会商品零售总额	100	100	100	100	100
全民所有制	34.4	62.1	83.3	90.1	72.1
集体所有制		16.4	12.9	7.4	16.6
公私合营	0.4	16.0			0.1
个体经济	60.9*	2.7*	1.9	0.1	6.5

注：* 包括私营。

个体经济也得到了引人注目的发展。1983 年全国城乡个体工商户已发展到 598 万户、770 万人，比过去几年有了成倍的增长。个体户增加最快的是商业、饮食业和服务业。

城乡集市贸易同样也有很大的发展。全国集市数由 1978 年的 3.3 万个增加到 1983 年的 4.8 万个，成交额由 125 亿元增加到 386 亿元，占社会商品零售总额由 8%上升到 13.5%。

随着集体经济和个体经济的发展，我国各种经济形式结构的变化如上页表所示。

二、多种经济形式和经营方式
共同发展的客观必然性

《中共中央关于经济体制改革的决定》指出，"坚持多种经济形式和经营方式的共同发展，是我们长期的方针，是社会主义前进的需要"。这个科学的结论，是根据马克思主义的基本原理同中国的实际相结合的原则提出来的，反映了经济规律的客观必然性。在整个社会主义阶段，只要有计划地发展商品经济，只要自觉地依据和运用价值规律，就必然要求长期坚持多种经济形式和经营方式的共同发展。

首先，长期坚持多种经济形式和经营方式的共同发展，是由生产力的发展状况所决定的。我国现有生产力的状况，远不能满足人民日益增长的多种多样的需要。新中国成立以来，我国的社会生产力虽然有了很大发展，但是总的来说还比较低，而且各地区、各部门、各行业之间的发展很不平衡，既有现代化的大生产，也有落后的小生产，既有机械化、自动化的先进技术操作，也有大量手工劳动。这种生产力的多层次和发展不平衡情况，要求有与之相适应的多种经济形式和多种经营方式。

那么是不是说，生产力发展了，机械化、自动化程度提高了，所有制就可以像过去那样升级过渡了呢？不是的。因为随着生产的发展，人们收入的增加，要求多样化的趋势越来越明显。不仅需要大件的、耐用的消费品，而且需要花色品种、规格型号多样的以数十万计的日用小商品，同时要求相应发展商业、服务行业，要求提供更多、更好、更周到的服务。发展集体或个体的小型企业，可以更快地适应这种多样化的需求。由于它们规模小，布点分散，可以就近为消费者服务，因此即使我国的社会生产力有了更大的发展，我们仍然要长期坚持发展多种经济形式和多种经营方式的方针。

其次，几种经济形式，都各自在一定范围内发挥其优越性而不能互相代替，它们之间的互相渗透、交融联合是一个必然的发展趋势。历史的经验证明，评价和检验一种经济形式是否先进的主要标准是，看它是否适合生产力的性质，能否促进生产力的发展，而不能抽象地以"一大二公"为标准。要消除经济形式越"大"越"公"越好，"全民比集体先进"的"左"的思想残余。适合生产力性质、能够促进生产力发展的经济形式，才是先进的、应当采取的经济形式。像我们这样一个有十亿人口的大国，生产建设和人民生活的需要多种多样、就业压力大，搞单一的公有制经济，甚至搞单一的全民所有制经济是行不通的。必须在坚持公有制的基础上，合理配置所有制结构，积极发展多种经济形式和多种经营方式。

全民所有制经济是我国社会主义经济的主导力量，对于保证社会主义方向和整个经济的稳定发展起着决定性作用。发挥全民所有制经济的主导作用，必须发挥它属于全民所有、装备比较先进、技术力量比较强的优势。同时，要支持、扶植集体经济和个体经济，并引导它们沿着有利于国计民生的方向发展。集体经济是社会主义公有制的重要组成部分，具有对我国生产力水平较强的适应性。它所需投资少；能容纳更多的劳力就业；可以较灵活地根据市场和社会需要，改善经营，提供各种产品和服务。因此，在一般工业、商业、建筑业、交通运输业中，要大力发展集体经济。个体经济对于发展社会生产、方便人民生活、扩大劳动就业具有不可替代的作用。特别是在以劳务为主和适宜分散经营的经济活动中，应该大力发展个体经济。当前要为集体经济和个体经济的发展扫除障碍、创造条件，并给予法律保护。

在经济体制改革的实践中，多种形式的经济联合体，多种所有制的互相渗透、交融，发挥了可喜的作用。例如中华旅游纪念品联合开发总公司，实行了跨地区、跨部门、跨所有制的合股经营与联合开发。现在全国已有 15 个省、市和 11 个部门、30 多个行业的 60 多个单位向这个公司投资入股。不要国家花一分钱，一年就开发了 3000 多种旅游纪念品。

几种所有制的互相渗透、交融联合，并不是偶然的，而是生产力发展的必然要求。这种趋势，一是适应了所有制本身发展的需要。全民所有制经济，能够体现全国人民的根本利益，能够更多地注意全局；缺点是生产资料和劳动者的结合往往不够紧密，容易产生平均主义和"大锅饭"。集体经济，在一个集体范围内劳动者和生产资料的结合比较紧密，劳动者能够更好地关心集体的经营成果，但往往忽视社会整体利益，容易产生小集团倾向。因此，这两种所有制的互相渗透、交融联合，可以取长补短，使之不断完善。二是适应了增强企业活力的需要。随着企业经营自主权的扩大，生产资料交由企业占有使用，并掌握了一部分产品的销售权、自留资金的使用权。有的企业为了加速进行技术改造，在职工自愿的基础上集资入股，这就在全民所有制企业中渗透了集体和个体所有的因素。三是适应了社会主义商品经济和发展统一市场的需要。当代的世界是开放型的世界，当代的市场是开放型的市场，任何一个国家、一个地区或者一个部门，想把自己封闭起来，其结果只会使自己处于被动的、吃亏的地位，必须打破地区和部门的界限，发展横向经济联系，鼓励资金、技术、人才的跨地区、跨部门流动，以取得更大的经济效益。

再次，随着对外开放政策的进一步实施，我国的经济形式和经营方式将更加要求多样化。为了吸引外资，引进先进技术和经营管理经验，充分利用国内和国外两种资源，开拓国内和国外两个市场，学会组织国内建设和发展对外经济关系两套本领，党中央和国务院决定，在继续办好深圳、汕头、珠海、厦门四个经济特区的同时，进一步开放沿海 14 个城市和海南岛，使它们在我国沿海形成一个对外开放的前沿地带。这对于我们进一步发挥沿海地区的优势，加快沿海地区的建设，对于迎接新的技术革命以及整个社会主义现代化建设，都具有十分重大的意义。最近，邓小平同志阐明了我国对外开放长期不变的指导思想。他指出：中国的这个政策，本世纪不会变，下一个世纪前五十年不会变，后五十年也难以改变。我国对外开放长期不变的政策，是多种经济形式和多种经营方式的长期性的表现。它必将进一步吸引外商和港澳台同胞前来举办合资企业和独资企业以及各种合作经营项目，也必将进一步推动多种经济形式和多种经营方式的发展。

最后，把全民所有制企业的所有权和经营权适当分开，使企业有权选择灵活多样的经营方式，真正成为自主经营、自负盈亏的社会主义商品生产者和商品经营者。由于各个企业条件千差万别，社会需求十分复杂又经常变动，企业之间经济联系将随着商品经济的发展而日趋密切，任何国家机构都不可能完全了解和迅速适应这些情况。如果所有企业都要由国家直接经营和管理，势必压抑企业的生机和活力，而国家机构则陷入烦琐事务之中，放松对宏观经济的管理。因此，在保证国民经济统一性的同时，保持企业经营方式的多样性、灵活性，是项长期的任务。有些小型全民所有制企业租给或包给集体和劳动者个人经营后，并没有改变全民所有制企业的性质，而是大大调动了职工的积极性，提高了经济效益，方便了群众生活。例如，在北京市的5200家年利润20万元以下的国营商业和服务业经营单位中，到1984年7月底已有2000多家和上级签订了经营承包协议，开始走上了集体经营、自负盈亏的道路，从而增强了职工的主人翁责任感，改善了服务态度，销售额比承包前增长20%到一倍以上，经济效益大幅度上升。

三、实行国家、集体、个人一起上的方针
是加快社会主义建设的需要

我们的国家是在经济落后的基础上进行社会主义建设的，各项建设事业不应该也不可能都由国家包起来，必须实行国家、集体、个人一起上的方针。在加强国家建设的同时，要更多地依靠集体和个人集资兴办或经营各项建设事业。35年来的经验证明，国家包下来搞建设不仅包不起，而且经济效果也不好。以住宅建设为例，城市住房采取包建包修的办法，越包国家的负担越重，也远不能满足需要。近4年来，国家花了500多亿元投资，建了近4亿平方米的职工宿舍，国

23

家不能回收一分钱,而且每年还要给予大量的补贴。而农村住房,国家不包建包修,由农民自力更生解决,4 年来共新建 28 亿平方米,国家没有花投资,而且还回笼了大量的资金。据典型调查,如果每年向农民出售 200 万套商品房、200 万套配套材料,共计可回笼资金 140 多亿元,可为国家积累资金 20 亿元。城市和农村两种不同的住宅建设方针,产生了两种截然不同的结果。当然,城市和农村情况不同,不能照搬农村的办法。但是,它给了我们一个重要的启示,那就是:我们必须更多地依靠集体和个人集资兴办各项力所能及而人民又迫切需要的事业,调动一切积极因素,才能加快社会主义现代化建设的步伐。

依靠集体、个人兴办和经营各项事业,不仅是国家和人民的需要,而且也有可能。随着我国经济的发展,企业自主权的扩大,企业自留资金和城乡人民的货币收入越来越多。目前,仅城乡居民的储蓄存款就已近 1000 亿元。这就为集体和个人的集资创造了有利的条件。江苏无锡市利用农民资金发展城镇经济,现已集资 1.2 亿元,相当于全市两年的地方财政收入。这个市的堰桥乡农民为了办旅游公司,在一小时内就集资了 30 万元。安徽省望江县境内的武昌湖,有 13 万亩水面,原来是由国营渔场独家经营,产量很低。1981 年以后,采取了国家、集体、个人"三合一"的联营体制,联合投资,联合经营管理,沿湖群众由怨湖闹湖变为爱湖管湖。结果当年联营,当年盈利,沿湖入股渔民每股分红 250 元。3 年来,鱼产量和盈利分红年年递增,辽宁省朝阳重型机器厂试行职工投资入股,筹集资金 22.9 万元,用以改善生产条件,扩大生产能力,促进了生产力的发展,一年创利 22 万元。群众集资入股,使职工的利益同企业的经营成果更紧密地联系在一起,增强了职工当家作主的责任感。

　　我国人民有传统的创业精神，集资兴办和经营各项事业的潜力很大。为了更好地贯彻执行国家、集体、个人一起上的方针，必须注意：第一，坚持自愿原则，不搞强迫命令；第二，坚持多种形式，不搞"一刀切"；第三，加强经济立法和组织管理。今后，应该根据国家经济建设的需要，有计划、有步骤地引导企业、集体、个人兴办或经营新兴行业、基础设施事业和服务行业，并在税收等方面给以优惠条件，创造投资环境，以吸引更多的建设资金。

四、坚持多种经济形式和经营方式的共同发展，决不会动摇社会主义制度

　　也许有人要问：发展个体经济，会不会使我国国民经济退回到新民主主义经济？会不会动摇社会主义制度？

　　其实，这些疑虑是不必要的。要知道我国现在的个体经济是和社会主义公有制相联系的，不同于和资本主义私有制相联系的个体经济。第一，个体经济只是在一定范围内发展，是从属于、依赖于社会主义公有制经济的。从历史的经验来看，从奴隶社会、资本主义社会一直到社会主义社会都存在着个体经济，但在任何一种社会形态中，个体经济从来没有成为主导的经济形态，都依赖于一定社会之中的主导经济形态。第二，个体经济的从业人员是劳动者，容易引导他们走上社会主义道路。当然，个体经济也存在着一定的盲目性和自发倾向。但是只要加强国家的行政管理，如国家规定个体经济的经营范围，核准发给营业执照，监督、检查他们的经营活动，等等，他们的盲目性和自发倾向是可以被加以限制的。另外，由于个体经济在我国整个经济中所占的比重很小，如，1983年城镇个体经营的工业产值

只占全国工业总产值的 0.1%；个体经营的商业，只占社会商品零售总额的 6.5%。因此，它的发展不会对我国的基本经济制度产生多大的影响。第三，个体经济所需的原料和货源大多是从社会主义经济中取得的，它受到社会主义经济的制约。个体经济经营的业务有许多是全民所有制和集体所有制经济单位所不经营的。因此，个体经济是社会主义经济的必要补充，它的存在和发展，只会有利于社会主义经济的发展。

有的同志担心实行对外开放，发展中外合资企业，允许外商开办独资企业会不会导致资本主义？不会的。因为：第一，不管是中外合资企业或者外商独资企业，都是在平等互利的原则下开办的。我们的目的是把外资吸引进来，把先进的技术吸引进来，以加速我国的社会主义经济建设。外商在我国投资办厂，承担着一定的风险，他们所得的好处，是我们为引进先进技术和设备所付出的必要的代价。我们要进行现代化建设，总要付出一定的代价。我们给外商以合理的利润，换来先进的技术和管理经验，从而赢得时间，这是一种互利。第二，中外合资企业，是按照我国需要建立的，有我国股份参加，受我国经济法规管辖，服从我国政府的领导，实行共同经营并共享盈利的企业。第三，允许外商开办独资企业，是吸引外资的一种有效形式，在国际上已被广泛采用。外商为了取得利润，增强竞争能力，必然要使用先进技术和先进经营管理方法，这就有利于我们学习和掌握先进技术和管理经验，同时也可增加我国的外汇收入，并可以带动某些城市的公共设施和有关事业的发展，增加就业机会，培养各种人才。第四，在中外合资企业和外商独资企业中工作的职工，是我们国家的主人，他们的利益受到国家保护。第五，中外合资企业和外商独资企业在我国经济中的比重只占百分之零点几，不会影响社会主义公有制的

绝对优势。因此，在公有制占优势的情况下发展中外合资企业和允许
外商独资开办企业，不可能导致资本主义，而是会有利于促进我国的
社会主义现代化建设，也是对社会主义经济的必要的有益的补充。

（本文系作者 1985 年 1 月在中央电视台的电视讲话）

加快审批经济改革

（2001 年 6 月）

　　加入 WTO，我们面临很多问题和挑战，第一是市场准入、打破垄断的问题。第二是政策要平等，各种所有制、各类企业要一视同仁，平等竞争的问题。第三是渠道要畅通，一个是融资渠道；另一个是跟政府沟通的渠道，现在我们的融资渠道还不畅通，各类企业不是平等的。过去庞大的机构都是为国有经济服务的，现在多种所有制经济发展了，所以也不适应。第四是法律要保障的问题。法律怎么保障，各种所有制平等竞争，比如说财产制度、信用制度需要通过法律保障来解决。

　　另外一个很重要的问题，就是怎么改革审批经济的问题。现在在政府行政管理上存在"越位"、"缺位"和"错位"现象。"越位"就是市场能够干的事，政府干了；"缺位"就是政府应该做的事如服务、引导、监管等做得不够；"错位"就是一些投资主体本来应该是民间的却由政府承担。解决这三个问题，出路就在于让位，凡是市场能干的事情，都要让位于市场。2001 年两会上，对于我国仍然严重存在审批经济的反映很强烈。我们现在已经初步建立了社会主义市场经济体制，但是还要搞审批经济。审批经济存在，市场经济怎么能建立起来？我参加了《中共中央关于制定国民经济和社会发展第十个五年计划的建议》的起草工作，到上海、广东调查，上海反映改革汽车零件要到北京来审批；广州反映地铁要延长 15 公里，不要中央的钱，但是也要审批，而且审批的时间很长。这样的审批怎能适应加入 WTO 的要求，所以我在政协会上发言讲到怎么改革审批经济，要营造创新环境。我们讲政企分开、政府职能转变，讲了多少年了，为什么进展缓慢。因为现在我们改革到这个阶段，深层次的矛盾就暴露出来了，深层次的矛盾就是权与利的调整，难度就大了。

审批经济为什么延续了这么长的时间？其原因有三：一是我们对审批经济的危害认识不足；二是权和利的调整难度很大，特别是垄断行业；三是法制的理念和政府的理念没有转变过来，认为任何事情都要经过政府批准才能做，政府不认可、不批准的事情就不能去做，做了可能会有人秋后算账。具体而言，审批经济会造成以下后果。

一是效率低下。审批经济是计划经济的产物。现在有的审批比过去计划经济时期还厉害。我记得在 1956 年夏天，上海很热，企业为了不影响生产，要买鼓风机，但是企业没这个自主权，要打报告，要层层经过审批，经过 11 个部门审批，等最后一个部门审批完毕，夏天已过去，这是 1956 年发生的事情。当时我根据这个情况，曾写过一篇文章，叫《企业要有一定的自主权》。这篇文章在 1956 年 12 月 6 日《人民日报》第二版发表，一个画家在文章旁边画了漫画，企业要买打字机，坐火车跑到北京来审批。当时为什么要坐火车没坐飞机，因为坐飞机也要审批。当时写这篇文章，没有意识到市场经济，只是觉得这样不行，环节太多，影响效率，造成官僚主义。当时审批经济要经过 11 个部门，现在上海要经过 58 个关口，有的地方甚至有上百个。审批经济的结果不仅使市场经济不能完善，甚至不能最终建立起来。

二是抑制创新。江泽民总书记讲了要体制创新、理论创新、科技创新三大创新。创新靠谁呢？创新靠企业、靠群众。如果什么都要审批的话，怎么创新呢？我曾问过国外的市长，他关心的是什么，对经济发展速度问题怎么考虑？他说这不是他的事，这是企业的事，他就是营造环境，他希望大家来投资，到他那儿建厂，他划出地盘。人家来了之后，他告诉人家什么地方可以盖厂房、住房，他就定标准，高度不能超过多少，不能破坏环境，至于企业到底增长多少，这是企业的事，政府用不着操心。

三是造成腐败。为什么有的官员贪污受贿呢？一个重要原因是利用审批权力。进行权钱交易，从而造成制度性腐败。如果没有审批，都是公开的、透明的，政府不设租，人家就没有寻租的机会了，也就不会给别人制造犯错误的机会了。

要改革审批经济必须解决两个问题：一是要充分认识审批经济的危害性。审批经济严重影响了企业和个人的创新行为和积极性，并且从制度上为腐败创造了条件。二是更新法治理念和政府理念。过去必须经过政府批准才能做事的理念，要转变为凡是现行法律法规没有禁止的事情都可以做，但必须维护社会和他人的利益。政府的主要职能是为营造环境创造条件，提供公共产品，并加强对经济运行的监管。所以，我觉得加入 WTO 很大的挑战是对政府部门尤其是政府职能的挑战，不该管的就不去管。用审批的办法是不能适应 WTO 要求的。当然我不是说什么都不要管，该管的就要管好，不该管的就不要管。市场能够管的，中介机构、企业能够管的，就要让市场、企业来管。政府应该管好市场、企业不能管的，这需要加强。不要有权有利的就抓住不放，为企业服务的就不管。

（原载《改革内参》2001 年第 11 期）

以新的眼光认识所有制结构的变化

（2001 年 10 月）

我国是社会主义国家，这要求我们必须坚持公有制的主体地位；同时，我国处于社会主义初级阶段的现实国情，又需要按照现阶段生产力发展水平的实际，实行各种所有制经济共同发展的政策。事实上，一切能够促进生产力发展、符合"三个有利于"标准的所有制经济形式，都可以用来发展我国的社会主义经济，为社会主义建设服务。对此，我们要以邓小平建设中国特色社会主义经济理论为指导，以新的眼光认识所有制结构的变革。

1980 年，邓小平在总结新中国成立以来经济建设经验时指出："总起来说，第一，不要离开现实和超越阶段采取一些'左'的办法，这样是搞不成社会主义的。我们过去就是吃'左'的亏。第二，不管你搞什么，一定要有利于发展生产力。"在党的十三大前夕，邓小平告诫人们说："我们党的十三大要阐述中国社会主义是处在一个什么阶段，就是处在初级阶段，是初级阶段的社会主义……就是不发达的阶段。一切都要从这个实际出发，根据这个实际来制订规划。"邓小平关于初级阶段的理论，是从历史唯物主义出发，根据马克思主义生产关系必须适应生产力发展的客观规律得出的，这也是我们确定现阶段所有制结构的重要指导思想。因此，我们必须对我国现阶段的所有制结构做出科学的抉择，破除"一大二公"的旧观念；摆脱所有制的"先进次序论"及"过渡论"的束缚；抛却以某种所有制为标准，给不同所有制经济成分加以不同的"主义"标签等所有制方面的歧视行为。要坚信，只要我们有党的领导，有巩固的社会主义政权，国家控制着国民经济的命脉，在公有制为主体的前提下，国有经济的结构调整和资产布局的适当集中、国有企业数量的相对减少，并不会削弱国有经济对国民经济的主导作用，也不会影响我国的社会主义性质。

要全面认识和准确理解公有制经济主体作用，以及国有经济主导作用的含义。随着我国经济市场化改革进程的加快，不同所有制经济成分间的界限被打破，出现不同经济成分相互融合、互相促进的局面，投资主体日益多元化，社会财产组合方式和企业组织形式日益多样化，所有制的实现形式也日益丰富。现在的公有制经济，不仅包括传统意义上的单一所有制的国有经济和集体经济，而且包括不同经济成分共同投资企业中的国有成分和集体成分。对于公有制经济的主体地位和国有经济的主导作用：一是指公有资产在社会总资产中占有优势，这种优势不单指数量的优势，更注重质的提高；二是国有经济控制国民经济命脉，要控制住关键行业和领域，而不是在资产布局上面面俱到，要有所为、有所不为；三是国有经济对社会经济的发展起主导作用，主要体现在对国民经济发展的导向和经济运行的控制力上。公有制经济的主体地位和国有经济的主导作用是就全国整体而言的，不同的地方、不同的产业可以有所差别。尤其是国有经济亟须进行资产布局的战略性调整，适当收缩领域，将资产转移到关系国民经济发展的关键行业和特殊领域，或者与其他经济成分联合经营，以扩大国有资产的影响范围，从而更好地发挥国有经济在国民经济中的主导作用。

应充分认识集体所有制经济的作用和意义。集体经济是公有制经济的重要组成部分，也是为广大劳动者所乐意接受的劳动联合和资本联合相结合的一种所有制形式，应充分发挥其在经济建设中的积极作用。集体经济可以体现共同致富原则，可以广泛吸收社会上分散的资金，缓解就业压力，增加公共积累和国家税收。集体所有制企业在主动适应市场需求，适应不同层次生产力发展水平，贯彻落实劳动者民主管理要求，满足城乡不同层次就业等方面，有着国有企业不可代替的优越性。在国有经济"抓大放小"的当前，发展集体经济更有其现实意义。一部分国有小企业在资产重组后，可能会转为集体经营。在发展适应市场要求的新企业方面，如果采用发展集体所有制企业的策略，则会极大地促进公有制经济的发展及其地位的巩固。

个体、私营和外资经济等非公有制经济是社会主义市场经济的重要组成部分，它们将与公有制经济共同发展、相互促进，并呈现相互融合交错的发展格局。一切符合"三个有利于"的所有制形式，都可以而且应该用来为社会主义服务。其含义：第一，无论是国有经济还是集体经济或其他公有制经济的实现形式，抑或是非公有制经济，只要有利于社会生产力的发展，都应支持其发展；第二，一切有利于社会化大生产的财产组合方式和企业组织形式，都应大胆地为发展社会主义的社会生产力所利用。因此，鼓励非公有制经济成分的发展，是社会生产力发展的需要，也是当前政策所允许并加以支持的。今后，关键是加强政策引导，进行依法监管，为不同所有制经济成分提供一个公平竞争的市场环境。

股份制是现代企业的一种资本组织方式，是一种高度规范化、法制化的企业制度形式，是社会化大生产的产物。股份制有利于转换企业经营机制，实现所有权和经营权的分离，有利于建立依法管理和规范的、投资主体多元化的企业制度，有利于企业筹集资金，提高企业和资产的运作效率与竞争水平。公有制经济实行股份制，有利于提高公有资本的控制力和运作效率，扩大其支配范围，加强公有制的主体地位。股份制是国有大中型企业建立现代企业制度的主要组织形式，国有企业实行股份制，有利于发挥国有经济的主导作用。

我们党将"公有制为主体、多种所有制经济共同发展"确立为我国社会主义初级阶段的一项基本经济制度和基本国策，并将调整与完善所有制结构作为发展生产力和推进经济改革的根本手段之一。这表明了我们积极推进建立社会主义市场经济体制改革的决心和信心。所有制问题是一国生产关系的核心，是国家社会经济制度的基本问题。推进所有制结构的改革，就是要建立和发展符合社会主义市场经济要求、有利于社会生产力发展的所有制结构。

（《制度的障碍与供给：非国有经济的发展问题研究》，
"序言"，上海远东出版社 2001 年版）

中国特色的社会主义和民本经济

（2002 年 2 月）

一、关于中国特色的社会主义

最近我去深圳参加一个研讨会，要我谈一谈什么是中国特色的社会主义。我认为有四点：第一是以民为本，这是中国特色的社会主义的根本出发点。第二是市场经济，这是中国特色的社会主义经济的运行基础。过去苏联模式的社会主义是搞计划经济，这条路走不通了，我们搞的是社会主义市场经济。第三是共同富裕，这是中国特色的社会主义的根本目的。我们的革命、建设、改革和发展的根本目的就是为了大家共同富裕起来。当然，共同富裕是有先有后的，邓小平同志讲一部分人先富起来，首先要消灭贫困，然后达到小康，然后共同富裕。我们不搞平均主义，只有这样，社会和经济发展才有动力，才与资本主义有区别。生产的社会化和资本家个人占有生产资料是资本主义的基本矛盾，中国特色社会主义要将生产的社会化和劳动者占有生产资料结合起来。第四是民主政治，这是中国特色社会主义的重要保障。任仲夷同志说：民主就是由民作主。过去有一句话：当官不为民作主，不如回家卖红薯。它真正体现着中国特色社会主义必须是由民作主，而不是官为民作主，是由老百姓真正自己当家作主。我讲了四条之后，马洪同志提出是否加一条中华文化。中华文化，是中国特色社会主义的内在要求。中华文化中的优秀部分要继承、要发扬。今天讨论的企业信用问题，"言必信，行必果"就是中国的传统文化，不仅传统文化要继承和发扬，还要创造先进的文化，这是第五个方面。这样，就构成了中国特色社会主义的五个特点。

二、关于民本经济

最近我两次去浙江，感触很深，浙江已初步形成了民本经济的格局。什么是民本经济呢？我认为，民本经济是以民为本、民有民营民享的经济，民本经济主要是相对于官本经济来说的，过去我们搞的计划经济，是典型的官本经济。民本经济的特征是：第一，经济的形式以民营经济为主；第二，社会投资以民间资本为主；第三，社区事业以民办为主；第四，政府管理以创造环境为主。

1986年我到匈牙利访问时，他们的副总理跟我们说，匈牙利的计划局根据平衡表制订了计划，执行的结果，有的完成了500%，有的只完成了4%，谁也没有责任，少数官员凭平衡表来编制计划、来拍脑袋，这样就造成了资源的极大浪费。我们是讲究群众路线的，过去计划经济不是搞群众路线的，是官本经济，少数官员制订计划，然后大家来执行。捷克的皮鞋在没有搞计划经济前是名牌产品，后来搞了计划经济，就没有了名牌。为什么呢？按照计划经济，捷克斯洛伐克全国1600万人口，每人消费两双皮鞋，计划全国生产3200万双皮鞋，按多少皮鞋厂分下去。企业把产值高的先完成，结果是老百姓需要的没有生产，而生产出来的皮鞋又没有人要，这种官本经济对资源造成了相当大的浪费。

　　民本经济要以民为本。浙江是"一多三少"的省份——人多、地少、陆地资源少、国家投入少。穷则思变。他们创造了很多奇迹，在制度创新上有许多全国第一。农民收入全国数一数二，许多产品是全国第一甚至世界第一。尽管浙江在资本积累过程中还有些教训，如在温州有些假冒伪劣产品，但它接受了教训，温州把质量不好的皮鞋集中在杭州销毁，把假冒伪劣商品烧掉，不断改进产品质量，创造了许多名牌。浙江为什么创造了这么多奇迹？这是与民本经济分不开的，是与改革、与浙江精神分不开的。他们有"五千精神"。第一是"千辛万苦"去创业。例如：修鞋匠邱继宝300元起家创业，现在销售额15亿元，利税1.55亿元，创汇6370万美元，过去自己是打工的，现在有200个老外为他打工。第二是"千方百计"来经营。浙江人对利润特别敏感。浙江温州人说北京遍地是黄金，北京人不肯弯腰去捡。温州人是只要能赚钱的事就干，一块钱不嫌少，几万元不嫌多。第三是"千家万户"搞生产。台州邱继宝利用高技术生产缝纫机，受到了总理的表扬，他的产品销售到了欧洲、美洲和日本，他组织了家庭生产的网络，真正实现了专业化协作生产。台州市的摩托车比嘉陵的产量还多，吉利生产汽车，水嘉生产踏板车，确实是千家万户搞生产。第四是"千山万水"找市场。浙江人没有地区界限，哪个地方能赚钱，他就跑到哪个地方去干，不管山高、水深，都跨过去。在俄罗斯、匈牙利都有浙江温州人开的饭馆，凡是能赚钱的地方几乎都有浙江人的存在，打破了国界和地域。第五是"千头万绪"抓根本。过去搞计划经济、官本经济，很单一；现在政府营造环境、鼓励创新、保护产权，企业发展了，个人的积极性调动起来了，大家的收入增加了。2002年浙江财政收入估计有800亿元，一个县级市财政收入近20个亿。不得了啊！最近我到过三亚市。三亚市旅游资源很好，一个市的财政收入 3 亿多元，浙江的一个县级市财政收入近 20 个亿，它的日子就好过了。政府不要去抓微观企业管的事，应该去营造环境。尽管当时浙江面临的困难比较多，有的甚至说温州的政权不在我们手里。温州人、浙江人不争论，还是继续干，还是鼓励创新，营造这样的环境。民本经济发扬的"五千精神"，值得我们重视。我们要搞好建设，怎样发展民本经济，是一个重要的课题。

浙江这样一个"一多三少"的省份，现在生机勃勃，经济发展了，人民富裕了，社会稳定了，浙江的民本经济很有潜力。

（原载《工业经济内参》2002 年 2 月 25 日）

扩大民间投资　促进经济发展

（2003 年 3 月）

有两个问题提出来供大家讨论。一个是如何扩大民间投资，促进经济发展；另一个是如何处理好政府和市场的关系。

一、如何扩大民间投资，促进经济发展

对于扩大民间投资，现在有不同的认识。一种认为，扩大民间投资空间不大。另一种认为，除了政府投资以外，民间投资也是一个重要的渠道，应当扩大民间投资，发展民营经济。政府投资当然要，主要搞基础设施，但是积极的财政政策还有多少空间？效益怎么样？现在看，民间投资并没有很好地启动起来。原因是什么？扩大投资应当采取什么政策？我认为以下四点很重要。

一是市场准入，打破垄断。据对广东某县的调查，80 多个行业里，国有进入的有 70 多个，外资进入的有 60 多个，民间投资进入的只有 40 多个。就是说，外资能够进入的有些领域，民间投资还不能进。现在的情况是，竞争性商品价格不断地下降，垄断性商品价格降不下来，有的还呈上升趋势。这是因为行业行政性垄断，没有竞争。所以，市场要准入，要打破行业垄断。给外商以国民待遇，同样应给

39

民间投资者以国民待遇。

二是政策支持，消除歧视。现在我们不是对所有的企业都是平等竞争，一视同仁的。党的十五大提出来了，但没有做到。比如说税收政策，民营经济是双重税负。它的利润除了要缴纳企业所得税以外，还要缴纳20%的个人所得税。这种政策不利于公平竞争，也影响了社会投资的积极性。

三是渠道畅通，正确引导。现在融资渠道不畅通，与政府沟通的渠道也不畅通。融资渠道，对中小型企业和民营企业缺乏相应的金融机构，缺乏相应的担保机构，缺乏相应的资金来促进社会投资。另外，要开通与政府沟通的渠道，发挥中介组织的作用。

四是法律保障，打消顾虑。要的是民间投资者有安全感。如果没有安全感，就会影响投资者的积极性。我们一方面要外资进入，另一方面又有大量的民间资本外流。这对我们的经济发展是很不利的。

二、如何处理好政府和市场的关系

改革开放以来，经济体制发生了根本性的变化，国民经济的发展上了新台阶，人民生活水平和质量普遍有了提高。与此同时，在改革与发展中出现了一些深层次的矛盾和问题。对这些问题如何正确认识？是市场不足呢？还是市场失灵呢？这个判断很重要。不同的判断采取不同的对策措施。如果是市场失灵，开的药方是，要加强干预，用行政的办法，强化审批；如果是市场不足，就要加快改革开放步伐，弱化行政干预，提高经济市场化程度，不同的判断用不同的药方。

我们认为，当前出现的问题主要还是市场不足，改革不到位。政府和市场的关系没有摆正。主要是：

一是"越位"。政府管了不少本来应由市场或企业管的事情，本来应该当"裁判员"的，却去当了"运动员"。

二是"缺位"。政府本来应当有服务功能，搞好公共服务，提供公共产品。服务是没有什么权，也没有什么利的，所以往往不愿意干。它愿意干审批，因为有权也有利。

三是"错位"。扩大就业渠道，创造就业机会，理应是政府的职责，有的政府部门却分片包干企业，直接管理企业的下岗分流，至于投资主体错位的现象也不少。

出路是什么？

出路就是"让位"。市场和企业能做的事而且政府不容易做好的事，政府应该让位于市场。所以要转变政府职能，实行政企分开。

实施西部大开发战略，要解放思想，转变观念，充分发挥市场的作用。政府应在营造良好的环境上下功夫。但我们往往所注意的是，要上多少项目，要多少资金。但资金从哪儿来？"等、靠、要"不行。有了良好的环境，是指法律环境、政策环境、体制环境、竞争环境，资金的问题是容易解决的。因为资本流动的规律是，哪里的回报率高，就往哪里流。

西部大开发，要发挥产业优势，比如说云南的花卉，是很重要的一个优势产业，出口量很大。由于体制和机制不同，国家投资和社会投资效益就不一样。因为国家去投资，就会先去建办公室、盖宿舍、买汽车，钱投下去就花得差不多了，所以效益往往不好。但民间投资就注意精打细算。一个日本人投资花卉，就雇了两个朝鲜族人，先把花棚搞起来，引进品种，赚了钱再滚动，出口量很大，盈利很多。靠国家花钱，亏损了有人补贴，它不怕。靠社会投资，亏损了谁来补贴？它只能破产。这种机制迫使它要改善管理。所以像这样的竞争性产业，国家不应新增投资，应退回来。

（本文系作者 2003 年 3 月在宏观经济形势分析会上的发言）

以民为本　共同富裕

（2003 年 9 月）

中国县市改革确实是一个很特殊的问题。最近以来，在我们国家有两个方面大家很关注：第一是城市和乡村怎么协调发展，怎么统筹；第二是经济和社会怎么协调发展，怎么统筹。特别是"非典"以来，这是大家很关注的两个方面。

县市经济是连接城乡经济的一个缩影、一个结合点。大家知道，当前"三农"问题很突出，所以能不能解决"三农"问题，不仅涉及到经济问题，而且涉及到政治问题。现在有几个突出的问题：第一是农村富余的劳动力要向城市转移；第二是农民销售农产品的收入逐渐减少，所以农民的收入跟城市居民的收入不能同步；第三是为农民提供的公共产品不足，农民的国民待遇这个问题就凸显出来了，所以发展县市经济有利于城乡的协调发展。我觉得，在这样的时刻召开县市改革研讨会很有意义。

一、完善社会主义市场经济体制

不久前，中共中央政治局开会讨论提出：一是完善社会主义市场经济体制，中央要做出若干条决定；二是修订《宪法》。现在，这两方面正在征求各个方面的意见，意见大部分陆续地反馈回来了。

1. 社会主义市场经济体制的基本框架

党的十六届三中全会很重要。我们历史上的三中全会都是中央做出重大决策的会议。为什么呢？因为从中央新的委员会成立以后，一届、二届都要考虑近期的一些安排，所以一中全会、二中全会都是着重于当前的安排。到了三中全会，可能会腾出手来对一些重大问题做出决策。

历史上，1984年党的十二届三中全会做出了《中共中央关于经济体制改革的决定》，这是党中央第二次对改革做出的决定。现在看来，这个决定对于推进改革是起了决定性作用的。邓小平同志对十二届三中全会做出了高度的评价，认为发展了马克思主义。提出社会主义商品经济，是理论上的一个重大突破。第二次影响大的三中全会就是1993年《中共中央关于建立社会主义市场经济体制若干问题的决定》。这也很重要。根据邓小平同志南方谈话的精神，就是搞市场经济，提出市场经济的概念。1992年十四大明确提出，我们改革的目标是建立社会主义市场经济体制，这也是一个创新；随后，1993年做出决定，要建立社会主义市场经济体制，做出了50条决定，为建立社会主义市场经济体制勾画了蓝图。

建立社会主义市场经济体制：第一是建立现代企业制度；第二是培育和发展市场体系；第三是转变政府职能，建立健全宏观经济调控体系；第四是建立合理的收入分配和社会保障制度；第五是深化农村经济体制改革。这些就对于怎样建立社会主义市场经济体制提出了方向性的意见，所以，这次党的十六届三中全会很重要。现在十六届三中全会决定提出了完善社会主义市场经济体制的若干问题，也是我们党历史上的一次重要会议。那么，为什么要完善社会主义市场经济体制呢？

2. 完善社会主义市场经济的必要性

我们虽然初步建立了社会主义市场经济体制，但还不完善；就是说，光建立了一个框架，但是内部的机制和各方面的内容还不完善。在这时候做出完善社会主义市场经济体制的决定，是完全正确的。因为事实上，我们的改革存在着滞后性、不平衡性。

第一，改革滞后于开放。国内外体制方面的差异以及经济技术实力、管理水平方面的巨大差距，构成了对国内改革的压力和挑战。第二，农村改革滞后于城市改革。解决"三农"问题要靠改革，而农村的改革相对来说滞后于城市改革。第三，宏观改革滞后于微观改革。特别是宏观调控体制依然不能适应经济运行的客观要求。第四，政府改革滞后于企业改革。这不仅直接制约了国有企业改革的推进，而且难以理顺市场经济体制下政府与市场的关系。第五，政治体制改革滞后于经济体制改革。如果不改变政治体制改革滞后的状况，进一步的经济体制改革和经济发展都会受到制约。大家感觉到，经济体制改革到了一定的时候，政治体制改革必须要跟上，否则会拖后腿，影响经济改革。这五个不平衡说明改革仍然处于攻坚阶段，改革的任务仍然相当艰巨。

3. 改革是无止境的，完善也是无止境的

党的十六大提出，全面建设小康社会，关键是靠改革，改革是动力。不能说逐步建立了社会主义市场经济体制，改革就基本结束了。在这样的背景下，中央决定召开十六届三中全会并做出完善社会主义市场经济体制的决定，非常及时。

改革是无止境的，完善也是无止境的。从理论上讲，经济基础与

上层建筑、生产力与生产关系要不断地相互适应。经济基础是不断发生变化的，生产力是不断发展的，因此它们要求上层建筑和生产关系也做出相应的变化。也就是说，改革是不会停止的，那么完善也是无止境的。从实践来说，不要以为有些国家，比如美国，搞了那么长时间的市场经济就完善了。"安然事件"的发生暴露了制度上的问题，美国人反省了，必须改革。实际上，即使像这样一个市场经济建立比较早、经济比较发达的国家，它的改革也是无止境的，也是需要不断完善的。不能简单地理解为，既然我们提出了完善社会主义市场经济体制，那么在几年内完善就可以结束了，改革的任务就完成了。我们要看到改革的长期性。

二、坚持初级阶段的基本经济制度

1. 社会主义初级阶段基本经济制度的主要内容

党的十五大对于基本经济制度和所有制结构的改革做出了重大决策，在理论上和实践上有很多创新，为所有制改革指明了方向。

其一，提出以公有制为主体，多种所有制经济共同发展，是社会主义初级阶段的一项基本经济制度。过去提出的是方针，那么党的十五大就定位在基本经济制度上，而且跟社会主义初级阶段是并存的。初级阶段是长期的，至少100年不会变，也就是说这个基本经济制度也是长期的。

其二，提出公有制的实现形式，可以而且应当多样化。过去我们认为搞社会主义，就是公有制经过所有制改造，从低级到高级发展。全民所有制是最先进的，集体所有制次之，非公有制最差。因此，所有制结构是国有经济一统天下。党的十六大提出，公有制的实现形式可以而且应该多样化，不能是国有经济一种形式，而应是多种所有制并存。要发展混合经济这样一种所有制形式，你中有我、我中有你，这也是一个重大的创新。过去是百分之百的国有，现在提倡多样化，因为我们现实生活中有多样性的需求、多样化的产业结构和多层次的社会结构。

其三，提出非公有制经济是社会主义市场经济的重要组成部分。这是重大的创新。过去提出非公有制经济只是作为有益的补充，国有经济搞不了的非公有制经济搞，起一个补缺的作用。现在非公有制经济发展为市场经济的重要组成部分。

其四，提出国有经济比重减少一些，不会影响社会主义的性质。过去认为社会主义国家，国有经济比重越高越好。党的十五大的时候有代表提出，我这个省的国有经济比重比沿海地区高得多，为什么我们的经济发展还不如沿海地区？为什么人民的生活水平不如沿海地区？有的省国有经济比重很高，但社会问题很多；有的省国有经济比重很低，但经济发展很快，人民很富裕，社会很稳定。正反两方面说明，国有经济比重减少一些不会影响社会主义性质，社会主义不是靠国有经济比重的高低来衡量的，这是理论上的一个重大创新。

其五，提出国有经济的主导作用主要体现在控制力上。国有经济可以实行两种模式：第一种模式是百分之百国有；第二种模式是国有经济可以占一部分，比如占20%。那么，两种模式中哪一种国有经济控制力更强？我认为是后者。因为前者只控制一个企业，后者可以控制五个企业，所以国有经济具有控制力不是要求百分之百的国有。

其六，提出对各类企业都要一视同仁，平等竞争。现在各种所有制的国民待遇、平等竞争都要受到法律的保护。党的十五大就提出来要平等竞争，一视同仁，不能歧视。修宪的时候，大家提出对私人财产的保护问题。

2. 中国特色社会主义的基本内涵

"三个代表"重要思想的核心是中国共产党始终代表最广大人民的根本利益。胡锦涛总书记"七一"讲话提出的两点内容值得我们重视：一是人民是社会主义的建设者，二是搞社会主义要以富民为目标。这是中国特色社会主义所应该做到的。那么，什么是中国特色社会主义？

第一，以民为本。这是中国特色社会主义的根本出发点和落脚点，中国特色社会主义要以人民为本位。过去也讲了全民所有制，但没有真正把人民落到实处。

第二，市场经济。这是中国特色社会主义经济的运行基础。传统的社会主义是搞计划经济，中国特色社会主义是搞市场经济，所以我们提出来要大力发展社会主义市场经济。

第三，共同富裕。这是中国特色社会主义的根本目标。我们搞社会主义的根本目标是什么？就是要让老百姓富起来。如果大家没有钱，谁会拥护社会主义？邓小平同志讲要走共同富裕的道路，贫穷不是社会主义。

第四，民主政治。这是中国特色社会主义的重要保障。所谓民主就是老百姓自己当家作主。过去有一句话——当官不为民作主，不如回家卖红薯。但还不到位，这还是一个官本位的思想，到位的应该是由民作主。

第五，中华文化。这是中国特色社会主义的内在要求。中国有些优秀的文化要继承，同时国外好多反映生产力发展、反映人民要求的先进文化我们也要吸收、也要借鉴。那么，谁创造了先进的文化？是人民群众。所以，我们要以民为本，以人民的共同富裕为根本目标。

三、发展民本经济，实现共同富裕

1. 提倡民本经济，发展市场经济

什么是民本经济？就是以人民为本位，民营、民有、民享的经济。它有四个特点：投资以民间资本为主，经营形式以民营为主，社区事业以民办为主，政府管理以创造环境为主。实际上，民营这个提法不大确切，所以中央文件上都叫个体私营经济，或者非公有制经济。我觉得，在当时的历史条件下，民营经济之所以能够存在下去，是为了使得社会能够有承受能力，它是个过渡性的概念。

随着资本的扩张和生产规模的扩大，通过个人资本的启动和联合，以及国有资产的资本化和社会化，各种混合所有制经济、投资基金经济、社会保障基金经济、股份制经济的比重越来越大。资本的社会化是一种明显的必然趋势，能有效地推动社会生产力的发展。之所以提倡民本经济，是因为它能激发人民创造更多的财富，是发展市场经济的内在动力。世界上有100多个搞市场经济的国家，有成功的，也有失败的。我觉得搞好市场经济有三个本质的要求：

第一，市场经济主要的思想基础是，它承认人民对财富和高品质生活的追求是正当的，是现代社会公民的基本权利。计划经济就不承认这点，它往往受到批判。

第二，市场经济扩大了个人和企业的经济权利，扩大了个人的选择权利和创新空间。这是经济发展的原动力。过去的计划经济，国家是投资主体，什么都要搞审批，谈不上什么个人选择权利和创作空间。

第三，在市场经济中，各种经济主体平等竞争，优胜劣汰。这个过程也是创造财富的过程。市场经济搞得成功与否关键看对本质要求掌握得如何。

2. 人民是创造财富的主体，政府是创造环境的主体

社会的发展需要人民群众与政府的共同努力。这里，政府应该创造一种环境，这种环境能够激发人民的积极性，使人民创造财富的源泉充分涌现出来。因为人民是经济的主体、产权的主体，是创造财富的源泉。

在这方面，浙江做得比较好。2002 年，浙江的财政收入为 1100 亿元人民币，我们现在有的省也就几十亿元。浙江是一个小省，人多地少，陆地资源少，国家投入少，但创造的财富多，对国家的贡献大，在经济发展和人民富裕程度上都名列前茅。因此，我希望浙江的今天成为全国的明天！造福人民首先要让人民自己去创造财富，自己去造福，那么人民给国家贡献多了，政府反过来才有能力进一步造福人民。

浙江的"五千精神"是难能可贵的。第一，"千辛万苦"去创业。创业是很艰苦的，浙江人凭着一股韧劲儿去艰苦创业，从小本买卖发展到做大生意，开拓了广阔的市场。第二，"千方百计"来经营。浙江人会经营，一块钱不嫌少，几万块钱不嫌多，从小事做起。第三，"千家万户"搞生产。这并不是要大家盲目去生产，而是有好多专业市场，提供信息、原材料。第四，"千山万水"找市场。浙江人对市场很敏感，可以说，哪里有市场，哪里就有浙江人。浙江人特别是温州人被称为"中国的犹太人"。第五，"千头万绪"抓根本。市场经济面临着千头万绪的事，不像计划经济那样单一。在这样复杂的关系中，政府应当抓根本，就是创造人民致富的环境。"五千精

神"的内在动力就是人民去创业，政府去创造环境。

3. 突破旧观念，创造新理念

从浙江在国内外的实践中，可以得出一个结论，就是我们观念上要更新，要突破原有的一些观念，创造新的理念。

一是要突破原有的认为国家投资、政府花钱就是搞社会主义的框框，要树立人民是创造财富的主体的新观念。如果一个国家的人民不去创造财富，那么这个国家不可能发展。

二是要突破过去认为只有国强才能民富的观念，树立民富才能国强的新观念。过去我们都认为，大河有水小河满，强调的是大河。当然，大河跟小河是辩证的关系，你中有我、我中有你，但是基础是什么？是小河。小河有了水大河才能够满。长江的水就是由许许多多的小河汇聚起来的。有的省市提出的富民强市、富民强省的概念是很有道理的。

三是要突破单一的财产观念，树立全社会财富的新观念。我们过去都强调单一的财产，社会主义国家是国有财产，国有财产当然要重视。但是，现在应当看到，我们的经济和所有制结构分配格局发生了很大变化。现在全社会的财富是 38 万亿元，国有资产大概是 11 万亿元，其他有集体的也有个人私有的，所以非国有经济占很大的比重。从全社会的财富来说，政府的眼光不应仅仅盯在 11 万亿元上面，除了把 11 万亿元保值增值外，应当把更多的目光盯在全社会财富的增长上。只有我国全社会的财富增加了，我们在世界上说话才真正有分量。所以，我们应该树立这种全社会的财富新观念。

（本文系作者 2003 年 9 月 5 日在中国县市改革研讨会上的讲话）

推进产权多元化

（2003 年 10 月）

一、新《决定》、新突破

《21 世纪经济报道》：您亲身参与了三届三中全会的报告起草工作，您认为《中共中央关于完善社会主义市场经济体制若干问题的决定》（以下简称《决定》）有哪些新的突破？

高尚全：首先，"五个统筹"、"五个坚持"是一个亮点。因为这是完善社会主义市场经济体制的重要出发点，它总结了我们过去的经验，同时也是针对现实经济生活中的问题提出来的。比如说，统筹经济和社会的协调发展，在 2003 年抗击"非典"疾病的过程中，经济发展与社会发展出现了一定程度的失衡现象。经济发展不等于单纯的经济增长，经济增长如果不能同人民物质文化生活水平的整体提高结合起来，不能促进普遍的社会公正与社会进步，就会加剧社会矛盾。

建立和形成经济与社会协调发展的机制，关键是政府职能的转变。政府必须改变直接地单纯追求 GDP 增长指标的思路，把直接创造 GDP 的任务交给市场，政府经济管理的职能要切实转移到为市场主体服务和创造良好的发展环境上来，并致力于促进经济与社会的协调发展。

再就是"五个坚持"，这里有一个新的提法就是"坚持以人为本",我认为,以人为本就是以人民的根本利益作为出发点,坚持尊重群众的首创精神。

《21世纪经济报道》：您觉得《决定》中在具体体制意义上的创新有哪些?

高尚全：突出表现在两个方面：一是提出了使股份制成为公有制的主要实现形式;二是提出建立现代产权制度。

这是不是一个理论上的突破,是不是体制上的创新?有的同志从横向比,认为国外早就有了,那叫什么突破,叫什么创新?我们可以从纵向比,也就是从我们改革历史上看,从党的文件来考察。过去从来没有这样提过,没有这样认识过,现在提出来了,可以这么做了,这就是突破,就是创新。

股份制经过了三个认识阶段,第一个阶段,20世纪80年代,在股份制试点中,有姓"资"姓"社"的争议,有人认为股份制是资本主义的东西,社会主义不能搞;第二个阶段,党的十五大提出,股份制是作为现代企业的组织形式,资本主义可以用股份制,社会主义也可以用;第三个阶段,当下大力发展混合所有制经济,实现投资主体多元化,使股份制成为实现公有制的主要形式,这是一个重大的创新和突破。

二、产权问题是核心

《21世纪经济报道》：产权问题是下一步改革的核心问题,那么,如何建立起归属清晰、权责明确、保护严格、流转顺畅的产权制度?明确产权的界定、保护、流转等方面,意义何在?

高尚全：过去我们是单一的国有经济,说是全民所有制,往往产权是虚置的。我们现在的集体经济的产权也不是很清晰。产权作为所有制的核心，要实现产权多元化，发展混合所有制经济，必须建立在"归属清晰"的基础上。"权责明确"，包括明确中央国资委的权责、地方国资委的权责。"保护严格"是指不管是国有的产权也好，私人的也好，都要受到保护。"流转顺畅"就是说，产权要流动，在流动当中不断实现增值。这在观念上是有一定认识障碍的。比如说国有资产流失的问题，怎样理解流失？什么是不流失？流失要从效果来看，德国人为什么一块钱卖掉一个企业呢？他们不是笨蛋，如果不流转的话，它的损失更大，因为亏损要年年补贴，所以他们认为这样是合算的。

《21世纪经济报道》：所以产权是一个核心问题。

高尚全：对。我觉得从世界范围来说，有三大问题：第一，财富的创造；第二，财富的分配；第三，财富的保护。这三个方面缺一不可，财富的创造是第一位的，没有财富的创造，哪里有财富的分配和保护？党的十六大有一句话，"让一切创造社会财富的源泉充分涌流"。财富创造了以后，财富的分配问题就突出了，分配既要考虑到效率优先，又要考虑到公平。关于财富的保护：如果财富得不到保护，大家就没有创造财富的积极性了。这三个环节的基础是产权，建立在产权明晰的基础上，产权不明晰，就没有内在的动力。

三、大力发展非公经济

《21世纪经济报道》：三年前，您曾经专门撰文《促进非公有制经济更快发展》，本次《决定》提出，大力发展和积极引导非公有制经济。这被认为是一种突破。

高尚全：对。过去对非公有制经济的政策是"鼓励、支持和引导"，这次是大力发展。为什么我过去要提倡促进非公有制经济的发展呢？过去我们对所有制概念的认识有高低、先进与落后之分，首先是全民所有制，其次是集体所有制，最后是个体、私人的所有制，所以非公有制经济受到歧视和偏见。这种观念应该被打破了。一种所有制是不是先进，不是从形式上看，而是从实际效果看，看它是不是促进生产力的发展，是不是对老百姓有好处，是不是扩大了就业、创造了税收。

《决定》明确提出，个体、私营等非公有制经济是促进我国社会生产力发展的重要力量。为什么成为重要力量了？第一，我们现在经济增长当中，特别是工业增长的贡献率当中，非国有的占了70%；第二，解决就业问题，现在主要考虑非国有经济；第三，投资的贡献率，也是非国有的占了主要的方面；第四，外贸出口，非国有经济已经占了56%。

《21世纪经济报道》：《决定》提出，限制非公有制经济发展的法律法规和政策需要"清理和修订"，您认为需要清理和修订的主要是哪些方面？

高尚全：主要是政策、法律、法规层面，比如说市场准入。另外，要支持民营企业做大、要改善对民营经济的监管，政府的职能要转变，不光是为国有经济服务，而且是为所有的经济服务。

《21世纪经济报道》：《决定》提出，要放宽市场准入，允许非公有资本进入法律法规未禁入的基础设施、公用事业及其他行业和领域。对这个变化，您如何理解？

高尚全：这是一个重大的突破。过去我们的法制理念是做出允许性的规定，你要干什么事都要经过允许才能干，这就是审批经济的来源。这个理念在搞市场经济的时候就要反过来，只要不是法律禁止的，都是可以干的。这样才能创新，这就为大力发展非国有经济提供了广阔的空间。

四、管理国有资本还是国有企业

《21 世纪经济报道》：在国有资产管理体制改革方面，《决定》提出，完善国有资本有进有退、合理流动的机制，您认为目前国资管理进一步改革的瓶颈在哪里？

高尚全：成立国资委之后，机构问题解决了，但是怎样行使国资委的职能呢？市场经济，就是让企业真正地成为主体，所以国资委不应该干预企业的经营活动，不该管国有企业，而要管国有资本和国有资本的运行。如果这一点不改变，这些企业过去有五个婆婆，现在有一个婆婆，不还是一样吗？要搞市场经济，尤其不能用行政的办法来管理经济，国资改革能不能成功，关键是看能不能转变职能。

《21 世纪经济报道》：中国目前仍有超过 15 万家的国有企业、超过 7 万亿元的经营性国有资产，在大力发展混合所有制经济和非公有制经济的同时，如何推动民营企业参与国有资产的重组过程？

高尚全：民营企业参与重组的空间较大，因为：首先，我们的政策层面对外资、民营企业参与国有企业的重组、改造已经放开；其次，许多国有企业由于机制不灵活，因此造成了好多资不抵债或者经营不好的企业，这些企业本身迫切需要改变，地方政府还觉得是一个包袱，所以积极推动重组，因此前景很好。

《21 世纪经济报道》：垄断行业的改革是国企改革的一个重要内容，我们如何在放宽对垄断行业市场准入的同时，加快垄断行业的改革？

高尚全：首先要破除思想上的障碍，引入市场机制，开展平等竞争。当前行政性垄断仍是阻碍市场竞争和优化资源配置的重要因素。行政性垄断使权利直接介入市场，不仅难以通过市场力量来打破，而且是完善市场经济体制的重要障碍，所以要打破垄断，实现政企分开、政资分开、政事分开。

《21 世纪经济报道》：当前重复建设比较严重，你认为如何有效地防止重复建设？

高尚全：重复建设有两种：一种是市场行为造成的重复建设；另一种是由政府行为造成的重复建设。市场行为造成的重复并不可怕，市场性的重复有一种自我约束的机制，一看赚不到钱，企业就退出来了，而且国家不要承担风险。可怕的是通过行政权力造成的重复建设。我们要反对过度的竞争，而且要反对政府行为造成的重复建设。

行政性的重复建设是由政府行为来投资，或者是靠政府行为来要求银行贷款搞的，没有完全按照市场的规律办事，亏损之后，只好财政补贴，所以推进投资体制改革，首先要进一步确立企业的投资主体地位，实行"谁投资、谁决策、谁受益、谁承担风险"。

投资体制改革的重点是要规范政府投资行为，鼓励民间投资进入，因为有些政府投资往往是某些官员的短期行为，为了搞"政绩"，上了不少不该上的项目，造成资源的很大浪费。

（原载《21 世纪经济报道》2003 年 10 月 30 日）

发展民营经济要有新思路

（2003 年 11 月）

很高兴参加中国民营经济东湖论坛。我与全国工商联和民营经济很有缘。记得在 20 世纪 80 年代，全国工商联召开全国会议的时候，要我去讲话，我当时是国家经济体制改革委员会副主任，我讲的题目就是"民营经济的发展"。多年来，我一直关注民营经济的发展。今天，很高兴与在座的民营企业家、政府官员共同探讨民营经济这个话题。

这次主题是"中国民营经济的新思路、新环境、新空间"，现在看来，民营经济的环境越来越好，空间越来越大，民营经济要有新的思路来适应新环境、新空间，这正是我们需要探讨的问题。

一、历次党的三中全会的功绩

大家都在学习、贯彻党的十六届三中全会做出的《中共中央关于完善社会主义市场经济体制若干问题的决定》。我最近在北京参加了一个理论界的座谈会，有的同志说：该决定没有什么新的东西，没有什么创新，也没有什么突破。我感觉，他可能是认为：不就是讲股份制吗？不就是讲现代企业制度吗？人家国外早就有了。国外早就有，因此没有新东西。

我认为党的十六届三中全会决定有创新，有突破。主要应从纵向比：我们过去没有提过、没有做过的，甚至不让提、不让做的，现在提出来了、允许做了，我觉得这就是创新点，这就是突破。所以，理解创新、突破，要有正确的角度。

我们回顾一下党的历史上的几次三中全会。

历次三中全会都是中央做出重要决策的三中全会，好像带有规律性。因为一中、二中全会主要是人事安排、近期的工作安排，10月、11月召开三中全会，中央可以腾出手来研究一些具有长远性的重大问题，研究今后8年或10年的问题。

我们的党的历史上关于经济体制改革有4次重大的决定。

1. 第一次是1978年12月召开的十一届三中全会

这次三中全会的历史贡献，就是我们从"以阶级斗争为纲"转到"以经济建设为中心"，这是个重大转折点。我们之所以有今天的成就，同这个转折是分不开的。如果我们现在还在强调"以阶级斗争为纲"，那是不可想象的。

另外一个贡献就是提出，要实现现代化，就必须进行经济体制改革。我们的改革已经进行了整整25年，可以说，十一届三中全会揭开了中国经济体制改革的序幕。

2. 第二次是1984年10月召开的十二届三中全会

会议通过了《中共中央关于经济体制改革的决定》，提出了"社会主义商品经济"这样一个概念。国外当时在搞市场经济，我们第一次提出商品经济，有什么突破的呢？当然有。这需要我们进行纵向的、历史的比较。

1984 年中共中央提出社会主义商品经济，是一个重大的突破。有了商品经济，我们的改革就开始有了市场取向。当时，形成商品经济这一概念是不容易的。因为我们传统的社会主义思想、理念很深，有的同志认为：社会主义只能搞计划经济，不能搞商品经济。我也参加了文件的起草，我是极力地主张将其写上去的，写了五六次，又停了下来，到外面请一些思想解放的经济学家来座谈，大家一致认为要发展商品经济。

当然，商品经济的概念在经济界早就提出了，比如广东的卓炯同志，再比如顾准同志。党的文件上第一次提商品经济的概念是1984 年。

有的同志想不通，给中央写信，说只能提计划经济，不能提商品经济。有的说只能提商品生产、商品交换。我说，既然有商品生产、商品交换，就必然有商品经济。后来，我们把材料报给中央，中央听取了这个意见，这是党的历史上第一次提出社会主义商品经济概念。此次决定突破了计划经济同商品经济对立起来的传统观念，明确提出：社会主义必须自觉地应用价值规律，是在公有制基础上有计划的商品经济。

邓小平同志对这届三中全会评价很高，说是发展了马克思主义。这次三中全会为经济体制改革提供了理论基础。

3. 第三次是 1993 年 11 月召开的十四届三中全会

会议通过了《中共中央关于建立社会主义市场经济体制若干问题的决定》，到现在整整 10 年了。这次三中全会的历史功绩，是提出了建立社会主义市场经济体制的框架（五个框架）：

一是建立现代企业制度。现代企业制度要求产权清晰、政企分开、权责明确、管理科学。现在我们也是按这 16 个字来推进的。对产权清晰，也有不同的理解。有的同志说，产权怎么不清晰呢？国有就是国有、集体就是集体、私人就是私人，还有什么不明确的呢？还要怎样产权清晰呢？实际上，有的产权是虚置的、不清晰的。

二是建立统一开放的市场体系。

三是建立宏观调控体系。从计划经济直接管理转变为以间接调控为主的宏观调控体系。

四是提出按劳分配为主体、效率优先、兼顾公平的收入分配制度。

五是建立多层次的社会保障体系。

现在我们讲初步建立了社会主义市场经济体制，主要是从这"五个框架"来说的。这"五个框架"已经建立起来了，所以说初步建立了社会主义市场经济体制，但是这一体制还不完善，因为改革是无止境的，完善也是无止境的，不能说到哪一天就完善了，到哪一天改革就不要搞了。从理论上讲，生产关系和生产力、上层建筑和经济基础是在矛盾中发展的，要解决这个矛盾，就需要改革，所以改革是无止境的，完善也是无止境的。有的资本主义国家，市场经济搞了那么多年，它的市场经济也还不完善。为什么出现"安然事件"？说明它在制度上、体制上不完善。我们要把完善社会主义市场经济体制作为一个长期的任务。

1993 年十四届三中全会决定的历史贡献：一是提出了"五个框架"；二是在理论上进行了创新，提出了资本市场和劳动力市场。大家知道，过去谈建设社会主义不能提资本，好像一提资本就是资本主义，更不能提资本市场，所以我们过去的文件上都是提"资金"，不能说"资本"，更不能说"资本市场"。1993 年提出了要发展资本市场，要提高间接融资的比例。过去认为劳动力不能进入市场，因为劳动力有一个主人翁地位问题。我坚持提出了劳动力市场问题。党的十三大提出了"劳务市场"，1993 年十四届三中全会决定初稿提"劳动就业市场"，我说干脆一步到位，直接用"劳动力市场"。中央采纳了这个建议，写进了《中共中央关于建立社会主义市场经济体制若干问题的决定》。

国外难道没提过资本市场、劳动力市场？当然提了。那对我国来说算不算创新？我觉得是很大的创新、很大的突破。不管是商品经济也好，劳动力市场、资本市场也好，过去我们没有提出，现在敢于提出来、敢于这样做，就是创新、就是突破。

二、完善社会主义市场经济体制的
几个问题

不久前通过的党的十六届三中全会决定，是经过反复征求各方面的意见形成的。有没有创新？有没有突破？我认为有。从以下几个方面可以看出。

1. "五个统筹"、"五个坚持"

"五个统筹"、"五个坚持"是在文件起草过程中逐步形成的，是对过去经验的总结，同时也是针对实际体制当中、发展当中存在的问题提出来的。

比如城乡统筹的问题。现在是城乡分割的体制，在城乡分割的体制下解决"三农"问题，是不容易的，是不好解决的。解决"三农"问题，要有新的视野、新的角度、新的思路。要从城乡统筹的角度，来解决城乡分割的体制，来解决二元结构。要以这样一个思路来解决"三农"问题。我觉得这个新的思路就是一个创新。

经济和社会要统筹协调发展，也是针对现实中存在的问题提出的。"非典"疫情警示我们，仅仅关注经济的发展不行，还要注意经济和社会的协调发展。

"五个坚持"也是逐步提出的。"坚持以人为本"，这是以前没有提过的。我曾经参加过中共中央第十个五年计划建议的起草，有人就提出了"以人为本"，但后来因为此前党内文件没提过，就没有写。这次又重新提出了。

坚持以人为本，树立全面、协调、科学发展的观念，这都是新的思路。在起草过程中，我也提出了是否提"以民为本"，我说我们"立党为公"、"执政为民"，没有说"执政为人"。后来，中央考虑还是用宽的概念。

尊重群众的首创精神，充分发挥中央和地方两个积极性。这在以前提过。怎么理解群众的首创精神？我的理解是鼓励大家来创造财富，来创业、来发展、来改革。充分发挥中央和地方两个积极性，毛主席在《论十大关系》中讲过，但是我们赋予了其新的含义。搞市场经济，光靠一个积极性不行，要靠两个积极性。中国这么大，既要发挥中央积极性，又要发挥地方积极性。我觉得，深刻领会党的十六届三中全会决定精神，首先要理解"五个统筹"、"五个坚持"的深远意义。

2. 大力发展混合所有制经济，使股份制成为公有制的主要实现形式

党的十五大提过混合所有制经济，那时候有的代表说不要提混合

经济，因为过去没提过。后来中央还是提出了"混合经济"这个概念。过去，我们国有经济一统天下，外国人认为中国不能搞市场经济，因为单一的国有经济不能与市场经济相结合。现在我们提出了股份制，提出了混合所有制经济，找到了公有制与市场经济有机结合的途径。我认为它的重要意义就在这里。

以股份制为基础的混合所有制经济体里有不同的所有制成分，它们互相融合、互相渗透、互相促进，共同为了社会主义建设一个目标，同时各种所有制经济之间也相互制衡。这种机制有利于建立现代企业制度和现代产权制度。

股份制在过去姓"资"姓"社"的争论中，曾受到批判，有人认为股份制是资本主义的。党的十五大提出，股份制是一种现代企业的组织形式，资本主义可以用，社会主义也可以用，这是进了一大步。股份掌握在国有集体手中，还有公有性，可以大胆地试、大胆地搞。十六届三中全会决定提出，要大力发展混合所有制经济，使股份制成为公有制的主要实现形式。从过去中性的地位到现在定义为公有制的实现形式，而且是主要实现形式，我认为，这是认识上的深化、体制上的突破。

我观察世界经济发展，资本社会化是一种必然的趋势。资本社会化对生产是个极大的促进。美国之所以有今天，我觉得和资本社会化是分不开的。马克思曾经说过：如果没有股份制，恐怕也没有铁路。为什么？单个资本建不了铁路。通过股份制，把资本社会化以后，就有足够的资金来建铁路了。现在国际竞争那么激烈，我们要走出去，靠单个资本不行。要靠股份制，靠社会资本，靠上市，把企业做大。国有企业是这样，民营企业同样也是这样。浙江路海大桥，投资18个亿，没有哪个民营企业能啃下这个骨头呀！所以，由17个民营企业联合起来，合股经营，组团投资，这就是资本社会化。靠单个资本肯定不行，给你这样的环境，你也进不来，只能靠资本社会化。马克思曾经讲过，资本社会化是对个人资本的扬弃，股份制成为公有制的主要实现形式，是有理论根据的。

3. 现代产权制度是所有制的核心

现代产权制度是产权理论上的一个发展、一个深化。1993 年提出了现代企业制度。现代企业制度的基础是现代产权制度，如果没有现代产权制度，现代企业制度也建立不起来。党的十六届三中全会决定提出，现代产权制度必须归属清晰，责权明确，保护严格，流转顺畅。其一，这个产权是谁的？如果产权是张三的还是李四的都不明确，那就不是现代产权制度，现代企业制度也建立不起来。其二，责权要明确，有什么产权，有什么责任，都要明确。其三，流转要顺畅，产权是一种要素，要素如果不流动，那是死水一潭，只有在流转中才能实现有效的配置。其四，保护要严格，如果不保护，大家没有"定心丸"，一部分财富可能被挥霍；一部分资本可能会外逃，都对国家没好处。现在有一种现象，资本先外流，然后又作为外资回来投资，享受外资优惠。为什么呢？因为产权没有严格保护。

关于产权的流转，现在遇到的障碍就是到底怎样对待资产流失的问题。最近我听说某市一个纺织厂，资产 1.5 亿元，一个民营企业家以 5000 万元收购了。我问市长："以 5000 万元的价格出售 1.5 亿元资产，你是怎么考虑的？"他说："如果不流转，一年亏损 5000 万元，三年 1.5 亿元资产就完了，现在拿到了 5000 万元，可以安置职工。不然，三年以后工人安置问题都解决不了。流转以后，民营企业机制转变了，投入增加了，设备更新了，新技术采用了，市场好了，它给国家上缴税收也增加了。"

我们过去谈德国1块钱卖企业，觉得很傻，怎么能1块钱卖掉一个企业？德方考虑，如果不卖，包袱会更重，损失会更大，因为企业老化了，污染、亏损越来越大。现在1块钱卖掉，以后就不需要背包袱了。

东北有种"冰棒现象"，就是说不流转就化掉了，化掉的损失可能比流转中的损失更大。当然，并不是说要把国有资产贱卖。国有资产要通过市场化运作，进行评估、拍卖，这是现代产权制度所要求的。

4. 对非公有经济方面有很大的突破和创新

我认为重要的是这么几点：

一是党的十六届三中全会决定提出，非公有制经济是促进社会生产力发展的重要力量。这是很重的分量。过去对非公有制经济是歧视的，认为是同资本主义相联系的，是被批判的；后来提出是"有益的补充"，十五大提出"是社会主义市场经济的重要组成部分"，十六大提出"两个毫不动摇"，十六届三中全会决定提出是"促进我国社会生产力发展的重要力量"。

起草过程中，还有一句谈到"重要力量和生力军"。我提出生力军可以不用讲，因为在有些方面非国有经济已经成为主力军了。比如对GDP增量的贡献，非国有经济已经占到2/3；对就业的贡献，非国有经济是主力军，国有经济下岗的人里面60%以上靠民营经济来接纳；投资增长率，民营经济也做了主要贡献；在外贸方面，非国有经济占了近60%，所以在这些领域，民营经济不是生力军，而是主力军，所以提"重要力量"已经足矣。

二是要清除歧视非公有经济的法律、法规和政策。对非国有经济的歧视，主要体现在法律法规上，如果不清除，就难以有大发展。

三是放宽市场准入。凡是法律不禁止的基础设施、公用事业、其他行业和领域，非公有经济都可以进入。这不是一般意义上的政策的放宽，而是一个理念上的创新。过去计划经济理念都是"允许性"规定，"允许性"理念就是企业要办事、个人要办事，都要经过政府"允许"、"批准"，否则就是非法。这样的理念就剥夺了创新的空间。比如，技术创新需要审批，而审批者未必懂技术，他到底是鼓励创新还是抑制创新？现在，理念上的创新体现在，凡是法律不禁止的，都是可以干的，这就为非国有经济的发展创造了良好的环境，创造了巨大的空间。我们要从这一点上来认识其深远意义。

四是提出了国民待遇的问题。在投融资、税收、土地、外贸等方面都一视同仁，平等竞争。

五是支持非公有制中小企业的发展，鼓励有条件的企业做大、做强。

六是非公有制企业要依法经营、照章纳税，保障职工合法权益。

七是改进对非公有制企业的服务和监管。

5. 政府的职能要转到为经济主体服务和创造良好的环境上来

这是现代市场经济政府职能的正确"定位"。从"管制型"政府转向"服务型"政府，从无限政府转向有限政府，这是从计划经济向社会主义市场经济的重大转变。政府要为经济主体服务，为企业发展创造良好的环境。这个经济主体包括非公有制企业，这也为非公有制经济发展创造了环境和空间。

三、大力发展民本经济

我再简单说一下民本经济。为什么提倡民本经济呢？我觉得民营经济是个过渡性的概念，是为了避免意识形态上的争议。国有也可以民营嘛。

中央重要文件都表述为个体私营经济、非国有经济、非公有制经济，没有民营经济的提法。我提出的民本经济，就是立足于民，以民为本，"民有、民营、民享的经济"。民本经济的主要特征是：投资以民间资本为主，经济形式以民营为主，社区事业以民办为主，政府管理以创造良好环境为主。

人民是创造财富的主体，政府是创造环境的主体。计划经济时代，政府作为创造财富的主体，纳税人的钱通过财政去投入，因为机制和体制不灵，往往亏损，财政要补贴；另外，老百姓的储蓄由银行贷给国有企业。国家财政、国有银行、国有企业"三位一体"的体制，是计划经济的一个特征。我觉得，搞市场经济就要突破这"三位一体"的体制，要使人民成为创造财富的主体，尊重人民的首创精神。群众创造财富的积极性调动起来了，经济就发展了，国家税收就多了。我多次考察浙江，觉得浙江初步形成了民本经济的格局。浙江过去是人多、地少、资源少、国家投入少的地区，现在跑到了前面，2002年的财政收入是1200多亿元。我希望浙江的今天成为全国的明天。

使老百姓富起来，原来的思路、体制已经不适应了，在以下三个方面要有突破、要有新观念：

一是突破只有国家花钱、政府投资才是搞社会主义的观念，树立人民是创造财富的主体的新观念。

二是突破只有国强才能民富的观念，树立民富才能国强的新观念。

三是突破单一的财产观念，树立全社会财产的新观念。原来政府机构都是为国有经济服务的，现在格局发生了很大变化，民间资产已经远远超过了国有资产。我们要有全社会的财富观念，全社会的财富是 38 万亿元，我们的眼光不能光盯在 11 万亿元国有资产上，要盯在 38 万亿元上，把 38 万亿元做大，变成 380 万亿元、3800 万亿元，那时我们在国际上说话才真正有分量。

（本文系作者 2003 年 11 月 10 日在中国
民营经济东湖论坛上的演讲）

经济体制改革与民营经济发展

（2003 年 11 月）

党的十一届三中全会以来，我国的经济体制改革取得了令世人瞩目的巨大成就，不仅成功地实现了经济体制的转轨，而且创造了国民经济高速增长的奇迹。到目前为止，传统的计划经济体制已经基本被破除，社会主义市场经济体制开始逐步确立，以市场机制为基础的国民经济正在健康、稳步地发展。在这场伟大的历史性转变中，我国的民营经济发挥了重要的推动作用。

众所周知，与苏东转轨国家不同的是，中国的经济体制改革走了一条渐进式的道路。我们不是把旧体制推倒，在旧体制的废墟上建新体制，而是在破除旧体制的同时，造就了新体制成长的制度基础；当前，旧体制并轨后，新体制的框架已经基本确立下来。在这样一种复杂的制度建设中，民营经济发挥了重要的支撑作用。

一、肢解旧体制："行政性分权"为民营
经济放出一条生路

20 世纪 80 年代，经济体制改革最主要的特征是中央政府向地方政府的分权化改革，使地方政府的地位和作用发生了根本性的转变。

通过财政税收体制的分权，使地方政府具备了获取增量收益的动力；通过计划投资体制的分权，使地方政府具备了配置本地区资源的手段；通过企业管理与劳动就业体制的分权，使地方政府培育起支撑本地区经济发展的微观基础。

在"分权化"的各项改革中，企业管理与劳动就业体制的分权，使地方政府在获得财力支配权和资源配置权的同时，具备了培育本地区微观基础、开辟新财源的能力。尤其是劳动就业管理的分权，从一开始就改变了"国家计划包揽"的局面，采取由地方政府劳动部门介绍就业、自愿组织起来就业和自谋职业相结合的方针。劳动就业管理权的下放，为地方政府进行所有制结构的调整扩展了新的空间。为了缓解本地区的就业压力，在地方政府的组织下，创办了大量的集体（包括乡镇集体）、"三资"、个体、私营等民营企业。由于地方政府亲临经济发展的"一线"，最清楚推动本地区经济发展的潜在基础，因此形成了重构微观基础的格局。为支撑本地区经济长期稳定的发展，地方政府一方面积极推动国有产权制度改革，实现国有企业制度创新，使其逐步成为市场竞争主体；另一方面通过政策扶持，积极培育民营经济的成长，使其逐步成为本地区经济发展的重要支柱。有关资料显示，凡是经济增长较快的省份，均是所有制结构已经进行了重大调整的省份。诸如江苏、浙江、山东和广东等省，这些省份民营经济所占的比重不仅远远高于全国平均水平，而且这些省份也是市场化推进最快和经济增长较高的地区。伴随着各个领域中的分权化改革，将原来集中于中央政府的配置资源的权力向地方政府、经济组织和个人转移，为民营经济的发育创造了良好的生长环境，由此塑造了不同的经济利益主体，形成了拆除传统体制的合力，从而最终加速了传统体制分崩离析的进程。

二、新旧体制对峙："价格双轨制"为民营经济提供了市场竞争的平台

20 世纪 80 年代末 90 年代初，我国的经济体制改革进入胶着状态。一方面，传统体制仍在发挥着重要作用，但其根基已经开始动摇；另一方面，伴随着民营经济的成长，市场经济的运行机制开始渗透到社会经济生活之中。以价格双轨制为先导的经济体制双轨并行的局面已经形成。

"价格双轨制"重要的实践意义在于：它提供了一种在保持经济活动不中断的情况下，让计划经济体制仍旧发挥效用，同时在计划体制的边际上引入市场体制的运行机制，进而通过边际的调整与供给的增加，逐步缩小不同体制的差异，最终实现新旧价格形成机制平稳过渡的有效途径。然而，这种凭借市场机制运行的主体就是已经发育起来的民营经济。

在微观层面，对于大多数民营企业来说，从其创建之日起，就已全部采用市场经济的运行机制。在开始时，经济活动的双轨运行状态，使相当部分的"计划内"原料、产品、资金、技术乃至专业人才，以市场价格从国有企业转移到民营企业，为民营经济的起步奠定了基础条件；到后来，伴随着民营企业产品供给的增加、卖方市场的逐渐形成、双轨差价的日益缩小直至并轨，以及市场秩序的日益规范，民营企业开始与国有企业在市场竞争的较量中"一争雌雄"。在市场层面，一旦产品价格的"双轨制"实现了并轨，那么凡是进入市场的各类企业，无论是国有企业还是民营企业，都要遵循市场经济的运行机制。市场经济的运行机制犹如一把"利剑"，穿透了不同制

度、不同体制的壁垒。一方面，使原本就按照市场机制运行的民营企业"如鱼得水"；另一方面，逼迫国有企业彻底转变经营机制，建立起适应市场竞争的制度形式。在宏观层面，国民经济运行机制的根本性转变，使得传统的计划经济体制逐步丧失了对现实经济活动的处理能力，原有的计划手段和行政手段与现实的经济主体以及经济主体所遵循的运行机制发生了严重的脱节。若仍旧采取传统手段对经济活动施加控制，不仅无法达到预期的调控目的，甚至会适得其反。然而，要使经济运行朝着决策者期望的方向转化，就必须正视微观主体的深刻变化，对宏观管理体制进行创新，使其适应已经变化的经济运行机制。

坦率地讲，在旧体制仍然存在、新体制尚未建立的情况下，市场经济的运行机制得以在新旧体制的壁垒中率先形成，是出乎改革决策者和改革实践者的预料的。其中一个重要原因是，在新旧体制的转换过程中，民营经济的发育与迅速成长，使市场经济运行机制具备了现实载体，只要我们的制度安排能够为民营经济提供相应的市场竞争环境，那么民营经济自身的趋利行为就会逐步改变经济生活中的运行机制，进而决定经济体制变迁的基本方向，使市场主体所遵循的运行机制逐步在国民经济中占据主导地位，最终实现新旧体制的跨越。

三、新体制的确立："增量改革"为民营
经济的成长奠定了制度基础

进入20世纪90年代，尤其是1992年以来，在解决了新旧体制跨越的难题之后，为了逐步确立市场经济新体制，各级政府都高度重视在市场化改革中业已存在的改革增量，即依托市场经济运行机制成

长起来的民营经济。同时，以改革的增量促进增量的改革。增量改革是相对于传统体制存量改革而言的。从广义上讲，它既包括传统体制内部的增量改革，也包括体制外的增量改革，还包括对外开放领域中从海外引入的增量改革。对于民营经济而言，就是为其提供不断创新的制度环境。

我国民营经济的形成，是在传统体制缺乏配置能力的情况下产生的。作为体制的"增量"，一经形成，就必须寻求一种与市场经济运行机制相吻合的企业制度形式。一旦他们发现，自身的制度不能带来潜在的利润时，就会主动地推动创新。通过"增量改革"方式，在传统体制之外构筑新体制成长的制度基础，以市场为依托，组织最大化行为，对传统体制的约束进行了调整，从而使经济体制朝着有利于市场组织健康发展的方向演进。

1994 年，我国进行了宏观管理体制的改革，包括财税、金融、外汇、外贸、计划、投资等方面的一系列改革，尤其是财税、金融和外汇体制改革。其主导思想是，尊重我国微观基础已经发生深刻变化的现实，使我国的宏观管理体制从直接控制向间接调控转变，由此建立起市场经济的宏观管理框架。1997 年以后，进行了国有经济的战略性调整，国有经济主动退出竞争性产业，将有限的资源投入到国民经济的基础型、战略型产业中，为民营经济提供了更为广阔的成长空间。1998 年，推进了政府职能的转换，改革的目标是：建立办事高效、运转协调、行为规范的行政管理体系，完善国家公务员制度，建设高素质的专业化行政管理干部队伍，逐步建立适应社会主义市场经济体制的中国特色的行政管理体制。近些年来，为了建立公平的市场竞争环境，国家加大了反行政性垄断的力度，一切不适宜由国家垄断的行业都要打破垄断，一切不利于市场竞争和实现效率最大化的行业和企业结构都要进行重组。2001 年，中国加入世贸组织（WTO），这一重大历史事件意味着，我国已承认并愿意遵守国际通行的市场经济原则。世贸组织的基本原则和规则体现了市场经济的一般规律，如非歧视、透明、公平竞争、开放市场等，它们都是建立在市场经济基础上的。加入世贸组织，有利于推进我国的改革开放进程，有利于我国社会主义市场经济体制的建立和完善。应该说，这些市场化的重大改革举措的基本方向是正确的，为民营经济的健康发展创造了良好的体制环境。

综上所述，在整个经济体制改革的大背景下，正是由于民营经济的发育，使地方政府逐渐成为推动本地区经济发展的利益主体，由此形成了肢解旧体制的合力；正是由于民营经济的发展，使市场运行机制得以成为国民经济的运行基础，由此结束了新旧体制对峙的局面；正是由于民营经济的壮大，促使经济体制朝着有利于市场主体的方向改革，从而奠定了市场经济新体制的制度基础。在我国 25 年的经济体制改革进程中，经济体制改革与民营经济发展形成了一种互动的格局，经济改革促进了民营经济发展，民营经济发展推动了整个市场化改革的进程。可以肯定地讲，民营经济始终是推动我国经济体制改革的重要动力。

四、民营经济发展对深化改革的迫切要求

在当前新的历史条件下，民营经济作为我国经济生活中最富活力、最具创新精神的主体，对今后一个时期的经济体制改革提出了更为迫切的要求，主要体现在以下几个方面。

1. 完善法律的保障作用

党的十六大明确提出了"完善保护私人财产的法律制度"，应按照此原则，在修订宪法、刑法及相关法律法规时，强调私有财产与公有财产具有同等的法律地位，确立国家保护私人财产的基本原则，进一步确认和保障私人资本与投资的合法权益。我国已经相继制定和颁布了《公司法》、《个人独资企业法》、《合伙企业法》，初步构建了我国的现代企业法律体系，但其中部分内容仍对民营企业的创建设立了较高的门槛，不利于民营经济的健康发展，应加紧修订与完善。

2. 创造公平的竞争秩序

应对现行政策法规中歧视民营经济的有关条款进行认真的清理，逐步放开行业准入限制，减少政府审批环节和行政性收费，公平税费负担，实行国有经济与民营经济的公平竞争。与此同时，鼓励民营经济参与基础设施与公用事业的投资与建设，支持发展民间金融机构，拓宽民营经济直接和间接融资渠道。

3. 建立健全社会服务体系

积极培育各个行业内部的协会与商会等自律性组织，由这些组织代表本行业利益与政府进行平等沟通，建立起长期稳定的对话渠道，使政府决策更加符合市场主体的切身利益，更加贴近实际经济活动。同时，鼓励各类中介机构为民营经济提供创业辅导、信息咨询、资金融通、技术支持和人才培训等方面的服务。

4. 营造鼓励创新的法治环境

市场经济的核心理念是鼓励创新。凡是现行法律（法规）没有禁止做的事，都是可以做的、不违法的；而当人们进行了种种创新，发明出各种新的做法、交易方式和行为方式之后，社会若认为这些新创造出来的行为有损于其他人或整个社会的利益，可以通过立法程序规定某些行为非法。

这就是说，法律不规定什么是可以做的，而只规定什么是禁止做的；凡是没有被禁止做的，都是可以做的。亦即企业和个人的创新行为，无须政府"审批"。这不仅是一种"法理原则"，而且是一种社会治理、政府行政的基本准则。其宗旨是，在抑制反公共利益行为的同时，鼓励社会各类行为主体的创新活动，并以此为动力，推动社会的进步与经济的繁荣。

（本文系作者 2003 年 11 月 10 日在中国
民营经济东湖论坛上的书面发言）

大力发展民本经济　加快实现共同富裕

（2004 年 7 月）

　　发展民本经济，是我 2001 年考察了浙江的经济以后得出的一个结论。我认为浙江之所以有今天，与形成民本经济的初步格局是分不开的。民本经济就是以民为本的民有、民营、民享的经济。民本经济是立足于民的，是相对于官本经济而言的。民本经济有四个特点：一是投资以民间资本为主，二是经济形式以民营为主，三是社区事业以民办为主，四是政府管理以创造环境为主。我把浙江的民本经济概括为"五千精神"：一是"千辛万苦"去创业，市场经济没有创业是不行的，创业是基础，当然创业的过程是充满艰辛的。举个例子，浙江台州飞跃缝纫机集团的老总邱继宝，20 世纪 80 年代他在杭州钢铁公司打小工，当时他一天的工资是 0.8 元；他不满足，改行去修皮鞋；后来又不满足，决定自己造缝纫机。他以 300 元起家制造缝纫机。市场在哪里呢？人们都喜欢买名牌，他的产品找不到市场，可想而知当时创业有多难。他想去广交会，可是人家不让进，没有办法，只好从下水道进去，被人发现并罚款，他没有灰心，继续干。后来去深圳，从罗湖桥过来一个香港老太太，他付给人家 500 元人民币，请求为他带一个香港的电话本，他一个一个查香港缝纫机的推销商，然后一个一个打电话。这种精神从哪里来？是民本经济这种模式造就的，计划经济体制下就没有这种精神。现在"飞跃"变成一个知名品牌，产品销售到100多个国家，销售额达到20个亿，上缴税款1亿多元。二是"千方百计"来经营，市场经济没有经营是不行的，温州人很会经营。温州人到北京有个感觉，他们说北京人真傻，遍地是黄金就是不肯弯腰去拣。温州人的理念是：一块钱不嫌少，几万块钱不嫌多，什么事都干，办市场，搞投资，最后他们成功了。三是"千家万户"搞生产。生产要有生产规模和经济效益，过去国家提出专业化协作，但效果不很明显，因为国家作为专业化的主体。浙江通过专业市场把产品分到千家万户，在浙江被称为"块状经济"，一个村往往生产一种产品，发展很快。四是"千山万水"找市场。市场经济是没有界限的，经济一体化和经济全球化要求生产要素在全球范围内流动，在全球化范围内配置资源。市场经济是开放的，是统一的，要打破封闭的割据。浙江在这方面做得很好，无论是国内还是国外几乎都有他们的产品，他们打破了地域。五是"千头万绪"抓根本。市场经济比计划经济复杂很多，计划经济比较单纯，市场经济面临复杂的局面，面临的环境多种多样，政府怎样定位，政府怎样应对复杂的环境，确实值得我们思考。对于温州发展模式不少人有看法、有争论，但他们不张扬、不气馁、照样干，政府在创造环境上下功夫，让老百姓尽快富起来。浙江的民间资本估计有8000多亿元，财富大大增加了。政府是创造环境的主体，而不是去管微观企业的事情，只有企业和人民才是创造财富的主体。浙江有这"五千精神"，在人多、地少、资源少、国家投入少的情况下，发展在了全国的前面。

世界上关于财富有三大问题：一是财富创造，二是财富分配，三是财富保护。财富创造是第一位，没有财富创造哪里有财富的分配和保护呢？要将财富创造者的积极性和内在动力激发出来；同时也考虑财富创造过程中的社会问题，要注意环境保护。GDP 增加的同时给别人造成污染是不可取的，这给社会造成了不公平，应该建立一种补偿机制，使受害者得到一定的补偿。第二是财富分配。在初次分配中应当考虑到财富创造主体的积极性，在二次分配中政府要发挥再分配的功能，要考虑到贫富差距和弱势群体，实现社会公平。第三是财富保护。如果财富得不到保护，财富的创造者就没有积极性了，会造成挥霍浪费，导致资本外流，对国家的发展是不利的。

（本文系作者 2004 年 7 月 9 日在深圳

宝安发展论坛上的讲话摘录）

我为什么要提倡以民为本和民本经济

（2004 年 8 月）

一、以民为本和民本经济的提出

以民为本和民本经济的提出源于两件事情。一是 2000 年我参加了深圳高级顾问会议，会上讨论深圳如何建设中国特色社会主义的示范区。讨论中有人提出，要建设中国特色社会主义的示范区，首先要弄清楚标准是什么，什么是中国特色社会主义，以及它有什么特征等问题。

我当时在会议上讲了四条：

（1）以民为本是中国特色社会主义的根本出发点和落脚点。

（2）市场经济是中国特色社会主义的经济运行基础。

（3）共同富裕是中国特色社会主义的根本目的。

（4）民主政治是中国特色社会主义的重要保障。

一起参加会议的马洪同志说我讲得很好，并建议加上一条，即中华文化，我接受了他的建议，于是后来又加上了"中华文化是中国特色社会主义的内在要求"，这样一共五条。这是我首次提出"以民为本"。

二是 2001 年我在浙江省的调研。浙江省是我国面积最小的省份之一，号称"一多三少"，即人多、地少、资源少、国家投入少。1978 年浙江省 GDP 占全国总量不足 4%，人均 GDP 在全国排第 15

位，可是就是这么一个"一多三少"的省份，自改革开放以来，经济迅速崛起，很快发展成为一个经济大省。全省国民生产总值、人均GDP、外贸出口总额和城镇居民人均可支配收入等均居全国第四位，农村居民人均纯收入居全国第三位，城市居民人均可支配收入比全国平均水平高约1/3。和其他沿海地区相比，它没有得到更多的优惠政策，也没有政府的资金支持。人们不禁要问，浙江经济是怎样发展起来的呢？2001年，我在浙江省进行了深入的调研工作，研究这个现象。结果发现，其中一个重要原因是老百姓都在忙创业、忙致富，积极性很高，老百姓蕴藏的积极性、创造性被调动起来了，整个浙江经济充满了旺盛的生机和活力。

以上两件事，使我认识到以民为本的重要意义。古人曾说过："民为贵，社稷次之，君为轻。"民本经济就在这个理念上提出来了，可以归结为"三民"、"四为主"，即"民本经济就是以民为本，民有、民营、民享的经济"，其主要特点就是："社会投资以民间资本为主，经济形式以民营为主，社会事业以民办为主，政府管理以创造环境为主。"

和民本经济对立的是官本经济。计划经济就是一种典型的官本经济。过去很长一段时间，人们认为计划经济是社会主义的基本特征，因此，包括中国在内的社会主义国家搞了几十年的计划经济。实践证明，计划经济是官本经济，是少数人制订计划，大家来执行，老百姓是被动的，不能实现资源配置的优化。无论中国还是其他社会主义国家，都如此。

我党历来强调群众路线，强调"一切依靠群众"，但计划经济强调通过行政方式，按照官员意志配置资源，靠少数官员制订计划，老百姓被动地执行计划，老百姓的积极主动性得不到发挥，生产效率低，经济效益差。计划经济的弊端随着经济发展越来越明显了，使得我们不得不放弃计划经济，逐步转向市场经济。然而，在民本经济中，人民是创业主体、经营主体和产权主体，实行民有、民营、民享，能充分发挥人民的积极性和创造能力。

国外的一个典型例子是匈牙利。1986 年我率领代表团访问匈牙利。在访问中，我问匈牙利一位主管计划的副总理，匈牙利为什么要取消指令性计划？因为这件事在我国引起了一场不小的风波。当时国内有一种舆论认为，取消指令性计划就是取消社会主义基本特征。匈牙利的这位副总理告诉我们，匈牙利过去实行计划经济，制订出计划后分派给企业执行，结果有的企业完成了 500%，有的企业只完成了 4%，但并没有人对结果负责，造成了资源的极大浪费。另外一个具体例子就是捷克的"拔佳"皮鞋。过去，捷克"拔佳"皮鞋很著名，但搞了计划经济以后，就没名牌了。为什么呢？原来是这样的：当时捷克斯洛伐克有 1600 万人口，他们根据国内一个人消耗两双皮鞋来计算，就做出 3200 万双皮鞋的计划。然后，按这个计划指标，再分配到各个皮鞋厂。皮鞋厂根据布置的计划任务来执行，产值高的就先完成。计划执行的结果，一方面生产出来的皮鞋大量积压；另一方面群众需要的又满足不了。为什么呢？因为皮鞋的需求是多种多样的，老年人跟年轻人不一样，男人和女人不一样，城市和农村不一样。这种计划的执行必然造成资源的极大浪费。

二、以民为本是中国特色社会主义的
出发点和落脚点

以民为本是中国特色社会主义的出发点和落脚点，民本经济是从

"官本位"转向"民本位"的必然选择。邓小平同志指出，社会主义的根本目的是共同富裕，改革也是为了这一目的。江泽民总书记提出的"三个代表"重要思想的核心是中国共产党始终代表最广大人民的根本利益。贯彻"三个代表"重要思想的要求，最根本的是要不断实现好、发展好、维护好最广大人民的根本利益。这是我们党一切工作的出发点和落脚点。从浙江等地的实践经验看，发展民本经济是实现好、发展好、维护好最广大人民根本利益的重大举措，是实现富民强国的有效途径。可以认为：以民为本、共同富裕是中国特色社会主义的核心问题；以民为本是中国特色社会主义的出发点和落脚点。

三、民本经济是很有生命力的一种经济

党的十五大指出，以公有制为主体、多种所有制经济共同发展，是我国社会主义初级阶段的一项基本经济制度。多种所有制经济可以共同发展。公有制的实现形式可以而且应当多样化。非国有经济是社会主义市场经济的重要组成部分，国有经济的主导作用主要体现在控制力上，不用100%国有。举一个例子：有两种模式，一种是100%控制一个企业；另一种是控制5个企业，每个企业各自占有20%的股份，显然后者的控制力强。这为混合所有制经济打下了基础。当前，大力发展民本经济，可能会降低国有经济的比重，但是，国有经济比重减少一些，不会改变社会主义的性质。过去认为国有经济比重越高越好，是不正确的。各种企业应该平等竞争、一视同仁。各种所有制可以相互融合，相互渗透，相互促进。发展混合所有制经济对促进经济发展有好处。

民本经济是很有生命力的，为什么？因为民本经济确立了人民创

造财富的主体地位，过去搞的计划经济是官本经济，现在人民主动地创业，变"要我干"为"我要干"，人们的独立经济利益以及由此产生的自主进行经济活动的积极性得到了充分的发挥，成为社会经济发展的重要动力，使财富的源泉充分涌流出来，也使得经济社会效率不断提高。民本经济的充分发展赋予了整个社会经济旺盛的生机和活力。同时，民本经济是市场经济、竞争经济，在竞争中发挥了人们的创造性，在竞争中提高了民本经济的生命力和整个经济社会的活力。市场经济通行的一个基本原则是"公平竞争、等价交换"，以竞争来实现市场的占有。不论企业的性质如何，都必须遵循这一规则。非公有制企业作为独立的商品生产者和经营者，其生存和发展也是在市场竞争中实现的。正是因为这种市场竞争机制的作用，经过优胜劣汰，民本经济才形成了比较完善的竞争性行业体系，壮大了自身，也给整个经济包括国有经济带来了活力。

现在一个较为流行的提法是"民营经济"，但是我认为，"民营经济"是个过渡性的概念，我们党的重要文件中都用"非公有制经济"或"非国有经济"的概念。民营经济是从经营的角度来说的，因为非国有经济可以民营，国有经济也可以民营；而"民本经济"这个概念就抓住了产权这个所有制的核心，反映了人民本位论的本质。

四、进一步发展民本经济的措施

改革开放20多年来，民本经济得到了长足发展，并逐渐成长为中国国民经济的重要组成部分，成为促进社会生产力发展的重要力量，经济效益和社会效益显著。最近工商联的一项调查显示，当前民本经济的投资占全国总投资的 57.7%，创造的 GDP 占全国 GDP 的 55.6%，上缴的税收占 46.2%，出口占 62.3%；并且民本经济的发展扩大了就业，增加了民众收入，吸收了大量下岗职工，成为新增就业的主要来源，维护了社会稳定，2003 年，民本经济就业总量超过全国就业总量的 75%；此外，民本经济的发展促进了市场的发育，形成了比较完善的竞争性的行业体系，并且造就了一大批企业家，构建了人力资本形成的良好机制。

当前，发展民本经济仍然存在一定的障碍，主要是政策和体制方面的。要大力发展民本经济，需要政府转变观念、转变职能。政府不要再像过去计划经济条件下那样去管企业，而是要在营造良好的环境上下功夫，就是要鼓励竞争，成为营造良好环境的主体。所谓良好的环境，是为企业和人民创造财富营造良好的环境，是为先进生产力的发展提供各种条件。有了这样的环境，人民和企业的积极性和创造性提高了，企业发展好了，人民富裕起来了，各种税收也就上来了，政府也就有了充足的物质基础去更好地服务大众了。

具体地说，必须解决以下几个方面的问题。

1. 营造公平的竞争环境

应对现行政策法规中歧视民本经济的有关条款进行认真的清理，逐步放开行业准入限制，除国家法律明令禁止的行业和项目外，要放开民本经济的投资领域和范围；加快审批制度改革，减少政府审批环节和行政性收费，公平税费负担，实行国有经济与非公经济的公平竞争。与此同时，鼓励民本经济参与基础设施与公用事业的投资与建设；支持发展民间金融机构，拓宽民间资本的直接和间接融资渠道。完善融资渠道，要允许民本经济向社会融资，建立正常合法的投融资机制，积极引导民间闲散资金投向生产领域。组建非公企业发展基金，建立企业贷款担保基金，解决非公企业担保难、贷款难的问题。在国家金融、财税、土地、技改等经济政策的制定和执行上做到一视同仁，平等对待。

2. 培育建设服务体系

要进一步完善政府的服务职能，凡是企业自己能办的事，政府绝不干预；企业办不了的事，政府要主动提供服务。积极培育各个行业内部的协会与商会等自律性组织，由这些组织代表本行业与政府进行平等沟通，建立起长期稳定的对话渠道，使政府决策更加符合市场主体的切身利益，更加贴近实际经济活动。同时，鼓励各类中介机构为民本经济提供创业辅导、信息咨询、资金融通、技术支持和人才培训等方面的服务。地方政府应着力培育包括产权交易、资金融通、信用担保、技术支持、管理咨询、信息共享、市场开拓和人才培训等为主要内容的中小企业服务体系。建立民本企业信息网络，为广大民本企业提供各种信息服务。鼓励民本企业与科研院所、大中企业进行合作，充分利用外部技术资源和力量，帮助民本企业建设各类技术基础设施、技术服务机构和创新服务中心。

3. 积极构建保护和监管体系

应抓紧研究制定民本企业新的管理法规，对原有法律法规中一些明显与市场经济不相适应的条文或规定，要及时进行修改，并进一步明确民本企业的地位和作用，建立健全民本企业维权机构，依法维护他们的正当权益，打击其生产经营中的各种违法行为，促进民本经济的健康发展。2004 年初修订的宪法已明确提出"公民的合法的私有财产不受侵犯",应在实践中依法落实,保障私人资本和投资者的合法权益。我国已经相继制定了《公司法》、《个人独资企业法》、《合伙企业法》等一系列法律,但是其中部分内容仍然对民本企业的创建设立了较高的门槛,不利于其健康发展,也不利于保护民本企业的财产,应该加紧修订、完善。

论董辅礽先生的民营经济思想

（2004 年 8 月）

董辅礽先生是我国著名的经济学家，他在理论和实践上为推动中国经济改革与经济发展做出过重要的贡献，如在改革开放初期，他就提出了企业改革的方向应该是"政企分离"、"政社分开"；他最早提出并一直坚持所有制改革是中国经济改革的关键，并称之为"八宝饭理论"，他在这方面的研究和理论使他享誉海内外。此外，他大力主张发展民营经济，被称为"中国民营经济的护航人"。下面主要讨论他的民营经济思想。

一、"八宝饭理论"和市场经济模式是
其民营经济思想的理论基础

传统的社会主义理论认为，社会主义＝公有制＋计划经济。董辅礽对这两个内容分别提出了不同的观点。1978 年 9 月，中共十一届三中全会之前不久，董辅礽便率先提出了社会主义所有制改革的问题。他提出了有关经济体制改革的"两个分离"，即改革国家所有制，实现政企分离；改革人民公社所有制，实现政社分离。1985 年他在牛津大学作访问教授的时候，提出了"以公有制为主导的多种

所有制共同发展的所有制结构是建立社会主义市场经济的前提条件"
这一论断。他认为,在社会主义经济中,不仅有公有制经济,而且必
须有非公有制经济,非公有制经济不只是"辅助"、"补充",而且是
不可缺少的"重要组成部分",并把"八宝饭"比喻为混合经济的社
会主义所有制结构。这就是著名的"八宝饭理论"。非公有制经济必
然要求市场经济,董先生认为:公有制经济着眼于社会公平,而非公
有制经济则与市场竞争相联系,着眼于市场效率。1981 年,在《关
于建国以来党的若干历史问题的决议》征求意见时,他建议把"发
挥市场调节的辅助作用"改为"发挥市场调节的积极作用"。这样,
他又提出一个理论,即社会主义市场经济=社会公平+市场效率。这
两个理论成为其民营经济思想的理论基石。和其他非公有制经济的支
持者相比,董辅礽理论的创新之处在于,他认为发展非公有制经济不
是社会主义初级阶段的权宜之计。他不是以生产力的多层次来解释非
公有制经济存在的原因,他认为非公有制经济不仅能够容纳非常落后
的生产方式,而且可以容纳非常现代化的生产方式,我国经济发达
了,非公有制也不会寿终正寝,这是社会主义理论的一个重要创新。

二、温州模式是董辅礽民营经济思想的直接来源

董辅礽教授的民营经济思想是与他对民营经济发展的典型模
式——"温州模式"的研究相联系的。20 世纪 80 年代,国内对"温
州模式"与"苏南模式"孰是孰非曾经有过激烈的争论。争论的一
个关键问题就是,如何看待发展民营经济。董辅礽坚持实事求是的作
风,于 1986 年亲自赴温州考察,后来发表了《温州农村商品经济考
察与中国农村现代化道路探索》、《温州模式与中国民营经济的发

展》、《"温州模式"的继承与提高》等一系列文章，称赞温州模式为治穷致富的"一条可供选择的路子"。他从理论上对旧温州模式与苏南模式进行了比较分析，进而概括了温州模式的实质，提炼了温州精神并提出了温州模式发展演进的方向。他认为，温州精神是温州模式成功的重要原因。温州人都有想当老板的创业观念，有百折不挠的吃苦耐劳精神，有敢于冒险的创新精神。在当时对"温州模式"的一片非难声中，董辅礽先生顶住了压力，积极为温州个体私营经济的发展打气，希望能把温州模式坚持下去。他说："公有制占主体是就全国而言的，并不是每个地方都要如此，温州人可以昂然地走自己的路。"经历了激烈的争论和曲折的过程，"温州模式"终于被全国上下所认同，成为各地发展民营经济的学习对象，被各地移植和推广。"温州模式"对转变人们的观念，促进全国民营经济和市场经济的发展，起了不可估量的作用。

回顾董辅礽经济思想的发展，一个重要的结论是：在中国经济转型过程中，要进行理论创新不仅要有唯实精神、洞察力和预见性，更重要的是要有理论勇气，要勇于创新，不拘泥于旧有的观念和理论。正像民营经济一直在"夹缝"中成长一样，董先生的民营经济思想也一直在逆境中发展，在发展中创新。董辅礽先生关于所有制改革和提倡市场经济的思路与我国经济体制改革是吻合的，中国的改革正处在关键阶段，需要更多像董辅礽先生那样坚持改革、勇于创新的经济学家。

（本文系作者 2004 年 8 月 29 日在首都经济学界
董辅礽学术思想研讨会上的发言）

把人民作为建设社会主义的主体

（2006 年 6 月）

一、改革是完善社会主义的正确选择

2006 年 3 月 6 日，胡锦涛总书记在参加两会上海代表团讨论时强调，要在新的历史起点上继续推进社会主义现代化建设，说到底要靠深化改革，扩大开放。要毫不动摇地坚持改革方向进一步坚定改革的决心和信心。

2006 年两会的记者招待会上，温家宝总理也强调指出：要坚定不移地推进改革开放，走中国特色社会主义道路。前进尽管有困难，但不能停顿，倒退没有出路。温家宝总理在《政府工作报告》中进一步强调："改革开放是决定中国命运的重大决策。当前改革正处于攻坚阶段，必须以更大的决心加快推进各项改革。今年一些关系全局的重大体制改革要取得新进展。"

中央领导同志的重要讲话，旗帜鲜明、铿锵有力，充分表达了中央的改革意志和改革决心，是在关键时刻采取的明智选择。不仅是对当前改革争论的回应，同时为进一步深化改革指明了方向。

最近，《人民日报》和《求是》杂志分别刊发了题为《毫不动摇地坚持改革方向　为实现"十一五"规划目标提供强大动力和体制

保障》和《推进改革开放努力实现新突破》的评论文章。我认为
《人民日报》和《求是》杂志发表的这两篇重要文章，重申了中央毫
不动摇地坚持改革方向，进一步坚定改革的决心和信心，反映了广大
人民的意愿。

28 年来的改革开放历史充分证明，中国的改革是成功的，极大
地促进了社会生产力的发展，从 1978 年到 2005 年，我国 GDP 从
3624 亿元增加到 18.23 万亿元，平均每年增长 9.4%，而同一时期，
世界经济平均每年增长 3%左右。

改革使人民生活水平显著提高。从 1978 年到 2005 年，城镇居民
人均可支配收入由 343 元提高到 10493 元，农村居民人均纯收入由
134 元提高到 3255 元。城市人均住宅建筑面积和农村人均住房面积
从 6.1 平方米和 8.1 平方米，分别增加到 26 平方米和 29.7 平方米。
改革开放以来的 27 年是人民收入增长最快、得实惠最多的时期。

改革明显提高了国家实力和国际地位，日益扩大了中国的国际影
响。1978 年到 2005 年，财政收入从 1132 亿元增长到 3.16 万亿元；
外贸进出口总额从 206 亿美元增加到 1.42 万亿美元；外汇储备从
1.67 亿美元增加到 8189 亿美元。现在，我国 GDP 列世界前五位，外
贸进出口总额居世界第三位，谷类、肉类、棉花、钢铁、煤炭、电视
机、电脑等产品产量以及外汇储备居世界第一位。不久前召开的世界
经济达沃斯论坛的中心议题就是中国和印度，并决定论坛不仅冬季在
达沃斯举行，夏季还要在中国召开。所有这些成就都来源于改革开放
的正确决策。因此，我们必须理直气壮地、毫不动摇地坚持改革方
向，坚定不移地加快推进改革。

28 年来的中国改革实践充分证明，改革是完善社会主义的正确
选择，是富民强国的正确道路。社会主义必须与时俱进、不断创新、

不断完善，随着生产力的发展，上层建筑必须与之相适应，因此改革是无止境的。

二、前进中的问题只能靠改革和发展的办法解决

改革虽然取得这样巨大的成就，但并不是十全十美的，还存在不少前进中的矛盾、问题和体制性的障碍。比如，现在基尼系数确实已经很高了，贫富之间、不同地区之间、不同群体之间的收入差距呈扩大化趋势，看病难、上学难等问题也亟待解决。对这些问题要客观分析，不能武断地说医疗改革失败了、教育改革失败了，不能简单地下这些结论。有些问题是由于改革不到位、不完善造成的；有些问题是由于改革决策的科学性和协调性缺失，没有兼顾各方面利益造成的；有些是因为改革"变形"了，变成了假改革。因此这场争论的核心不在于是否承认问题，而在于如何分析问题。

中央"十一五"规划建议中强调，前进中的问题只能靠改革和发展的办法来解决。这是非常正确的，也是老百姓所期望的。有人提出，要把改革停下来，甚至要退回到计划经济；有人写大批判稿，说什么《人民日报》钟轩理的文章是"要毫不动摇地在错误道路上走下去"；有人认为，反"左"已取得决定性的胜利，当前要开展反右运动；更有甚者，有人要发动第二次"文化大革命"。这些虽然只是极少数人的主张，但危害性很大，完全违背了党的路线和方针政策，也完全背离了人民的意愿。老百姓不希望看到这样的折腾，因为折腾下去就会没有饭吃的，折腾下去就不能改革开放，折腾下去就无法构建和谐社会。我国台湾的学者深有体会地说：过去大陆在搞"文化大革命"时，台湾在搞建设，所以经济发展了；现在，大陆在搞改

革开放，所以经济发展了，人民生活水平提高了，而台湾在搞"文化大革命"，因此，经济得不到发展，人民生活水平不能提高。正反两方面的教训还不够深刻吗？

当前出现改革争论在所难免，并不值得奇怪。因为改革开放以来，经济结构、社会结构和消费结构，都发生了很大的变化。利益主体多元化必然带来思想多样化，各种声音都会表达反映出来。在多种声音比较中取得共识，这是社会进步的体现，客观上也验证了改革的成果。

三、第三次争论给我们的最大启示：必须弄清楚什么是社会主义

在这次改革争论中，为什么有人提出国务院发展非公有制"36条"是违背宪法的，不是搞社会主义；为什么有人说《物权法》是违宪的，背离了社会主义原则；为什么有人说改革方向出了问题，改革是在搞资本主义；为什么国有经济实现战略性改组，就有人认为是搞私有化，就不是搞社会主义了。关键就是如何认识社会主义的问题。

有人认为，现在全国工业产值中，国有的比重已不到20%，公有制不占主体地位了，私有化了，不是搞社会主义了，而是搞资本主义了；有人批判说，根据普查，工业领域中，国有集体企业就业比重只占20.3%，私营外资企业占了56.3%，这怎么叫社会主义？这就是资本主义。按照这些先生们的逻辑，只能搞一次国有化运动，把国有经济比重搞到70%—80%才能算搞社会主义。按照他们的逻辑，只有倒退回去才算是社会主义。

为什么会有这样的争论？有人是故意借机攻击党和政府的改革路

线和方针政策，有人则是因为对社会主义的理解有分歧。这次争论给我们的启示就是要搞清楚，到底什么是社会主义，怎么样建设社会主义？如果这个问题不解决，这个争论还会继续下去，100年也不会罢休。你看，有人批判说，国有集体企业解决的就业比重只有20.3%，这就是搞私有化。本来我们就业压力很大，非公有制经济解决了4/5就业，应该是件大好事，但是他们认为这是坏事，国有经济所占的就业比重太低了，主张走回头路，回到国有经济一统天下的局面。应该明确地指出：倒退回去是没有出路的，背离党的路线，老百姓是不会答应的。

四、中国特色社会主义和民本经济

邓小平同志创立的中国特色社会主义理论，是指导我国现代化建设和改革开放的强大武器。什么是中国特色的社会主义？它的内涵和特征是什么？我的体会是：中国特色的社会主义，是在中国共产党领导下，按照中国的国情实行的、与时俱进的社会主义。它既不同于传统的社会主义，又不同于资本主义，中国特色社会主义有五个特征：

1. 以民为本，是中国特色社会主义的根本出发点和落脚点。我国宪法规定："中华人民共和国的一切权力属于人民。"以民为本，就是以人民为本位，它不同于"以官为本"，最根本的就是要实现好、发展好、维护好广大人民的根本利益。

2. 市场经济，是中国特色社会主义的经济运行基础。传统的社会主义，把计划经济作为社会主义的基本特征，通过计划、行政手段来配置资源，否定商品生产和市场的作用。中国特色的社会主义，就是要搞社会主义市场经济，要优化资源配置，发挥市场经济的基础作用。

3. 共同富裕，是中国特色社会主义的根本目的。我们的目的就是老百姓富起来，实现共同富裕，这是邓小平同志要求的，也是社会主义的本质体现。当然共同富裕不可能大家同时实现，而是有先有后。即使到了共同富裕后，还是有差别的，没有差别那是平均主义。富裕程度虽然不同，但是大家已经共同富裕了。

4. 民主政治，是中国特色社会主义的重要保障。社会主义民主的本质就是人民当家作主。过去我们说当官不为民作主，不如回家卖红薯。这种说法还不到位，真正到位的说法应该是老百姓自己当家作主。依法治国的主体是什么？是广大人民。国家的一切权力属于人民，来源于人民，因此必须接受人民的监督。必须转变法治理念，把依法治国的重点从依法治民、以权治民转向依法治官、依法治权。把加强对权力的监督和制约作为依法治国的重要任务。

5. 中华文化，是中国特色社会主义的内在要求。这一点是在马洪同志的建议下补充进来的。对中华民族的优秀文化传统和人类社会创造的一切先进文明成果，我们都要积极继承与发扬，同时必须结合新的实践创造先进的文化。努力发展面向现代化、面向世界、面向未来的，民族的、科学的、大众的、中国特色的社会主义文化。

我多次去浙江进行调查研究。浙江从一个人多、地少、资源少、国家投入少的小省一跃成为我国的经济大省，经济发展走在全国各省前列。全省国民生产总值从 1978 年的 123.7 亿元增加到 2005 年的 13365 亿元，占全国的 7.3%，总量排名从全国的第 12 位跃居到第 4 位。人均国民生产总值从 1978 年的 331 元增加到 2005 年的 27552 元，相当于 3400 美元左右，接近全国平均水平的两倍。浙江人民的富裕程度列在全国各省区市首位，而且社会很稳定，社会群体事件很少，人民拥护共产党的程度很高。

浙江省之所以发展，是改革开放的结果，是在共产党领导下，按照邓小平理论和"三个代表"重要思想要求，探索出了一条中国特色的社会主义道路。经过我的考察，浙江省已经形成了民本经济的格局。

什么是民本经济呢？就是以民为本，立足于民，民有、民营、民享的经济，也就是老百姓经济。民本经济是相对官本经济而言的，其主要特点就是：社会投资以民间投资为主，经济形式以民营为主，社会事业以民办为主，政府管理以创造环境为主。

民本经济是很有生命力的，为什么？因为民本经济确立了人民是创造财富的主体，过去搞的计划经济是官本经济，现在人民主动地创业，变"要我干"为"我要干"，人们的独立经济利益以及由此产生的自主经济活动的积极性得到了充分的发挥，成为社会经济发展的重要源泉和动力，也使得经济社会效率不断提高。民本经济的充分发展赋予整个社会经济以旺盛的生机和活力。同时，民本经济是市场经济、竞争经济，在竞争中能够发挥人们的创造性，在竞争中提高了民本经济的生命力和整个经济社会的活力。市场经济通行的一个基本原则是"公平竞争、等价交换"，以竞争来实现市场的占有，不论企业的性质如何，都必须遵循这一规则。民营企业作为独立的商品生产者和经营者，其生存和发展也是在市场竞争中实现。正是因为这种市场竞争机制的作用，经过优胜劣汰，民本经济才形成了比较完善的竞争性行业体系，壮大了自身，也给整个经济包括国有经济带来了活力，更好地激发了人民的创新精神，这就是"五千精神"："千辛万苦"去创业，"千方百计"来经营，"千家万户"搞生产，"千山万水"找市场，"千头万绪"抓根本。这种"五千精神"，是浙江人民之所以能创造奇绩的重要原因。

五、把人民作为建设社会主义的主体

浙江省的公有制经济比重只有 28.5%，个体私营经济比重达到 57%，工业中国有及国有控股比例仅为 21.3%。温州的发展模式，早就有人批判过了，认为温州是资本主义的典型，其政权不掌握在共产党手里。浙江的领导人总结得好：我们"内部在不争论中发展，外部在争论中出名"。改革开放以来的实践充分证明，浙江搞的是中国特色的社会主义，即人民社会主义。我曾多次讲过，希望浙江的今天成为全国的明天，因为这样的社会主义具有很强的生命力。我们应当思考一下，政府作为环境创造主体，支持老百姓创业，老百姓作为创造财富的主体，老百姓创业致富后，国家财政税收也就多了。2005年，浙江省的财税收入达 2000 多亿元。有了这么大的财力，政府就可以为老百姓提供更多的公共产品，更好地提供公共服务。老百姓能安居乐业，拥护共产党的领导，这不正是社会主义优越性的体现吗？

人民社会主义的内涵和外延是什么？社会主义是属于社会全体成员的社会主义，是以民为本的社会主义，是把人民利益和人的解放作为最高准则的社会主义，是使人民得到实惠，逐步实现共同富裕的社会主义，这与马克思所倡导的人的解放的社会主义是相吻合的。邓小平关于中国特色社会主义的理论，其本质是人民的即公众的社会主义。江泽民同志"三个代表"重要思想的核心，是代表最广大人民的根本利益。胡锦涛同志提出，情为民所系，权为民所用，利为民所谋。

人民社会主义就是老百姓作为创造财富的主体，而政府是创造环境的主体。人民社会主义区别于国家社会主义，人民社会主义是以民为本、以社会为本，国家社会主义是政府控制和配置全部资源，政府包办所有企业，政府作为创造财富的主体。

国家社会主义在德国曾经实行过。法国拉萨尔打着维护国家利益的旗号，鼓吹过国家社会主义。俾斯麦政府宣布把铁路、烟草公司等经济部门收归国有，把国有化措施作为所谓"建立社会主义"。恩格斯曾对此做过深刻的批判。恩格斯说，自从俾斯麦致力于国有化以来，出现了一种冒牌的社会主义，它有时甚至会堕落为某些奴才气，无条件地把任何一种国有化，甚至俾斯麦的国有化，都说成是社会主义的。显然，如果烟草国营是社会主义的，那么拿破仑和梅特涅也应该算入社会主义创始人之列了。并指出：俾斯麦并非考虑经济上的必要性，而只是为了使铁路能够更好地适用于战时，只是为了把铁路官员训练成政府的投票家畜，主要是为了取得一种不依赖于议会决定的新的收入来源而把普鲁士的铁路干线收归国有，这无论如何不是社会主义的步骤，既不是直接的，也不是间接的，既不是自觉的，也不是不自觉的。否则，皇家海外贸易公司、皇家陶瓷厂，甚至陆军被服厂，以致在 19 世纪 30 年代弗里德里希-威廉三世时期由一个聪明人一本正经地建议过的妓院国营，也都是社会主义的设施了。德国希特勒也搞过国家社会主义，把德意志工人党改名为"德国国家社会主义工人党"，即纳粹党，把国家社会主义作为执政纲领，并通过国家的力量把企业和托拉斯国有化。纳粹党提出国家社会主义的一个重要历史背景，是 1929 年以后的经济大恐慌，一些困难群体对现状不满，于是打着国家社会主义、维护国家利益的旗号，以争取这些群体的支持。以上案例表明，我们必须弄清国有化到底是为了什么？充分说明了不是任何形式的国有化都是搞社会主义的。

实行以民为本，让老百姓成为创造财富的主体，政府是创造环境的主体。发展动力就不一样了。把"要我干"，变为"我要干"，老百姓的创业活力被充分激发出来，积极性被充分调动起来，这样才能实现创新，否则就缺乏创新动力。所以我们要考虑老百姓到底需要和喜欢哪一种社会主义呢？过去，有人把农民为生存而种自留地，批判为走资本主义道路，要割资本主义尾巴。现在一说老百姓创业，有人认为是搞私有化、搞资本主义，认为不是搞社会主义。在他们看来，只有国有化才是搞社会主义。国有经济必须在国民经济中发挥主导作用。党的十五大提出，公有制为主体、多种所有制经济共同发展，是我国社会主义初级阶段的基本制度。党的十五大提出了从战略上调整经济布局和结构的重要任务。调整的原则是有进有退，国有经济要向关系国民经济命脉的重要行业和关键领域集中。党的十六大又提出公有制经济和非公有制经济发展"两个毫不动摇"。党的十六大又进一步提出，非公有制经济是促进社会生产力的重要力量。这就充分说明，并非国有化程度越高越好。只有公有经济与非公有制经济共同发展、协调发展，相互促进，才能促进社会生产力的发展。

把人民作为建设社会主义的主体，首要表现是把人民作为创造财富的主体，落实科学发展观的主体，构建和谐社会的主体。唯其如此，才能使人民的积极性、创新性充分发挥出来，才能使财富的源泉充分涌流出来，才能实现共同富裕，才能使国家繁荣富强起来。

市场经济条件下政府与市场的关系

（2011 年 6 月）

我国虽然初步建立了社会主义市场经济体制，经济运行市场化的基础已经确立，但计划经济的思维和管理方式仍然在现实中存在一定"市场"。现代市场经济体制并不排斥政府干预的体制，这一点很容易成为复归或强化旧体制的根据。因此，改革的成功与否，关键在于能否处理好政府与市场的关系。今天我主要想讲五点看法。

一、在计划经济条件下没有市场，
只有政府与企业的关系

我们过去认为社会主义就是国有化，计划经济是社会主义制度的基本特征，所以长期执行计划经济。在计划经济时代，政府和人民这两个主体错位了，是把国家作为创造财富的主体，把老百姓即纳税人的钱集中起来，然后通过财政投入到各行各业，认为这就是搞社会主义，认为国有的比重越高就越是社会主义。人民和企业是被动的，是"你要我干，我就干"，是国家制定计划，大家来执行。中央和地方政府的经济部门直接管理企业的生产经营活动，单纯依靠行政手段和指令性计划来管理经济，企业失去了自主权和活力，不是商品生产、价格规律和市场在起作用，结果宏观经济决策没搞好，微观经济活动又管得死，使企业缺乏竞争力和应变能力，使社会主义经济失去了活力，严重束缚了社会生产力的发展。

1978 年以前我们也搞过改革，但是没有找对方向，没有对计划经济进行改革。计划经济的一个基本特征就是"统"，通过中央部门来搞集中统一的经济，结果是一统就死。1978 年实行改革开放后，就开始在计划经济的基础上逐步实行市场调节，所以我们党的十二大提出了计划经济为主，市场调节为辅。为什么提出计划经济为主，因为当时认为计划经济作为基本经济支柱必须要坚持，不能动摇。到了十四届三中全会觉得没有商品经济不行了，就提出了"有计划的商品经济"。但是还是有争论，有的说，有计划的商品经济主要是强调"有计划"，不是指商品经济，应该加强国家配置资源的作用。到了十三大提出来，国家调控市场，市场引导企业，计划和市场是内在统一的，又进了一步。但是 20 世纪 90 年代初又回潮了，有些人开始批判市场化改革的方向，认为不是搞社会主义，是资本主义的。最后邓小平同志到南方谈话，讲到计划和市场不是社会主义的本质属性，是方法和手段，社会主义也应当可以搞市场经济。于是党的十四大就明确提出来，我们改革的目标是建立社会主义市场经济体制。经过了这么多年才明确改革的方向，这是不容易的，所以我们不能动摇。

二、在改革探索中逐步认识市场和政府的作用

从现实来讲，实践证明我们搞市场化改革的方向是完全正确的。为什么今天中国有那么大变化？三十年来，我们的经济社会发展取得了辉煌的成就。这些变化就是改革开放带来的，就是市场化改革带来

的，是让市场发挥配置资源的基础性作用带来的。

但在推进社会主义市场经济的过程中，我们也逐步认识到了市场不是万能的，要将市场经济与政府监管有机结合。市场也有失灵的时候，也有失灵的地方。我们搞市场经济必须要加强政府的监管，没有一个严格的政府监管，不可能是一个完善的市场经济。市场经济跟政府监管必须是有机统一的。必要的政府干预是应该的。但是不能说主要是政府干预，不能主要靠行政的办法调节经济，配置资源。社会主义市场经济概念是我们党从十四大、十五大，一直到十六届三中全会，经过反复的争论才确定的。十四大的时候提出来，"社会主义市场经济体制，就是要使市场在社会主义国家宏观调控下对资源配置起基础性作用"；到十五大是"在国家宏观调控下发挥市场对资源配置的基础性作用"，"社会主义"四个字去掉了；到十六届三中全会时要求更加充分地发挥市场的基础性作用。为什么有这个变化？说明一方面宏观调控很重要，但不是一个前提条件，不是任何时候、任何情况都要宏观调控。有的认为计划手段就是宏观调控，但我认为宏观调控主要还是要用经济的手段、法律的手段。政府的干预、政府的作用必须发挥，但是不能够干预微观经济的东西。有人说市场化过了头了，因此要加强政府的行政管控。我们的要素市场到位了吗？我们的行政垄断行业打破了吗？还没有，还需要加强市场化的改革。现在我们总体上说不是市场化过了头，而是市场化还不足的问题。所以必须毫不动摇地坚持市场化改革的方向。

三、政府职能的缺位、错位、越位

近些年来，尽管在走向市场经济的过程中，政府职能已经发生了重要转变，但这种转变还仅仅是初步的，甚至在有些方面是滞后的。政府在不同程度上充当了市场中一个重要的竞争主体的角色。目前经济生活中出现的无序竞争乃至恶性竞争现象，其背后或多或少有着政府竞争的影子。政府过多介入市场的微观层面，就难以站在全局的立场上实行全面统筹，就难免会削弱其宏观调控、市场监管、社会管理和公共服务等职能，甚至导致某些管理职能的扭曲。

在改革与发展中出现一些深层次的矛盾和问题，是市场不足呢？还是市场失灵呢？我认为，主要还是市场不足，改革不到位。政府和市场的关系没有摆正。主要表现在：一是"越位"。政府管了不少本来应由市场或企业管的事情，本来应该当"裁判员"的，它去当了"运动员"。二是"缺位"。政府本来应当有服务功能，搞好公共服务，提供公共产品。服务是没有什么权，也没有什么利的，所以往往不愿意干。它愿意干审批，因为有权也有利。三是"错位"。扩大就业渠道，创造就业机会，理应是政府的职责，但有的政府部门却分片包干给企业，直接管理企业的下岗分流，导致投资主体错位的现象也不少。

出路是什么？出路就是"让位"。市场和企业能做而且政府不容易做好的事，政府应该让位于市场。总之，要牢固树立人民是创造财富的主人，政府是创造环境的主体的理念，树立群众的主体地位，树立"凡是法律不禁止，大家都可以干"的理念。有了这样的理念，政府就容易转变职能，百姓就会有更大更多的创新空间。虽然部分审批还有必要，但大量的审批应撤除，让市场去调整，让群众去创业。而政府必须依法行政，不能有随意性，要成为有限政府、服务型政府。

四、如何正确理解宏观调控

第一，如何理解宏观调控。我感觉到有三点值得我们研究：一种看法，"目前进行的宏观调控，是我国改革开放以来第×次调控"，把宏观调控作为一种运动，好像除了这几次以外其他时间就没有什么宏观调控了；另一种看法，认为宏观调控就是砍项目，就是刹车；还有一种看法，把宏观调控跟改革对立起来的，好像要宏观调控就不要搞改革。我觉得以上三种都是对宏观调控的一种误解。首先，宏观调控是市场经济的一个重要的内容，我们要完善社会主义市场经济体制，必须要完善宏观调控体系，经济运行中出现的深层次矛盾必须通过改革来解决，因此不应该把它和改革对立起来。应该通过宏观调控来深化改革，来完善社会主义市场经济体制，不是一调控就不要改革了。其次，宏观调控是一项经常性的任务，要不断进行，不能把它作为一种突击运动，靠行政手段为主的运动是不能解决经济运行中的矛盾的。再次，宏观调控不能搞一刀切，经济运行中有投资过热的领域，也有不热的领域，因此要根据不同的情况，该抑制的就抑制，该发展的就发展，该紧的地方紧，该松的地方松，不搞"急刹车"，不搞"一刀切"，宏观调控的目的是促进经济持续、稳定、协调发展。

第二，要从源头上来改善政府宏观调控的水平。源头上就是我们原来讲的对市场经济的含义，应当与时俱进，原来的提法就是"市场在国家宏观调控下对资源配置起基础性的作用"。这样，把国家宏观调控作为一个前提条件，好像配置资源的主体是政府而不是市场；好像资源配置在政府作用下发挥市场的作用，而不是资源在市场配置的基础上发挥政府的作用。因此，必须从源头上完善宏观调控。

第三，宏观调控要更多地运用间接调控，尽可能少用行政手段。政府如何改革宏观调控方式、提高宏观调控的有效性，是当前和今后必须解决的重大问题。一是随着改革的深化，我国经济的市场化程度已经较高，用传统的行政方式进行调控所起的作用不会很大。二是长期以来由于计划经济体制所产生的主要是总需求膨胀的倾向，现在已经让位给由于市场经济体制所产生的供给过剩倾向。这就是说宏观调控的背景和基础发生了变化。因此，调控方式必应发生变化。三是依靠行政审批制度和管制来加强宏观调控，容易造成权钱交易，容易抬高企业的准入门槛，造成某些行业的人为垄断，提高某些行业的利润。管制越严，利润越高，地方的积极性就越高。四是行政手段容易加大改革和发展成本。因此，要尽量少用行政手段。

五、如何正确发挥政府的作用

第一，政府在市场经济条件下要坚持科学发展观。按照科学发展观的要求，发展不限于经济范畴，提高人民物质文化生活水平、普遍实现社会公正、制度文明与社会进步相适应，都将成为发展的重要内涵。因此，政府职能转变不仅是贯彻科学发展观的制度前提，而且必然要求进一步调整政府与市场、政府与公民、政府与社会的关系。

要进一步调整政府与市场的关系，就必须明确政府与市场的边界。必须认识到，经济发展的主体力量在市场，企业和老百姓才是创造财富的主体，政府应该是创造环境的主体。政府的职能要转到为市场主体服务、创造良好的环境上来，主要通过保护市场主体的合法权益和公平竞争，激发社会成员创造财富的积极性，增强经济发展的内在动力。加快政府职能转变，才能真正贯彻科学发展观，促进经济、社会和人的全面发展。

坚持科学发展观，还要求正确处理好集中与分散决策的关系。改革开放以来，传统体制高度集中的弊端虽然被认识，但集中体制"能办大事"的认识误区依然影响深远。而科学决策和执行存在多种约束条件，如信息对称与否、利益取向是否一致、决策目标是多重还是单一的、长期决策还是短期决策等等，不解决约束条件问题，很可能大事办不成，负面影响却不小。市场经济客观上要求分散决策，政府存在很强的"集中偏好"，就难以根据走向市场经济的实际进程切实转变职能，反而会把不适当的决策"强加"给市场，甚至代替市场选择。这显然不利于社会主义市场经济的发展。

第二，要充分认识转轨时期政府主导型经济的特殊性。政府与市场必须分野，但与成熟市场经济国家的政府相比，转轨国家的政府依然具有一些特殊的发展职能，政府对经济的干预因此是不可避免的。对一个转型中的经济体来说，更需要论证的是：政府的哪些干预是现阶段必需但长远是要"退出"的，哪些干预是无论现阶段还是长远都要"退出"的，哪些干预是现阶段很"弱"而长远是需要加强的，哪些干预是现阶段和长远都是必需的。只有回答了这些问题，才能真正解释和处理好转轨经济中政府和市场的关系。

转轨国家的政府与市场的关系，远不像成熟市场经济国家那样基本"定型"，而是一个市场关系逐步发展与政府职能转变的互动过程。但只要走向市场经济，就必须确立市场机制在资源配置方面的基础地位，这是市场经济的基本特征。在从高度集中的计划经济体制向市场经济体制转轨的这个历史背景下，市场经济发育不成熟是必然的。现实中的诸多矛盾更主要的是由于市场经济不成熟、市场机制作用不充分所致，并非所谓的市场机制"缺陷"。"权钱交易"和公共领域的"缺失"恰恰是市场经济不成熟的表现,是市场"边界"不清的结果,不能作为指责市场经济或市场机制的依据。问题的症结在于,在处理政府与市场的关系方面,究竟是强化政府职能转变,让市场竞争和资源配置更充分地发挥基础性作用,还是强化政府对经济的直接控制力,这是根本方向问题。这个问题搞不清或方向反了,不仅无法最终确立和完善市场经济新体制,而且会对中国经济增长的可持续和稳定形成重大障碍。

总之,历史和现实已经证明,"好的市场经济"一定是与有限政府和责任政府相联系的;经济体制改革要顺利推进,必须加快政府改革。在当下的中国,政府改革尤其具有特殊意义——它既连接经济体制改革,又连接社会体制改革和政治体制改革,处于改革的中心环节。以政府改革为突破口,可以带动全面改革,包括经济体制改革、社会体制改革、文化体制改革、教育体制改革乃至政治体制改革。

(本文系作者 2011 年 6 月 17 日在"市场经济条件下的政府与市场关系"研讨会上的发言)

产权制度是社会主义市场经济的基石

（2017 年 3 月）

　　基本经济制度是国家依据社会性质及基本国情，通过法律对社会经济秩序中生产资料归谁所有做出明确规定的经济制度，是最基本的关于生产关系的规定，即一个国家法律规定的所有制组成结构。作为社会主义国家，我国《宪法》第六条明确规定："国家在社会主义初级阶段，坚持公有制为主体、多种所有制经济共同发展的基本经济制度"。不断坚持和完善基本经济制度，是国家长治久安、持续发展繁荣、实现"两个一百年"奋斗目标的关键所在。

一、我国基本经济制度的形成和重要意义

　　当前我国施行的基本经济制度并非一蹴而就得出的空洞理论产物，而是在长期社会主义建设实践当中不断总结形成的科学结论。

　　1954 年 9 月，一届全国人大一次会议通过的我国第一部《宪法》规定："国营经济是全民所有制的社会主义经济，是国民经济中的领导力量和国家实现社会主义改造的物质基础。国家保证优先发展国营经济……以发展生产合作为改造个体农业和个体手工业的主要道路……国家对富农经济采取限制和逐步消灭的政策……国家对资本主

110

义工商业采取利用、限制和改造的政策。"由于在当时历史背景下对公有制的过分强调与生产力水平并不匹配，超前的生产关系反而不利于经济的发展，在二十多年的时间里，经济和社会发展走了弯路。

1978年底的党的十一届三中全会将社员自留地、家庭副业和集市贸易定性为"社会主义经济的必要的补充部分"，允许企业在自力更生的基础上"积极发展同世界各国平等互利的经济合作"。

1982年9月，党的十二大提出"在很长时期内需要多种经济形式的同时并存"，个体经济是"公有制经济的必要的、有益的补充"。

1984年10月，党的十二届三中全会提出了历史性的"有计划的商品经济"概念，全会通过的《中共中央关于经济体制改革的决定》进一步提出了"集体经济是社会主义经济的重要组成部分"，"个体经济是和社会主义公有制相联系的"，"是社会主义经济必要的有益的补充，是从属于社会主义经济的"。该决定特别明确指出："在以劳务为主和适宜分散经营的经济活动中，个体经济应该大力发展"，"广泛发展全民、集体、个体经济相互之间灵活多样的合作经营和经济联合"。

1987年12月，党的十三大提出"国家控股和部门、地区、企业间参股以及个人入股"的股份制形式是"社会主义企业财产的一种组织形式"，并以此促进"各种生产要素合理的流动与重新组合"。这是对我国基本经济制度的进一步完善和细化。

1992年10月，党的十四大提出在社会主义初级阶段，必须"以公有制包括全民所有制和集体所有制经济为主体，个体经济、私营经济、外资经济为补充，多种经济成分长期共同发展"。一年后召开的十四届三中全会通过《中共中央关于建立社会主义市场经济体制若干问题的决定》，为国有企业进行规范和改革指出了明确的方向。

1997年9月，党的十五大报告正式提出，"公有制为主体、多种所有制经济共同发展，是我国社会主义初级阶段的一项基本经济制度。这一制度的确立，是由社会主义性质和初级阶段国情决定的"。党的中央文件正式提出了基本经济制度概念。

2002年11月，党的十六大明确提出，"必须毫不动摇地巩固和发展公有制经济"，"必须毫不动摇地鼓励、支持和引导非公有制经济发展"，"各种所有制经济完全可以在市场竞争中发挥各自优势，共同发展"。基本经济制度得到进一步的完善。2003年，十六届三中全会在基本经济制度理论上作出更新的阐述："积极推行公有制的多种有效实现形式，加快调整国有经济布局和结构"，"清理和修订限制非公有制经济发展的法律法规和政策，消除体制性障碍。放宽市场准入，允许非公有资本进入法律法规未禁入的基础设施、公用事业及其他行业和领域"。

党的十八大以来，对基本经济制度的认识有了新的进步和提高，十八届三中全会提出，"紧紧围绕使市场在资源配置中起决定性作用深化经济体制改革，坚持和完善基本经济制度"。2016年11月4日，《中共中央国务院关于完善产权保护制度依法保护产权的意见》正式出台，引起社会的极大反响。该意见的出台对于我国基本经济制度的完善具有里程碑式的意义。

坚持和完善基本经济制度，首先，能够使国家占主导的生产关系能够紧密地跟进生产力不断发展的步伐，促使生产关系能够时刻满足生产力的发展要求，进而使经济能够长期繁荣发展。其次，坚持和完善基本经济制度，确保了我们国家能够始终保证社会主义的正确发展方向，同时尽量避免开放型经济造成的负面效应，维护社会的公平正义，保障国家的长治久安。最后，坚持和完善基本经济制度，能够为社会成员创造良好的预期，增强社会信心，使有恒产者更有恒心，有利于应对经济结构调整期的经济稳定发展。

从当代经济学理论的角度来看，坚持和完善基本经济制度实际上也具有非常重要的意义。著名经济学家科斯提出的科斯定理表明，"只要财产权是明确的，并且交易成本为零或者很小，那么，无论在开始时将财产权赋予谁，市场均衡的最终结果都是有效率的，实现资源配置的帕雷托最优"。实际上就是说财产权越明确，交易费用越低，经济的发展越通畅，而坚持基本经济制度的最大特质就是明确产权，完善基本经济制度的主要内容就是保护各类产权、依法保障权利的行使，降低交易费用。因此从经济学理论来判断，坚持和完善基本经济制度对推动我国的经济持续繁荣发展也是十分必要的。

二、当前提出产权保护的重大意义

2004 年十届全国人大二次会议审议通过宪法修正案，该修正案的一个重大内容是把《宪法》的第十三条"国家保护公民的合法的收入、储蓄、房屋和其他合法财产的所有权"，"国家依照法律规定保护公民的私有财产的继承权"，改为"公民的合法的私有财产不受侵犯"，"国家依照法律规定保护公民的私有财产权和继承权"，"国家为了公共利益的需要，可以依照法律规定对公民的私有财产实行征收或者征用并给予补偿"。

这次修改内容主要在两个方面：一是保护范围由列举方式变成了概括方式，二是增加了征收征用制度的规定。对比修改前后的内容可以看出，修改后的宪法加强了对私有财产和个人利益的保护。宪法原有内容用列举的方法，规定了保护公民的合法收入、储蓄、房屋等合法财产，却并未列举生产资料。而随着私营企业的发展，有产者越来越多，除劳动收入以外，还可以拥有股票、债券等金融资产并获取收益。鉴于此，2004 年的宪法修正不再采用列举的方法，而是直接规定保护范围为"公民的合法的私有财产"。私有财产是一个概括性的概念，包括一个公民一切具有财产价值的权利和利益，既包括生活资料，也包括生产资料，如厂房、设备、土地使用权、投资收益、各种无形资产等，这就明确地扩大了保护范围。

这次宪法修正前，刑法、民法通则中都有保护私有财产的条款，但宪法作为国家根本大法在私有财产保护上表述得含糊不清，基本法、单行法表述得再清楚，就整个法律体系而言，私人财产仍然无从真正获得完整的法律地位。2004 年的这次修改在宪法中明确提出"私有财产不受侵犯"，是对私有财产权利的承认和尊重，这大大提高了私人财产权的地位。2004 年的宪法修正案对私有财产和个人利益的保护还体现在明确了征收征用的三个条件：第一是为了公共利益的目的；第二是必须严格依照法律规定的程序；第三是必须予以补偿。这三个条件就是要约束政府的行为，如果没有这三个条件，政府可能动不动就借口征收来侵占个人的财产，侵犯个人利益。

以上分析可以表明，2004 年的宪法修正案对通过提高立法来提升产权保护的力度作出了很大的努力，在一定程度上改善了产权保护的状况。但是，近年来，产权保护的问题仍然十分突出。2004 年的宪法修正案没有解决民企的"原罪"问题，因为宪法修正案规定仅保护"合法"的私有财产。一些腐败势力也利用这一点，侵害私有产权，导致违法查封扣押冻结民营企业财产等现象时有发生，还有比如地方政府不遵守招商过程中的承诺、协议这样的新问题。这些缺漏和新的侵害产权的方式，使 2004 年的宪法修正案在降低交易成本、稳定社会预期的作用上大打折扣，对我国基本经济制度作用的发挥造成了伤害。

最新公布的《中共中央国务院关于完善产权保护制度依法保护产权的意见》就这些问题做出了专门的规定，其目的除了加强对国有产权的保护之外，就是要有效落实 2004 年宪法修正案保护产权的精神，稳定各类投资者的预期，规范并保障市场主体的生产经营行为，维护正常的市场秩序。毛泽东同志曾经指出："政策和策略是党的生命。"中央的这个意见就是针对产权保护这一政策性极强的问题做出明确有效的政策指引，该意见就平等保护产权、妥善处理历史形成的产权案件、严格规范涉案财产处置的法律程序、审慎把握处理产权和经济纠纷的司法政策、完善政府守信践诺机制、完善财产征收征用制度、加大知识产权保护力度等内容做出了明确的规定，促使相关法律法规的执行落实到位，防止走偏侵害产权。这也充分表明了党中央对这一关键问题的重视。

2004 年宪法修正案后又提出产权保护，能够进一步为创新、创业提供良好的环境。只有为社会中一切合法财产提供切实有效的保护，才能坚定民营经济长期发展的信心，才能形成高效运作的市场竞争环境，才能最终为我国经济的长期稳定增长提供持久的动力源泉。

三、努力寻找能够极大促进生产力
发展的公有制实现形式

从我国基本经济制度发展和形成的历程来看，我国的基本经济制度是一个不断完善的过程。这一完善的过程呈现出了两个最主要的特征：特征之一是始终坚持了社会主义公有制，并不断更新社会主义公有制的实现形式；特征之二是对非公有制经济的性质和作用的认识不断深入，非公有制经济的地位不断提高。这两个特征都有一个共同的基础，那就是解放思想。

解放思想对于坚持和完善基本经济制度具有特殊重要的意义。这首先是因为解放思想与基本经济制度之间存在必然的联系。基本经济制度本质上即是以所有制结构体现出来的一个国家的生产关系。马克思主义原理告诉我们：当生产关系符合生产力所处的状况时，社会经济就会迅速发展；当生产关系落后或者超前于生产力所处的状况时，经济发展就会遇到障碍。因此，必须不断调试生产关系以适应不断变化进步的生产力的需要。而生产关系需要不断调试就要求我们能够解放思想，敢于提出前人没有提出的观点，敢于试行前人没有试过的办法。反过来讲，如果抱残守缺，固守某个时点特定条件下的基本经济制度，置社会的变化和生产力的巨大变动而不顾，那么这样的基本经济制度不是造成生产的大破坏就是导致基于这种基本经济制度的整个上层建筑被推翻，这对国家和人民都是不利的。

通过解放思想，推动完善我国基本经济制度，有一个最突出的例子就是党的十二届三中全会通过《中共中央关于经济体制改革的决定》，前文已经讲了该决定在我国基本经济制度形成中的地位。邓小平同志对于这个决定有着高度评价："我的印象是写出了一个政治经济学的初稿，是马克思主义基本原理和中国社会主义实践相结合的政治经济学，我是这么个评价。""这次经济体制改革的文件好，就是解释了什么是社会主义，有些是我们老祖宗没有说过的话，有些新话。我看讲清楚了。过去我们不可能写出这样的文件，没有前几年的实践不可能写出这样的文件。写出来，也很不容易通过，会被看作'异端'。我们用自己的实践回答了新情况下出现的一些新问题。"邓小平同志之所以对这个决定有这么高的评价，核心就是因为解放思想，开创了新的局面。

通过解放思想，能够找到促进生产力发展的公有制实现形式。公有制为主体、多种所有制经济共同发展，作为我国社会主义初级阶段的一项基本经济制度，本身就是思想解放的成果。公有制不等于国有制。我国所有制结构中，除了国有经济外，还有集体经济、个体经济、私人资本主义经济、外国资本主义经济等。非公有制经济是我国社会主义市场经济的重要组成部分，要继续鼓励、引导，使其健康发展。我国的所有制形式只能从社会主义初级阶段出发，而不能从主观愿望出发，不能照抄别国的模式，也不能从对马克思主义著作中个别论断的教条式理解出发。我国在所有制问题上有过沉痛的教训，总认为所有制的形式越公越好，因此出现了超越阶段的冒进问题，对生产力造成了严重的破坏。

党的十五大报告中指出："公有制实现形式可以而且应当多样化。一切反映社会化生产规律的经营方式和组织形式都可以大胆利用。要努力寻找能够极大促进生产力发展的公有制实现形式。"所有制与所有制的实现形式是有区别的，是两个不同的概念。我们所说的公有制经济，不仅包括国有经济和集体经济，还包括混合所有制经济中的国有成分和集体成分。因此我们要积极探索包括"股份制"在内的各种公有制的可能实现形式。我们要解放思想，认识到国有经济的主导作用主要体现在控制力上，国有经济比重减少一些，不会影响我国的社会主义性质。坚持公有制为主体也不是以国有制为主体，国有经济和集体经济没有高低之分，混合所有制可能还能够提高公有制的引导力，可以是更广泛的形式。当然，在大力发展股份制等公有制各类实现形式的过程中，我们要防止国有产权因为所有者和代理人关系不够清晰，存在内部人控制、关联交易等原因导致资产的流失，这也是《中共中央国务院关于完善产权保护制度依法保护产权的意见》的重要内容之一。

党的十八大以来，通过解放思想来坚持和完善基本经济制度又有了新的进步，首先是认识到要使市场在资源配置中起决定性作用。在中央全面深化改革领导小组成立后，深改小组会议通过多项落实制度的文件，其中包括第五次会议通过的《关于引导农村土地经营权有序流转发展农业适度规模经营的意见》、《积极发展农民股份合作赋予集体资产股份权能改革试点方案》，第十六次会议通过的《国务院关于实行市场准入负面清单制度的意见》以及最近公布的引发社会各界一致好评的深改小组第二十七次会议通过的《中共中央国务院关于完善产权保护制度依法保护产权的意见》。这些都是解放思想带来的重大成果。

四、保护产权是坚持社会主义基本
经济制度的必然要求

我国的基本经济制度在长期的实践当中对促进社会主义市场经济的建立和健康发展发挥了重大的作用。同时，在市场经济条件下，尤其在经济新常态的背景下，基本经济制度作用的发挥面临着重大的挑战，在产权保护领域尤为突出，一些问题严重遏制了基本经济制度作用的发挥。产权保护问题本身就是基本经济制度的核心问题，基本经济制度概念的核心就是产权即所有权，以国家的最高大法《宪法》明确基本经济制度，就是为了保护产权，如果产权不能得到有效的保护，那么不仅法律的权威受到了伤害，而且我们设定基本经济制度的目标就落空了。

2016年11月4日发布的《中共中央国务院关于完善产权保护制度依法保护产权的意见》对这些问题有清晰的认识："我国产权保护仍然存在一些薄弱环节和问题：国有产权由于所有者和代理人关系不够清晰，存在内部人控制、关联交易等导致国有资产流失的问题；利用公权力侵害私有产权、违法查封扣押冻结民营企业财产等现象时有发生；知识产权保护不力，侵权易发多发。"

正如该意见所指出的："产权制度是社会主义市场经济的基石，保护产权是坚持社会主义基本经济制度的必然要求。"保护产权，从最直观的角度来说，让国家的财产不受各种侵害，就是要使人民群众个人、家庭的财富不被侵犯，就是保护人民创新创业的积极性。鼓励和调动人民的生产劳动的积极性，是三十多年来改革最重要的经验总结。

保护产权，要有制度性的安排，上升到制度层面后，就成为对国家基本经济制度的坚持和完善。《宪法》规定了国家的基本经济制度，但是《宪法》作为最高大法并没有具体的执行和处罚性的条款，需要包括民法、刑法以及各类诉讼程序法的具体落实和规范，同时还需要政策的补充和指引。有恒产者才有恒心。尤其是在经济下行压力较大的情况下，面对人民币持续贬值、民间投资大幅度下滑这样的严峻挑战，必须让所有的市场主体感受到中央保护产权的决心，以法治化、制度化的方式推进产权保护，稳定社会预期，增强全社会的发展信心。

2016年3月，习近平总书记看望出席全国政协十二届四次会议民建、工商联界委员并参加联组讨论时指出：实行公有制为主体、多种所有制经济共同发展的基本经济制度，是中国共产党确立的一项大政方针，必须毫不动摇巩固和发展公有制经济，毫不动摇鼓励、支持、引导非公有制经济发展。保护产权是落实"两个毫不动摇"的基础。改革开放的深入推进使社会财富大量积累，各类资本的流动、重组、融合频率不断提高。在这种背景下，坚持"两个毫不动摇"，就必须有完善的产权制度作保障，对国有产权和非公有产权同等保护的标准逐步完善，对执法司法行为进一步规范。

在过去的很长一段时间里，我们通过摸着石头过河并不断总结经验，进行了三十多年的改革开放事业，取得了巨大的成绩，也使我国的基本经济制度逐步形成。许多民营企业家也是在这个过程中成长壮大起来的，在国家制度本身不够完善、各种羁绊如影随形的情况下，不能苛求民营企业家们都出淤泥而不染，因此不能以原罪而肆意侵害其财产，必须严格遵循法不溯及既往、罪刑法定、在新旧法之间从旧兼从轻等原则，以发展眼光客观看待和依法妥善处理改革开放以来各类企业特别是民营企业经营过程中存在的不规范问题。

在创新创业如火如荼的互联网和工业智能时代，还要特别注意对知识产权这一特殊的权利的保障。只有完善的知识产权保护，才能促使科技的进步，而只有颠覆性科技的出现，才能使劳动生产率有突破性的进展，继而使经济出现长时间的持续增长。与此同时，对知识产权的有效保护，也是克服商业和资本垄断对创新危害的必要条件，因此有效保护知识产权也是维护社会公平正义的应有之义。产权保护必须将知识产权纳入其中，《中共中央国务院关于完善产权保护制度依法保护产权的意见》明确了知识产权保护的内容和路径，这是非常有远见的。

党的十八届四中全会提出全面推进依法治国的总目标，《中共中央国务院关于完善产权保护制度依法保护产权的意见》的出台，在内容和政策目标上都呼应了依法治国的总目标的要求，在法律的架构层次上是坚持和完善《宪法》所规定的国家基本经济制度，进一步明确和保护产权，极大地降低了社会主义市场经济的交易成本。可以相信，这样系统、完整、清晰地以法治方式来推动国家发展符合经济发展的规律，一定能够完成中华民族伟大复兴的历史使命。

（原载《人民论坛》2017 年 3 月）

坚持和完善基本经济制度不动摇

（2018 年 10 月）

很高兴参加复旦大学经济学家论坛，会议要我讲的题目很大，为了节省时间，我临时改了一个题目，根据会议提出的"改革开放再出发"这个主题，我今天就想讲"坚持和完善基本经济制度不动摇"。因为这是我们 40 年改革开放的一个重要经验，也是我们"改革开放再出发"的一条重要路径。

一、基本经济制度的四个特征

那么我想概括一下，基本经济制度是怎么形成的，它是怎么样的一个定位，有怎么样的作用，我想用"4—2—4"来概括。什么叫 4 呢？就是基本经济制度四个特征。第一，它的重要性；第二，它的长期性；第三，它的持续性；第四，它的平等性。

一是重要性。党的十五大报告首次提出来，以公有制为主体、多种所有制经济共同发展，是社会主义初级阶段的一项基本经济制度。这是完整的提法。把过去"公有制为主体，多种所有制经济共同发展"的方针提升为"公有制为主体，多种所有制经济共同发展，是我国社会主义初级阶段的一项基本经济制度"，是认识上的一次飞跃，是质的提高，不是一般的经济制度，而是基本的经济制度，所以体现了它的重要性。

二是长期性。基本经济制度是同初级阶段相联系的，是社会主义初级阶段的经济制度。初级阶段是什么概念？在起草十五大报告的时候，我们学习了邓小平理论，邓小平同志说过，初级阶段要经过"几代人、十几代人、几十代人"才能实现。这个几十代是不是太长了？经过请示邓小平同志，邓小平同志回答，把几十代人也必须写上去。几十代人是一个长期的，一代人如果是十年的话，几十代人就是几百年了，所以它是长期性。所以我们在理解上，有的把长期化变成短期化，有人说我们这一辈子可以看到共产主义了。有人说我们根据大数据发展，可以搞计划经济了，这完全是一种误解。

三是持续性。因为你若是方针的话，你今年这个方针明年可能是另外一个方针，但是基本经济制度和初级阶段相联系，必然是持续的，今年是这样的，明年仍然是这样的，前40年是这样的，后40年或者更长时间，几百年需要坚持下去。

四是平等性。在改革过程中存在着对民营经济的歧视，有人认为公有制经济是社会主义的，国家投资是社会主义的，私人投资是资本主义的。党的十八届三中全会提出来，各种所有制经济平等占有生产资料，公平参与市场竞争，同等受到法律保护，这三句话非常重要，把各种所有制的平等地位提出来了，而且要受到法律的保护。所以我觉得这个对基本经济制度，对民营经济，有一个变化。过去我们起草中央文件的时候，不用民营经济，为什么？因为所谓民营经济是从经营视角提出的，国有也可以是民营的，集体也可以是民营的，所以中央文件一直用的是非公有制经济。现在，中央领导讲话中，都用了民营经济。

现在大家知道民营经济是什么概念了。大家心里有数了，民营经济就是私有经济和个体，还是所有制实现的形式。所以民营经济原来是非公有制经济，现在我看习近平总书记也用了民营经济，刘鹤同志也用民营经济的概念。这是一种对民营经济认识的提高。

二、两个分不开

两个分不开。一是，中国改革开放四十年取得了举世瞩目的变化，人均 GDP 从改革开放前的 155 美元到现在的 9000 美元，我们现在是世界第二大经济体，我们对世界经济增长的贡献，占了世界经济的 1/3。我们老百姓的生活有了很大的变化，居民人均收入从三百多块钱增长到三万六千多块钱，这样一个翻天覆地的变化和多种所有制经济制度共同发展是分不开的，和民营经济的发展壮大是分不开的。

二是，党对于民营经济认识不断深化，是在党的引领下、支持下发展起来的。从开始的时候，公有制经济是主体，非公有制经济只是起补充作用。后来也有提升到非公有制经济是社会主义市场经济的重要组成部分。再后来提出"两个毫不动摇"，即毫不动摇巩固和发展公有制经济，毫不动摇鼓励、支持、引导非公有制经济发展。

习近平总书记最近考察辽宁的时候，强调要支持民营经济发展。重申了"两个毫不动摇"，强调了要支持和保护民营经济。

党的十九大提出来要"保护人民人身权、财产权、人格权"，保护非常重要，也非常及时。那么怎么样保护？习近平总书记说，要营造民营经济的营商环境和法律环境。离开了多种所有制经济共同发展、离开了民营经济的发展，人民生活不可能提升，社会主义的优越性不可能发挥。

这里我想说一下，邓小平"北方谈话"的故事。1978 年，我国所有制结构说明，国有经济占比 77% 还多，集体经济占比 22%，几乎没有私人经济，只有小量的个体经济，再加上"文化大革命"的原因，我国国民经济处于濒临崩溃的状态。1978 年 9 月，邓小平访问朝鲜后经过对辽宁等考察后说：我们的人民太好了，工人工资很低，农村非常贫困，这就叫社会主义优越性吗？人民不能再苦下去了。国外有一个议论，就是中国人到底能够忍耐多久？如果说社会主义是贫穷的社会主义，要这样的社会主义干什么？人民就有权抛弃我们。改善人民生活，社会主义才可以立于不败之地。我们过去对"南方谈话"认识比较深，但是对"北方谈话"了解并不多。"北方谈话"，为改革开放打下了一个重要的思想基础。

三、"民营经济离场论"和"私有制消灭论"都是不得人心的

第一，实现中国的梦想有"四个离不开"。我们要实现"两个一百年"奋斗目标，要实现中华民族的伟大复兴靠什么？我觉得离不开经济制度，离不开民营经济的发展，这是第一个离不开。

第二，人民生活的提高，实现人民对美好生活的向往就是我们奋斗的目标。靠什么？靠基本经济制度，离不开民营经济的发展。

第三，要创新发展，要建设创新型国家，我们也离不开多种所有制经济、离不开民营经济的发展。

第四，要缓解就业压力、保障就业更离不开多种所有制经济、更离不开民营经济发展。所以，现在都用了"五六七八九"，党和国家领导人都用了。我看刘鹤副总理还用了两次，就是民营经济的贡献占

了50%，在 GDP 当中占了60%，在创新上占了70%，在解决就业的总量上占了80%，新增就业占了90%，新增就业怎么解决？就靠民营经济发展解决。所以这是"四个离不开"。

在我国多种所有制经济中，国有经济和民营经济不是对立的，而是互相依存、互相促进的。但是过去我们的体制，是两条轨道上运行的，国有经济和民营经济的方针政策，乃至法规都是分别制定的。两条轨道上运行要变成一条轨道上运行，就是在社会主义建设中，你中有我，我中有你，共同发展；而不是你吃掉我，我吃掉你，这就是混合所有经济的由来。

我觉得多种所有制经济共同发展，它有伟大的历史意义、有伟大的长远意义，所以我们必须坚持下去，必须完善。过去靠这个，那么我们"改革开放再出发"也要靠这个，离不开它。但是，现在社会上出现的奇谈怪论，提出什么"民营经济的离场论"，"私有制消灭论"，两论严重干扰了党的路线方针政策发展、干扰了多种所有制经济共同发展，影响了民营经济的共同发展。"民营经济的离场论"和"私有制消灭论"，都是不得民心的。

今天讲话没有稿子，我为什么不用稿子呢？快90岁的人了，我讲话不用稿子用脑子，这样可以延缓老年痴呆症，可以延长寿命。

（本文系作者2018年10月20日在复旦大学
首席经济学家论坛上的主旨演讲）

坚持基本经济制度
把握"两个中性"原则

(2019年1月)

自党的十五大总结之前改革开放的实践经验,提出"公有制为主体、多种所有制经济共同发展,是我国社会主义初级阶段的一项基本经济制度"以来,我国社会主义市场经济体系在这一基本经济制度的基础上迅猛发展,经济社会取得了长足的进步。但是不久前,社会上出现了一些否定、怀疑民营经济的言论,引起了民营企业家的疑虑,冲击了市场的信心和预期。所幸中央及时召开了民营企业家座谈会,习近平总书记极其明确肯定地重申了坚持基本经济制度,坚持"两个毫不动摇",强调非公有制经济在我国经济社会发展中的地位和作用没有变!指出民营企业家是自己人。习近平总书记的讲话拨云见日,让笼罩在民营经济周围的阴霾一扫而空。社会各界纷纷就如何发展民营经济建言献策,中国人民银行负责人提到的"竞争中性"原则受到了社会各界广泛关注。澳大利亚首先提出"竞争中性",后来国际机构 OECD 将"竞争中性"作为一个原则提出来,我认为,可以进一步延展到"所有制中性",所有制也要中性,各种所有制度都平等竞争、一视同仁。把握好"两个中性"原则,对坚持基本经济制度会有良好的正面作用。

一、为何要把竞争中性和所有制中性
作为改革再出发的原则

我们党多次提出竞争中性和所有制中性的内涵。党的十五大确定我国的基本经济制度后，党的十六大提出"毫不动摇地巩固和发展公有制经济"，"毫不动摇地鼓励、支持和引导非公有制经济发展"。党的十八大进一步提出"毫不动摇鼓励、支持、引导非公有制经济发展，保证各种所有制经济依法平等使用生产要素、公平参与市场竞争、同等受到法律保护"。党的十八届三中全会提出："公有制经济财产权不可侵犯，非公有制经济财产权同样不可侵犯；国家保护各种所有制经济产权和合法利益，坚持权利平等、机会平等、规则平等，废除对非公有制经济各种形式的不合理规定，消除各种隐性壁垒，激发非公有制经济活力和创造力。"十八届四中全会提出要"健全以公平为核心原则的产权保护制度，加强对各种所有制经济组织和自然人财产权的保护，清理有违公平的法律法规条款"。十八届五中全会强调要"鼓励民营企业依法进入更多领域"。十九大把"两个毫不动摇"写入新时代坚持和发展中国特色社会主义的基本方略。

历次中央全会文件表述的核心实际上与竞争中性和所有制中性的内涵并无二致。即无论各种市场主体的所有制成分，在政策环境、法律保障、要素供给等方面，都平等竞争、一视同仁。但问题是，中央文件明确清晰地表达，为什么在执行过程中总是落实不好？与政策要求还有如此大的差距？造成上述困扰的根源，一是思想认识原因，二是既得利益原因。在思想认识方面，主要是没有认识到"两个中性"原则是一个市场经济的规律，现在我们要深化市场经济改革，而且要由市场决定资源配置，从基础性作用到决定性作用，所以竞争中性、所有制中性原则，就是市场经济的重要规律。既然我们要搞市场经济，既然我们要搞市场决定资源配置，我们理所当然地要搞竞争中性、所有制中性。在既得利益方面，"两个中性"原则毫无疑问地将损害那些以往政策造就的特权、门槛获得的利益，落实"两个中性"原则，无异于釜底抽薪，使得既得利益主体丧失攫取利益的基础，"两个中性"原则的落实必然会遭到各种掣肘。

二、如何实施"两个中性"原则

实施"两个中性"原则，必须根据造成落实难的原因，有针对性地探求解决的方案。目前来看，可以从以下几个方面入手：

1. 打破行政性垄断。行政性垄断的本质是基于行政权力而产生的独家或少数企业对市场的垄断。我国经济运行中存在的中小企业发展困难、价格关系扭曲、结构调整进展缓慢、资源消耗过高等问题，都与行政性垄断范围过广、程度过深导致市场机制作用发挥不充分有直接关系。与行政性垄断相伴生的是行政权力过多介入微观经济活动，由此衍生了经济转型时期的秩序混乱和腐败现象，严重破坏了市场的公平，要落实"两个中性"原则，就必须破除行政垄断，有必要把加快推进垄断行业改革作为深化经济体制改革的突破口。

2. 各部门、各地方、各司法机构都要行动。"两个中性"原则要求，无论各种市场主体的所有制成分，在政策环境、法律保障、要素供给等方面，要平等竞争、一视同仁。政治环境的营造、法律保障的实施以及要素的供给，离不开各部门、各地方、各司法机构的共同努力，任何一个环节的缺失，"两个中性"原则的要求就难以满足，民营经济的发展就会陷入要么难以持续发展，要么发展起来就跑路的困境。因此各部门、各地方、各司法机构都应当在党的领导下高度重视"两个中性"原则，各部门、各地方、各司法机构必须协调一致，补齐政策和法律短板，为民营经济发展提供公平、稳定的环境。

3. 把有限的国有资本集中到国家安全和国民经济命脉的行业和领域。我国 40 年改革开放的进程，也是国有企业不断改革的进程。1993 年，党的十四届三中全会提出建立现代企业制度，为国有企业改革指明了方向。2003 年，党的十六届三中全会提出发展混合所有制经济，实现投资主体多元化，使股份制成为公有制的重要实现形式。提出产权是所有制的核心和主要内容，建立归属清晰、职权明确、保护严格、流转顺畅的现代产权制度。当时不仅提出现代产权制度，而且提出要完善国有资本有进有退的道路，进一步推动国有资本更多地投向关系国家安全和国民经济命脉的重要行业和关键领域。国有资本集中到关系国家安全和国民经济命脉的重要行业和关键领域。国有经济有进有退，而不是说只进不退，而且明确提出要加快推进和完善垄断企业的改革。国有企业瘦身健体，特别是国有垄断企业的改革破题，对夯实我国国有资本经济的主导地位是有利的，也有利于"两个中性"原则的落实。

4. 国资委要从管人管事转到管理国有资本上来。党的十九大提出从管企业为主向管资本为主转变。实行市场机制有效、微观经济有活力、宏观调控有度的经济体制。首先，从管人管事转到管理国有资本能够有效减少行政权力对微观市场行为的干预，前文已述，行政权力对市场的干预，往往是造成"两个中性"原则无法落实的重要原因之一；其次，从国有资本层面参与市场竞争，更有利于运用市场化的手段，既避免行政权力对微观市场的直接干预，又能够使得国有资本获得更灵活的手段；最后，从管人管事转到管理国有资本就能够实现具体微观领域的有进有退，管人管事要求每一条战线都必须有进无退，而管理国有资本，只要国有资本能够保值增值，那么具体投资领域的进退就会更加灵活，更加有利于国有资本集中到关系国家安全和国民经济命脉的重要行业和领域上来。

（原载《旗帜》2019 年 1 月 10 日创刊号，
后来又作了多次修改）

Ⅱ 民营经济主体论

企业要有一定的自主权

（1956 年 12 月）

让企业有一定的自主权，以发挥企业的积极性和克服官僚主义，是当前迫切需要解决的一个严重问题。

厂里自主权过小，中央主管机关集权过多、过细，到底有什么弊端呢？

第一，给国家造成很大的人力、财力的浪费。由于中央主管机关管得太多、太细，企业的许多事情都要请示中央有关部门，即使是很小的事情，如盖一个厕所或买一架打字机也不例外。一般请示或要求上级解决问题的方式有：1. 派专人来京；2. 写公文；3. 发电报；4. 打电话。

先从企业派专人来京来看，以第一机械工业部为例，各企业派到北京来办事的人，每天有 1000 人以上。据 1956 年 10 月 23 日的统计，这一天住在部内招待所的企业人员达 1444 人。其中以西安仪表厂最多，有 99 人；洛阳拖拉机厂次之，有 54 人；一般企业派 4 人至 8 人最为普遍。据说在平时招待所最多每天住 1500 多人，最少也有 1200 人以上。几乎每个企业都派有专人常驻北京。这些同志来到北京后，一般要经过好几"关"才能把事办完，最多的要经过"九关"，即局里"四关"（科员—科长—处长—局长），部里"五关"

（科员—科长—处长—司长—部长）。他们普遍反映：来北京办事要比关云长"过五关"还难。据招待所的同志说：企业里的同志一般来北京后，最少要住上一两个星期，最多的达十个月。一位厂长说，厂里来北京办事的人都摸索到了一条"经验"，就是到北京下火车后，首要任务是买一份《北京日报》，先瞧哪里可以看戏，哪里可以玩，哪里有展览会。他们认为反正上面办事不会那么快，"看"、"玩"几天，何乐而不为呢。

再从写公文、发电报、打电话来看，第一机械工业部（不包括局、院）每月收发的公文达 3 万件以上，据统计，8 月份共收发公文36006 件，电报 2042 件。

中央向企业要的统计报表也太多、太细，例如企业的设备要逐台统计上报。因此不仅造成报表多，而且报上来就是一大本。仅第一机械部第二机器工业管理局 1956 年的统计报表就重达 8 吨。企业里的同志提出这样的一个疑问：报上来后，到底有人看吗？谁来看这些报表呢？

上面所举的例子只是可以直接看到的一些，而更严重的是：层层扩大了组织机构，增加了人员编制。由于企业的权限小，许多事情都要通过派专人、写公文、发电报，以及打电话等方式来请示解决。不管哪一种方式都需要人来做。例如，写公文就要拟稿、会稿、审核、打字和收发；派专人，一来就要几个人，厂长来了要带科长、工程师或科员。到北京后，就要有人招待，仅第一机械工业部的招待所就有150 多个工作人员。总之，这些事不仅企业要有人办，而且局、部、委员会等中央机关也要相应地增加人员编制。于是就形成了"机构越整越大，人员编制越编越多"的现象。而且有效劳动很少，正像第一机器工业管理局的一位科长所说："我们整天就为这些事跑腿、扯皮"。显然，如果企业有一定的自主权，有些事情就可以不必派专人了，也不用写公文、发电报和打电话了，厂里的人就可以减少，中央的机构和人员也可以大大地精简。

第二，限制了企业的积极性和主动性，潜力不能充分发挥。拿财务管理来说，厂长只有五百元的机动权，超过了五百元就不能做主。企业的利润要全部上缴，不能留出一部分由企业自己支配。这就是说，职工利益跟企业的经营管理、降低成本及盈利的关系并不是十分密切的，因此也不可能对它十分关心。如果规定企业利润留出一定的百分比给企业自己作扩大再生产和改善职工福利之用，这样就有一种物质力量促使职工人人都关心企业的经营管理，精打细算，降低成本，群众性的管理和监督就会很自然地实现。这对国家、对职工都有好处。

给企业一定的自主权，也就加重了企业的责任感，会促使企业更主动更积极地设法解决工作中的问题。目前由于中央机构管得太多、太细，有些企业往往认为反正我们没有办法，困难问题只好提请上级解决，因而在一定程度上养成了依赖思想。

第三，助长了中央机关的官僚主义、文牍主义和事务主义。中央机关管得太多、太细，能否管好呢？事实证明，什么事都管，什么事也不容易管好，而且也管不了，反而滋长了官僚主义、文牍主义和事务主义。因为部长、主任、司长、局长等领导同志都很忙，如果走进他们的办公室就会确实感到他们是够忙的，电话铃不断地响，来人不断地找，公文电报很多，会议一个接一个地开着，他们很少有时间来考虑问题，而且许多事情也只有靠做具体工作的同志来管（如第一机械工业部基本建设计划是由该部基建司计划处管的，实际是处里一个人管一个局及其所属各厂的计划）。企业里的同志都怕这种"小二当家"的做法，认为这些同志对下面的意见往往不能很好地考虑。

"小二"们也有苦恼，因为他们当不了家，常常说："这只是我个人的意见。"有时候，局里的意见被部里否定了；部长同意了，管具体工作的同志不同意；部里的意见又被计委、经委否定了。因此，企业觉得不好办事，不知听谁的好。

反过来看，如果中央机关多管一些原则性的、较大的问题，一般性的问题让企业自己做主去解决，领导机关就不致陷于官僚主义、文牍主义和事务主义里了。

为改进上述情况，在国家统一计划下，下列几方面企业的权力是值得考虑和研究的：如在技术管理方面，让企业有权采用新技术，发展新品种，在一定范围内企业的技术措施及增添新设备可由企业自己做主，不必经中央批准；在计划管理方面，让企业在保证完成年度计划的前提下，有权修改季、月度计划，因时制宜地加以调剂平衡；在财务管理方面，让企业有一定的利润分配权，以提高职工的生活福利待遇，鼓励职工的生产积极性；在人员组织管理方面，让企业有一定的权限招聘和使用人员，因地制宜地使用人员或设立必要的组织机构，中央可不作硬性的规定；在对外关系方面，让企业有权同外界建立协作关系，固定供销关系。这一点是非常重要的。如第一汽车制造厂不能同外界建立固定的供需关系，只能靠国家定期或临时平衡。因此这个厂需要的发动机钢被平衡到由重庆供应，每吨运费达 68 元，如果这个厂直接同本溪钢厂建立供需关系，每吨运费只需 12 元。

总之，在国家统一计划下，企业有一定的自主权，是精简国家机构、节约开支、提高企业积极性和克服官僚主义、文牍主义、事务主义的重要措施。

（原载《人民日报》1956 年 12 月 6 日）

对群众集资入股的看法和建议

（1984 年 7 月）

一

最近，在我国经济生活中出现了一件引人注意的新事物：

——广东佛山市为了加速现代化建设，成立信托投资公司，吸收城乡居民和单位入股，1984 年 6 月 20 日开始发行股票，两小时内就集资 20 万元。10 天之内共收到来自全国 25 个省市的股金 405 万元。

——江苏无锡县利用农民资金发展城镇经济。现已集资 1200 万元，相当于全县两年的地方财政收入。这个县的堰桥乡农民为了筹办旅游公司，1 小时就集资了 30 万元。

——辽宁朝阳重型机器厂试行职工投资入股，筹集资金 22.9 万元，用以改善生产条件，扩大生产能力，一年创利 22 万元。

——河北藁城县为了集资兴建水果冷库，县供销社发行了特种基金股票，不到 1 个月 150 万元的股票被农民和村队干部认购一空。

为什么群众对集资入股的热情如此之高，它将造成什么影响？这是我国现代化建设中值得重视和研究的一个重大问题。

第一，我们是在经济落后的基础上进行社会主义建设的，不可能也不必要什么都由国家包下来，必须实行国家、集体、个人一起上的方针。30 多年来的经验证明，国家包下来搞建设不仅包不起，而且经济效果很差。以住宅建设为例，城市采取国家包建包修的办法，越包国家的负担越重，远远不能满足需要。从 1979 年到 1983 年的 4 年中，国家花了 500 多亿元投资，建了近 4 亿平方米的职工宿舍，但国家不能收回一分钱，每年还要给予大量维修补贴；农村住宅，国家不包建包修，完全靠农民自力更生解决，4 年来共新建 28 亿平方米，国家不仅没有花投资，而且还回笼了大量的资金。据无锡市的典型调查，农村建 100 平方米的住宅，国家出售钢材、水泥可回笼资金 560 元，出售钢筋混凝土构件可回笼资金 1300 多元，出售中等商品房则可回笼资金 6000 元。如果每年向农民出售 200 万套商品房、200 万套配套材料，共计可回笼资金 140 多亿元，可为国家积累资金一二十亿元。城市和农村两种不同的住宅建设方针，产生两种截然不同的结果。当然城市和农村的情况不同，不能完全照搬农村的办法，但它给了我们一个重要启示，就是必须更多地依靠集体和个人集资兴办各项事业，调动各方面的积极性，才能加快社会主义现代化建设的步伐。

第二，随着我国经济的发展，企业的自留资金和城乡人民的货币收入越来越多，这就为社会和群众集资入股创造了有利条件。如何充分地、合理地利用社会和群众的闲置资金，这是在新形势下值得重视的一个新问题。主要途径：一是增加消费。但群众迫切需要的消费品不足仍是一个突出的矛盾。原来以为是"摇钱树"的轻纺产品，其发展受到质量、品种和空间（住房面积小）的限制。1982 年轻工业固定资产投资增长了 16%，产值增长 5.3%，利税下降 4.3%。二是增加银行储蓄。1983 年城乡储蓄存款已达 900 亿元。应该看到，随着物价的调整，货币可能会在一定程度上贬值，居民可随时提取存款冲击市场，因此存款在闲置资金中的比重将会下降。三是发行国库券。在一定时期内可以这样做，但这不是长久之计，因为这个办法吸收闲置资金的能力有限，而且几年以后国家的负担越来越重，每年所发行的国库券还抵不上还本付息额。四是由社会、群众集资兴办建设事业。这是充分地、合理地利用闲置资金的重要途径，也是利国利民的重要经济形式。

第三，群众集资入股，使职工的利益更紧密地同企业的经营管理联系在一起，加强了职工当家作主的责任感。山西省太谷玛钢厂于1956年建厂时曾实行过入股分红联营制，生产搞得很好。后来工厂逐步由"民办"变成了"官办"，职工捧着"铁饭碗"，吃了"大锅饭"，生产发展缓慢。1983年这个厂实行了以职工入股联营为中心的改革，恢复了集体所有制性质，使企业与职工的经济利益紧密结合起来。这一年同实行入股前的1982年相比，企业总产值和利润都翻了一番。劳动群众集资入股，使所有者、生产者和受益者连在一起。劳动者同生产资料的恰当结合，充分体现了劳动群众的主人翁地位，激发了人们的社会主义积极性和创造性。

二

东欧一些国家，为了调动职工的积极性，增强企业的活力，正在努力探索群众集资的各种经济形式。罗马尼亚共产党中央全会通过决议，公布了《关于国营经济单位劳动群众入股参加筹集经济发展基金的法律草案》。法案规定，国营企业的劳动群众作为入股者可以拥有企业的一部分固定资产；入股者年终可以从单位利润中获得相当于自己股金总额5%—8%的额外收入；五年后可要求归还全部股金；股金总额不得超过该单位固定资产的30%。其目的是使"职工更加关心取得更高的经济效果"，"更积极地参加本单位的自我领导和自行管理工作，以提高企业盈利并相应地提高职工的收入"。匈牙利为了发展某项建设事业，由银行发行投资债券，企业、团体、个人都可以购买，以鼓励资金的自由流动。苏联最近通过在伦敦的莫斯科国民银行发行了 5000 万美元的债券。这是苏联十月革命胜利以来的第一次尝试。匈牙利积极发展各种形式的联合企业，使各种所有制互相渗透，提倡国营企业可以办子企业，也可以与合作社联合办企业；社会团体可以办企业；个人可以办企业，也可以合伙投资办企业。南斯拉夫和波兰政府允许个人经营小企业。波兰还以各种优惠条件，吸收波侨回国内投资建设，发展本国经济。苏联学术界近年来对国家包办一切事业也提出了异议，主张举办各种形式的"建立在个人积极性基础上"的小企业。

西方国家的一些资本家为了自己的切身利益，摆脱困境，正在积极推行一种所谓"职工拥有股份计划"。美国丹·里弗公司所有股份中，70%是职工拥有的。道氏化学公司的业主中 1/3 是职工。西弗吉尼亚的钢铁工人在资本家的鼓动下，于 1984 年 1 月拿出 38600 万美元，把即将破产的威尔顿钢铁公司的部分股份买下，将企业重新支撑起来。密执安州的州际运输车制造公司的工人，最近拿出 15%的工资换取股份，使这家公司能继续进行生产。现在美国已有 6000 个公司的资产已全部或部分转归职工所有，人员在 40 万人以上，约占全美劳动力的 4%。这种所谓的"共享的资本主义"，得到美国两大党的支持。美国国会修正了税收法，对职工拥有全部或部分股票的公司给予减税。一些银行还提供贷款，以帮助职工购买股票。日本的一些资本家也鼓励职工入股，使企业与职工紧紧捆在一起，以获得更大的利润。

发行股票是集资的一种形式，被资本主义国家普遍采用，近年来也为发展中国家和社会主义国家所利用。马克思、恩格斯曾对资本主义的股份制度作了科学的分析，指出：资本主义的股份企业也和合作工厂一样，应当被看作是由资本主义生产方式转化为联合生产的过渡形式，只不过在前者那里，对立是消极扬弃的，而在后者那里，对立是积极扬弃的。马克思、恩格斯充分肯定了股份制度对发展资本主义生产所起的重要作用。"假如必须等待积累使某些单个资本增长到能够修建铁路的程度，那么恐怕直到今天世界上还没有铁路。但是，集中通过股份公司转瞬之间就把这件事完成了"。股份公司使所有权和经营权分离开来，产生了别人资本的管理人，培养了经理人才。我国实行的是以生产资料公有制为基础的社会主义，与资本主义有着本质的区别。我们要建设中国特色的社会主义，最重要的是必须从实际出发，坚持四项基本原则，同时也要注意并吸取外国的有益经验。我们要学习资本主义国家经营管理中与社会化大生产相联系的科学方法，拒绝这种学习是愚昧落后的表现，当然那些与资本主义剥削制度相联系的东西我们不能学习，必须坚决反对。资本主义国家的科学管理方法，它可以为资本主义服务，我们把它拿过来，结合自己的情况，加以消化和运用，也可以为社会主义服务。

有的同志认为，入股分红是"不劳而获"，是搞"资本主义"。这是缺乏分析的，也是没有根据的。应该看到，股金实际上是劳动群众个人消费基金的积累，是社会主义资金的组成部分。把劳动群众手中的闲置资金集中起来，兴办社会和人民需要的各项事业，把一部分社会消费基金转化为社会生产基金，其结果必然是促进社会生产力的发展，进一步改善劳动群众的物质生活条件。劳动群众投资入股，不仅解决了一部分国家资金不足的困难，更重要的是由于调动了群众的积极性，发展了生产，创造了社会财富，因而企业增加了利润，国家增加了税收。在经营利润中拿出很小的一部分作为股金分红，鼓励投资者，促进一部分人先富起来，这是一条富国富民的道路。

三

我国是一个拥有 10 亿人口的大国，劳动群众有传统的创业精神，群众集资办各项事业的潜力很大。为了使这个新事物更健康地发展，更好地贯彻执行国家、集体、个人一起上的方针，提出如下建议：

1. 坚持自愿原则，不搞强迫命令。群众集资入股本来是一件好事，但如果搞强迫命令，会把好事变坏事。

2. 集资入股应承担一定的风险。由于经营管理水平不同，经济效益也不同。投资者应共同承担盈亏责任与风险，不能"旱涝保收"，否则会冲击国家银行存款计划。

3. 坚持多种形式，不搞"一刀切"。可以在国营企业中吸收职工集资入股，也可以在集体企业中吸收职工入股；可以用发行债券形式，也可以创办股份有限公司，发行股票吸收资金；发展国营与集体、国营与个人、集体与个人等各种联营和合作经济形式。要提倡多形式、多样化，千篇一律、"一刀切"只能把经济搞死，不能发挥企业和劳动者的积极性、创造性。

4. 建立和发展社会主义的资金市场，以适应对外开放、对内搞活的需要。资金市场是社会主义统一市场的一个重要组成部分。没有相应的资金市场，社会主义统一市场也难以发展起来。要鼓励资金跨部门、跨地区、跨所有制流动，提倡企业办子企业。在国家的正确方针政策指引下，允许并积极创造条件使资金合理地流到最需要的地方，真正打破部门和地区封锁。在当代，世界范围内的贸易往来和资金流通的规模日益扩大，我们办好国内集资入股和分红工作，学会发行股票和办理银行贴现等方面的管理，使国外的资金按照我国的需要合理地流进来，同时也积极创造条件把资金合理地流出去，到国外去经营赚钱，为加快我国现代化建设事业服务。

5. 加强经济立法和组织管理。建议国家通过经济立法对群众集资入股、分红加以保护和支持。个人的投资（股票）所有权应归个人所有，可以转让，也可以继承。根据国家经济建设的需要，有计划、有步骤地引导企业、团体、个人举办新兴行业、基础建设事业和服务行业，并在税收等方面给以优惠条件，积极创造投资环境，以吸引更多的建设资金。

所有权与经营权的分开是一篇大文章

（1987 年 11 月）

最近，我在江西、广东、贵州、四川等省进行了一些调查，调查的重点是深化全民所有制企业改革的途径和经验。总的印象，各地同志在贯彻"巩固、消化、补充、改善"八字方针的同时，积极推行企业改革，在改造微观经济基础，形成新的企业经营机制方面进行了有益的探索，取得了一些新的进展，积累了一些宝贵的经验。实践证明，在国营企业的改革过程中，不能只讲放权、让利，改善外部条件，还要重视企业的经营机制问题，在所有权与经营权分开方面大有文章可作。

一、改变企业经营机制的形式与经验

1. 在国营商业企业中试行多种形式的租赁制。从 1984 年以来，各地先后在国营小型商业企业中试行了租赁经营，收到了明显的效果。但是，由于对租赁期始末的积压商品如何评估和处理存有难点，因此租赁制往往在饮食、服务、修理业开展较为普遍，而在百货零售商店中很难推开。在实践中，南昌市创造了一种很好的形式——出租柜台，互相竞争，促进商品经济的发展。如南昌食品商场是全市最大的副食品专业商店，1982 年该店开始在二楼经营日用百货、服装、五金交电等商品，但是经营不善，造成了积压损失。从 1986 年 10 月开始，该店将二楼 270 平方米的营业面积全部出租给个体户经营服装、家用电器，收到了意料不到的效益：一是安置了 60 多名个体从业人员，除税金以外，租户每月交纳 3800 元场地租赁费；二是国营商店虽然缩小了营业面积，但是由于精力集中以及顾客增加，销售额反而增加了 50%；三是国营商业与个体商业互相竞争、互相学习，服务质量和服务态度都明显提高了。目前，南昌市已有一百多家国营商店出租了部分柜台，地处闹市区的南昌市服务大楼将一楼的一个六尺长的橱窗改为柜台，出租给个体户经营水果，每月收租金 1200 多元。与此相似，成都市新建的四层百货大楼在 1987 年竣工后，也分别租给 180 多家国营、集体、个体商业经营使用，大大活跃了商业流通。

2. 在国营小型工业企业中进行承包租赁经营的试点。近一时期以来，各地开始把承包租赁经营从商业移植到工业企业。1986 年 8 月，重庆市政府颁发了《重庆市小型工业企业试行租赁经营的暂行规定》。该规定提出，亏损或人均年利润在 200 元以下的小型国营工业企业都可以实行租赁经营，加快了这项改革的步伐。由于在所有权不变的情况下，对企业资产使用权和经营权进行不同程度的转让，许多微利或亏损的企业的经营机制发生了深刻的变化，使企业焕发了生机。承包租赁经营的特点是：（1）承包租赁者的利益主要和企业利润挂钩；（2）通过招标投标择定经营者，经营者与所有者订立合同；（3）经营者对企业生产经营和行政管理全权负责，同时也以抵押形式承担经营风险；（4）承包租赁经营的不仅可以是个人，也可以是集体或企业法人。重庆洗衣机二厂承包了长期亏损已经受到破产警告的洗衣机一厂，两个月即扭亏为盈，顺利完成了产品定型和结构调整，避免了用行政手段合并亏损企业的老路子所带来的弊端。遵义市个体户盛永恒以 3.5 万元资产作为抵押，承包长期亏损濒于倒闭的木材加工厂后，把市场机制引入国营企业，仅一年多的时间，就改变了企业面貌。1986 年上缴税金 20 多万元，实现利润 60 万元。

3. 在全民所有制大中型企业中试行了各种经营责任制。重庆市是最先试行资产经营责任制的城市之一，半年多来，在反复测算、多方协调的基础上，已初步形成了一套章法，主要是：（1）以资产评估和招标方式确定资产价格和企业经营者；（2）经营者在以个人财产和部分工资作抵押，承担经营风险和责任的情况下，有充分的经营自主权；（3）明确财产归属关系，企业用自有资金投资形成的资产，所有权属企业；（4）以 1986 年计征利润为基数，超基数增长利润减半征收所得税；（5）逐步实现投资主体换位，改税前还贷为税后还贷；（6）以资产的安全性、增值率和收益作为评价企业经营成效的标准，合同期满经过审计，将国有资产的增损与经营者的收益紧密挂起钩来。按照这一程序和办法，先后已有 19 个大中型企业试行了这项改革，占市属大中型企业的 11%，主要是机电、化工、轻工等行业的企业。在重庆市红岩机器厂进行试点招标时，仅 20 天时间，就有来自全国 15 个省市的 127 人应标，涌现出一批有志于改革的人才。目前，重庆市正准备再挑选一批企业进行经营责任制试验。

4. 多种形式的股份经济形式开始涌现。随着社会主义商品经济的发展，股份制不仅在城乡集体企业，而且在国营工业商业、建筑、交通等部门的某些企业中也都有了发展。主要有三种形式：一是"一企两制"，即吸收职工入股，保息分红，重点解决资金紧缺问题。如广州明兴制药厂自 1985 年末以来共发行股票 164 万元，有 93% 以上的职工入股，人均 1500 元，其中有一百多名职工入股 5000 元以上。二是"一企三制"，即在集资的基础上实行企业的股份折算，按国家股、企业股、职工股分红，理顺内部财产关系。三是建立"一企多制"的股份制企业集团，如重庆嘉陵企业集团共有 11 家企业，正在探索以资金一体化为标志的紧密型股份制企业。而重庆市包装印刷工贸联合公司，则是由 113 家全民和集体企业入股 413 万元组建起来的参股式企业。各企业只有部分资产参股，按股分红，利益均沾，共负盈亏。应该看到，股份制是社会化大生产的一种组织形式，是与商品经济的发展相联系的，不是资本主义所特有的现象。国营企业股份并不标志所有制性质的根本变化，国家资产的所有权通过股本的形式表现出来，并获得具体代表。在改变全民所有制企业的国营的单一经营方式，使所有权与经营权分离的改革的同时，一些地方还进行了个别国营小商店的拍卖试点。拍卖使所有权与经营权一起发生转移，是调整所有制结构的一项试验。实践告诉我们，在全民所有制企业通过承包、租赁、经营责任制、股份制等形式转变企业的经营机制，实现所有权与经营权的分离是有基础、有进展、有前途的。所谓有基础，就是说这方面的改革形式多样，具有灵活性和普遍性，不仅改革的先进地区积累了很好的经验，一些起步较晚的地区也创造出新鲜形式。同时，这些形式也受到企业干部和职工的欢迎和支持，国家政策很容易转变为群众自觉的行动。所谓有进展，就是说各地的经验有的已比较成熟，广州、重庆等地政府就租赁、经营责任制等形式发布了暂行法规；在改革中涌现出的企业经营者多数是通过招标形式，经过不同程度的竞争而产生出来的；而各种形式的两权分离也多数是有经过公证、具有法律效力的合同作为保证的。由于把法律手段引入两权分离过程之中，使改革规范化稳定化，可以稳步地前进。所谓有前途，就是说国营企业的潜力很大，通过经营机制的变化，就可以突破许多旧体制下难以突破的框框，创造出过去难以达到的经济效益，开拓出企业改革的新局面。

二、深化企业改革的几点认识

1. 关于城市改革的中心环节问题。回顾几年来的改革实践，搞活企业始终是城市改革的出发点和落脚点。坚持按这个道路走下去，是已被实践证明的成功经验。第一，改革的目的是建立一个充满生机和活力的新经济体制，推动社会生产力的发展。而企业是社会经济的细胞，是经济体制的基础。我们考虑问题首先是要把微观基础建造好，把企业和广大职工的积极性调动起来。有了真正的商品生产者和经营者，才谈得上发展有计划的商品经济，整个城市经济才能有活力。第二，一切从实际出发，是我们从事改革所必须遵循的原则。几年来通过减政放权、减轻税负、缩小指令性计划等外部改革措施以及企业内部的配套改革，企业的活力有所增强，但是不能估计过高。企业改革发展很不平衡，国营企业特别是大中型企业的活力还不够，经济效益还不高，企业作为相对独立的商品生产者和经营者的地位尚未完全确立。因此，深化企业改革的工作任务很重。第三，从改革的整体配套性来看，在改革的不同时期，工作重点会有所侧重，但是企业活动涉及到各方面的经济关系，宏观领域中计划、财政、金融、价格等体制的改革都是以企业为主要对象的。第四，从当前的政治经济形势来看，特别要强调的是改革方针和政策的连续性、稳定性。以搞活企业为中心统筹安排各项改革的步骤，有利于正确处理改革与发展的关系，保证国民经济持续稳定地增长，使改革在震动较小、社会经济环境较好的情况下健康发展。

2. 关于深化企业改革的思路问题。根据"七五"时期城市改革的方向和任务，企业改革的目标模式是要使企业真正成为相对独立的经济实体，成为自主经营、自负盈亏的社会主义商品生产者和经营者，具有自我积累和自我改造的能力，建立自我发展和自我约束的机制，成为具有一定权利和义务的法人。如何完成这任务？几年来的实践中存在不同的思路，有的偏重于放权让利，减轻企业的负担；有的强调改善市场条件。但都是过多地强调外部环境，对于企业的经营机制怎么搞，没有真正解决。据基层的同志反映，目前国营企业改革面临的主要问题：一是如何选择合格的经营者；二是企业的经济活力不够；三是缺乏充分经营管理自主权；四是负盈不负亏，存在重消费、轻积累的短期行为；五是一些企业排斥市场，寻求依附行政机关。要解决上述问题，关键是按照所有权与经营权分离的原则，认真解决全民所有制企业的经营机制问题，使其享有充分的经营自主权。通过给政策，形成一种使企业都有机会通过自己的努力争得更多好处的经济机制。从我们所了解的一些成功经验来看，不论是承包租赁，还是股份制、资产经营责任制，都不同程度地解决了上述问题。个体户盛永恒承包国营企业为什么获得成功？我认为主要原因有三条：一是他通过承包的形式经营一个企业，有压力和动力；二是在他担有风险的同时，有了充分的经营管理自主权；三是他面向市场，注意发挥了市场机制的作用。由于他找到了一个所有权与经营权分离的好形式，在外部条件没有发生什么变化的情况下，改变了企业经营机制，内因发挥作用，企业面貌就很快焕然一新。

3. 关于深化企业改革几种形式的关系问题。第一，必须坚持实事求是的原则，改革的形式要多样化，切忌搞"一阵风"、"一刀切"。中国地域广大，各地的建设和改革都发展很不平衡，各行各业的各类企业也都有自己的特点，必须区别对待，允许探索各种形式，不能照搬同一模式，更不能用行政的办法赶进度、提指标。例如，股份制的优点是，它有利于正确处理入股者之间的利益关系，因为入股者之间的资金或者其他生产要素，可以折为能够等分的股权；有利于筹集社会闲置资金，将消费资金引向生产领域；有利于调动各方面的积极性，使大家都来关心企业的生产经营和效益；有利于促进横向经济联合，促进工业管理体制的改革，因此在不同性质和多种形式的经济联合中适应性较强。但是由于实践中社会资金的部门转移要受平均利润率规律的制约（而我国市场体系和经济参数扭曲），因此，股份制不可能一哄而起，先要选择少数企业作为试点。实践中，这种试验多数集中在效益好、盈利高的企业之中，对于微利、亏损的企业，承包、租赁则不失为较有效又较实际的选择；对于大中型国营企业，则以试行经营责任制为宜。第二，要研究和探索不同形式的结合问题，取长补短，集中优势。在调查中，许多同志反映，企业经营责任制的一个最大优点，是解决了经营者的责权利的统一，较好地调动了经营者的积极性。需要注意的问题是，如何处理好经营者和生产者的矛盾，充分发挥职工群众的积极性和创造性。应该看到，只有经营者的积极性与生产者的积极性结合起来，才能形成企业的积极性；而企业的积极性调动起来，才是企业活力之所在。第三，关于资产经营责任制与已在重庆、沈阳等地试行的经营责任制的关系问题。首先，必须看到，这两种办法从方向到形式上都有很多共同之处，比目前的企业管理办法也有较大的进步：一是打破行政任命干部，通过投标招聘来选拔经营者；二是真正把经营权放给厂长；三是经营者的利益有所提高；四是让了一些税利，企业的活力有所增强。同时，也要看到，两种办法在程度上、步骤上也有许多差异。资产经营责任制，在明确财产关系、实行投资主体换位等方面有所创新。因此是更接近目标模式的较高形式。但考虑到现阶段资产评估的难度和财政的承受能力，推行的范围将受到限制。与资产经营责任制比较，经营责任制这一办法简便易行，国家让的税利也较少，因此是在财力较紧张的情况下可以较大范围推行的可行性办法。

4. 深化企业改革与宏观改革的配套问题。从改革国营企业的经营机制入手，逐步放开企业的经营权，把权责利全面落实到企业及其经营者身上，是深化企业改革的关键。实践证明，深化企业的改革必然与旧管理体制发生一系列的摩擦，也必然要求有日益完善的市场条件。因此，在实现微观经济再造的同时，我们还应因势利导，在更大的范围内进行"撞击反射"，调整与之不相适应的各种经济关系，推动各个领域的配套改革，重新构造宏观经济间接管理的体制。要使企业真正实现自负盈亏，在市场竞争中求得发展，就要继续稳妥地推进价格体系的改革，尽快建立起生产资料市场；要使企业有自我积累、自我改造的能力，就要进一步减轻税负，加快金融改革，采取优惠政策将企业的留利引向生产性投资；要使企业在宏观间接控制的条件下，建立自我约束的机制，就要进一步改革计划投资体制，充分发挥税收、利率、信贷、汇率等经济杠杆的作用。总之，我们在深化企业改革的同时，仍要坚持改革的整体性、配套性，为企业改革提供一个良好的市场环境。

5. 深化企业改革需要注意的几个问题：（1）要防止消费基金的膨胀。改革是否成功的关键在于能否调动起经营者和生产者的积极性，但目前有一种倾向，似乎若要调动积极性，则必须靠多发工资和奖金来刺激。国务院"八条"规定，对于承担经营风险和责任，并取得效益的厂长，其收入可以是职工的一至三倍，这无疑是正确的。但有些人感兴趣的是下面一句话，即"做出突出贡献的，还可以再高一些"。同时，还会出现一般企业和试点企业攀比，企业里的职工和厂长攀比的现象。因此，应有得力措施加以控制，使经营者的收益确实与其承担的风险和为国家创造的收益挂起钩来，避免出现过去那种无论企业经营好坏，一律发四个月奖金的现象。（2）在推行两权分离时，要注意到国有资产的所有权不受损失。目前实行股份制的一些企业不能正确处理国家、集体、职工的财产关系，在计算股比时，少计公股的范围，低估了全民企业资产。这种倾向一方面使国家利益遭受损失，另一方面也为消费基金膨胀开了口子。此外，在拍卖企业时也有低估资产的现象。因此有必要组成由专家和综合部门代表参加的评估委员会，在评估现有资产时，既要看到账面上的净值，又要充分考虑到级差地租和企业信誉等可能带来的预期收入。（3）加强财政审计、工商管理、物价监督等管理工作，保护消费者利益，提高社会总体效益。

（原载《中国企业家》1987 年第 11 期）

以经理期权制度实现经营者动态激励

（1999 年 12 月）

党的十五届四中全会审议通过的《中共中央关于国有企业改革和发展若干重大问题的决定》指出，"实行经营管理者收入与企业的经营业绩挂钩"，"少数企业试行经理（厂长）年薪制、持有股权等分配方式，可以继续探索，及时总结经验，但不要刮风"。这一规定为经理期权制度在我国的实施提供了操作空间，是收入分配制度改革的一次突破，将会进一步推动国有企业的改革和发展。

在西方市场经济发达国家，经理期权已成为对大型上市公司高层经理进行激励的一种非常普遍的方式。在美国最大的公司中，总裁收入的 50% 以上、其他高层经理人员收入的 30% 以上来自期权，期权和股票赠与在董事的报酬中也占到了近 50%。目前，美国前 200 名上市公司的外部流通股中有 13% 是用于进行期权激励的。IBM 公司处于困境时接任总裁的郭士纳由于在 1993 年至 1996 年间成绩斐然，从股票期权中获得的报酬为 8000 万美元。英国的国内收入署在 1985 年 3 月至 1988 年 3 月间就批准了 2700 多个经理期权方案。以 1996 年奔驰公司监事会决定给予总经理股票期权为标志，德国一些大公司也已经逐步采用了对高层经理的这一激励方式。我国目前也有少数企业在开展这方面的试点工作。实行经理期权制度是一项有效的举措，应予以大力推行。

在所有权与控制权分离的情况下，作为委托人的所有者（股东）和作为代理人的经理的利益是不一致的。亚当·斯密最早认识到了这一问题的存在，在《国富论》中，他对支薪经理能否以股东利益为决策的出发点深表怀疑。

一、经理期权可以更好地实现激励相容

如何对企业的高层管理者进行有效的激励和监督，既是现代企业理论研究的重点，也是中国经济改革所要着力解决的一个关键问题。对中央计划经济而言，激励机制的缺失是导致其效率低下的体制根源。20 年来，我们为此采取了一系列措施，如扩大企业自主权、承包制、租赁经营等。这些改革措施存在的一个重大缺陷就是，无法消除短期激励和长期激励之间的冲突，无法将二者有效地统一起来。比如在承包制下，经营者为了在承包期内与所有者分享更多的剩余，往往会采取不提、少提或挪用折旧，对固定资产进行掠夺式经营及减少必要的长期性投资等方式来扩大虚假利润，增加自己的收入。这是因为承包制这种制度安排从长期来看不具有激励相容性，经理人员为增加企业长远利益所付出的努力无法得到有效的补偿。近年来实行的年薪制也存在着类似的缺陷，年薪制将经营者收入分为基本工资+风险工资+奖励，从而实现了企业经理的业绩与收入的挂钩，这比以前国有企业经理收入固定的分配制度有了明显进步；但是，年薪制所关注的仍然是当期激励，而且它的当期激励有效性也存在很大问题。例如，根据对 1998 年我国上市公司老总年薪的统计，发现老总年收入的高低与企业的经营状况并无关联，年薪前三名的企业——福耀玻璃、海欣股份、赛格三星，其中有两家是亏损企业，福耀玻璃总经理

年薪 206 万元，企业却亏损 1790 万元；按地区分析，老总平均年薪
11 万元的深圳，企业平均净利润 2981 万元，而平均年薪 3 万多元的
四川，企业平均净利润却高达 9429 万元，可见年薪制也无法对经理
产生有效的激励。

在经理期权制度下，经理的收入则取决于期权到期日公司股票的
市场价格和期权协议的执行价格之间的溢价，由于股票价格是公司未
来收益流的贴现，反映了企业的长期发展前景，因此，如果经理只关
注企业的短期利润，而不是通过增加研究与开发投资、对职工进行在
职培训或开拓市场来增强企业的发展后劲，他就不可能提高自己的收
入。所以，经理期权制度能够较好地解决所有者利益和经理利益之间
的冲突，给经理提供长期的动态的激励。

此外，给予经理人员股票期权比让经理直接持股有更大的优越
性，这是因为经理直接持股会遇到以下几方面的问题：①财富约束。
经理可能缺乏足够的财富来购买企业的一定数量比如 1% 或 50 万股的
股票，而购买的股票数量如果过少，就无法对经理产生足够的激励，
经理显然不会仅仅由于他持有的几百股股票而为提高企业股票市值努
力工作，因为他如此行事的外部性太大，收益根本不足以弥补其付出
的成本。股票期权则仅仅要求经理在开始时支付笔期权费，其数额仅
相当于购买同样数量的股票所需支付的十几分之一甚至更少，当企业
股份上升时，他仍然能够得到与直接持股相同的收益。也就是说，经
理股票期权可以突破经理的财富约束，提供更大的激励效应。②风险
成本。经理直接持股不仅面临财富约束，而且要承担较大的风险成
本。在持有股票期权时，他的损失至多只是预先交纳的期权费，即股
票市值的很少一部分，而直接持股则要面对大得多的损失，理论上讲
可能是股票的全部价值。由于经理一般是风险厌恶型的，过高的风险

会使他在经营决策时变得过于保守，不利于企业的开拓进取。经理期权则较好地解决了"激励和风险"之间的内在矛盾。

二、经理期权设计应注意的几个问题

经理期权制尽管具有以上优点，但是，我们必须对这一制度的一些具体方面进行通盘考虑、精心设计，才能使它对我国企业家阶层的成长和公司治理结构的完善发挥应有的作用。

比如说，经理期权的有关价格条款就是直接影响其激励效果的一个关键性问题。关于期权的执行价格应如何确定，一种比较常见的做法是以期权协议签订时本公司股票的市场价格作为期权的执行价格，如果在几年后到期时公司股价上涨，则经理行使期权并获益，即他因为自己的经营业绩而受到了奖励：如果公司股价下跌，则经理不会行使期权，损失了期权费而受到惩罚。这种方式最为简单，但也存在问题，就是它不能排除与经理经营能力和努力水平无关的系统性因素对公司业绩和股价的影响。比如，即使经理的努力水平和经营能力未变，公司股价也可能会受利率、汇率或重大政治事件的影响而发生明显变化。在大牛市时期，即使其表现逊于同行的经理也会受益。因此，这一方式的经理期权有可能造成激励机制的偏差和扭曲。

为了解决这一问题，我们可以把期权的执行价格指价格的加权平均指标的变化进行调整。比如，可以把同行业其他公司股票价格的加权平均值甚至同行业中表现最好的公司的股票价格作为基准指标，根据该指标的变化对执行价格进行调整，这样，只有在经理使本公司股票价格相对于其他公司股价而言上升时，他才能够从经理期权中获得收益。当然，对于有些实行多元化经营的公司，基准公司的确定可能会遇到困难，但关键的一点是，在设计针对经理的激励机制时，要尽量过滤掉不相干因素的影响。

再比如，经理期权的激励对象应如何确定。从理论上讲，经理期权针对的应该是那些对整个企业的经营业绩负全面责任的人，即董事长、总裁、总经理等。因为只有他们的行为才和公司的股票价值有着直接的密切联系，当然，有些企业为了增强对经理的吸引力，招聘优秀的管理人才，也会向中层经理提供股票期权。1997年，美国企业中年营业额在10亿美元以下的部门主管，其年收入中有27%来源于持有的期权。在我国推行经理期权的实践过程中，可能出现的一种情况就是，企业各个层次的管理人员都被授予股票期权进行激励，但实际上，公司的股票价值并非衡量部门经理工作业绩的恰当指标，因为某部门的经理可能会因其他部门经理的行为对公司股票的影响而受益或受损。在这种情况下，股票期权并不能使部门经理的经营业绩和努力水平与他所得到的报酬之间形成直接的联系，因此，不应把它作为对企业内部中层管理人员和技术骨干进行激励的主要手段，可以根据他们完成任务的情况予以提升或发放奖金来提高其工作的积极性。对企业经理层进行大规模的期权激励很有可能使其沦为一种福利，反而起不到应有的激励作用。

此外，关于授予经理的股票期权的数量、期权费、行使期权的有效期限，在进行财务分析时如何计算股票期权使公司负担的成本，以及对已在任一段时间的经理进行期权激励时如何考虑过去的贡献等问题，都要进一步分析并在实践中总结经验。限于篇幅，在此就不展开论述了。

（原载《经济时刊》1999年第12期）

中小企业改革与发展需要解决的问题

(2001 年 7 月)

一、国际经济形势变化对我国经济的影响

1. 美国经济减速对我国经济的影响

据亚洲开发银行预测，美国经济的低迷对亚洲国家如新加坡、中国、韩国等产生了消极影响。这些国家 2001 年的经济增长速度比 2000 年要减半，但再次产生金融危机的可能性很小。其原因：一是自金融危机以来，亚洲不少国家已进行了比较大的改革和政策调整，银行系统的安全性有所加强，汇率政策比较灵活，投机性外国资本大大减少，这些因素使得外国资本冲击的可能性减少，国内不良贷款大大减少，银行资本的充足率有所提高。二是外资结构有所改善。金融危机以来，亚洲国家都减少了外债，增强了外币的储备。

面对美国经济减速，我们应看到对我国的不利影响。其主要表现在以下几方面：

（1）2000 年 9 月我国对美国的出口总额开始下降。

（2）亚洲金融危机后，我国在保持人民币汇率稳定的基础上采取了许多措施，提高了出口退税，但进一步提高的空间不大。出口形

势的变化可能要滞后于国际形势的变化，2001 年后三季度的出口增幅很难预料。

（3）美国股市下跌影响了中国企业海外上市，在一定程度上对国内结构调整、资产重组、组建跨国集团产生了不良影响。

（4）三大国际货币资金的汇率调整可能会影响到人民币的汇率。当然，也要看到美国经济减速后，国际资本有可能要流出美国，为中国吸收外资提供了机遇。

针对这个形势采取以下对策：

（1）坚持扩大内需，继续坚持采取积极的财政政策。

（2）加快经济结构调整，千方百计扩大出口，进一步深化外贸体制改革，进一步实施出口多样化和以质取胜的战略，更好地开拓国内、国际两个市场。

2. 对新经济的再认识

原先，人们对新经济、IT 技术、网络经济一直期望、评价很高；出现泡沫后，美国股市特别是科技股下跌了 60%，人们对新经济产生了怀疑。其实，这只是一种调整，不能因为调整动摇了对新经济的看法。事实上，美国 IT 产业占 GDP 比重不到 6%，但对 GDP 增长的贡献率却占了 1/3。

（1）新经济已经或将要改变人们的生活、生产方式，如网络会议的出现，大大地节省了时间、空间和费用。

（2）新经济、网络技术发展以后，好多观念发生了变化。譬如对劳动的看法：过去认为，劳动是体力的支出，新经济时代认为，劳动主要体现为脑力的支出；过去，劳动价值论认为，从事体力劳动能够创造价值，而实际上脑力劳动创造的价值是体力劳动的几倍、几十

倍甚至几百倍，靠脑力劳动、靠智慧创造的价值更多。又如对生产要
素的看法：过去认为生产要素主要是土地、资本、劳动者三要素，现
在认为信息技术、管理工作也是一种劳动，也会创造价值，只是不像
体力劳动那样有定额，而是无形的，需要激励机制来调动其积极性。
如硅谷大多是中小型企业，员工不分白天黑夜，整天在思考问题，因
为他们的成果与利益是密切联系的。因此，技术工作、管理工作要参
与分配，以调动员工的积极性。中共中央第十个五年计划指出，要实
行按劳分配和按生产要素分配相结合，鼓励资本、技术参与分配，技
术工作、经营管理是劳动的重要形式。随着生产力的发展，它们的作
用越来越大，要深化对劳动和劳动价值论的认识。这段话是对马克思
主义的重大发展。

总之，应当看到，新经济的能量还没有充分释放出来，经过这次
调整，泡沫会充分释放，新经济发展势必会更好。在新经济中网络经
济占有重要地位，现在网络股的"消肿"，并不意味着否定网络经
济，网络经济的潜力还没有充分发挥出来。在新经济中还包括以基因
技术为基础的生物经济、以纳米技术为基础的纳米经济，它们也是新
经济的重要产业，应当说，以信息技术、网络技术、生物工程、新材
料等构成的新经济正处于日新月异的发展阶段，还有巨大的发展
空间。

二、中小企业的改革和发展

1. 中小企业的改革和发展需要解决的五个问题

（1）市场要准入。目前有壁垒，还有行政垄断。我国加入 WTO

后，开放市场，要打破垄断，而现在的门槛还比较高。因此，凡是外资能进入的，首先，要让国内的中小企业、民间资本进入。

（2）政策要平等。过去政策主要是为国有大中型企业制定的。对其他小企业还有歧视的政策。现在要改为市场经济下的平等竞争。

（3）渠道要畅通。首先，是融资渠道的畅通。过去融资主要是给国有大中型企业，而其他中小企业融资，一是缺乏相应的金融机构，二是缺乏相应的担保机构。对于直接融资而言，应该让国内所有企业平等进入资本市场。其次，政府沟通渠道要畅通。过去庞大的机构都是为国有企业服务。而现在要为各种所有制经济服务。

（4）法律要保障。法律要保护国内企业，还要制定财产保护法律。过去认为应保护公有财产，而现在应重视对其他合法财产进行法律保护。如果没有这一条，就有可能产生资本外逃，这对国家和个人均不利。

（5）职能要转换。我国的审批经济具有效率低下、抑制创新、造成制度性腐败等危害。而改革行政审批制度的根本办法，是必须在法制的理念上、政府职能的理念上进行创新。

如果这五个问题解决了，中小企业的改革和发展就会有重大突破。

2. 加快构建中小企业的信用制度

在 2001 年的两会上，信用问题成为两会代表所关注的热点。总理在报告中提出要加快建立健全信用制度，因为信用问题已影响到市场经济的发展。信用制度的建立，一要靠市场，二要靠法律。

（1）促进市场竞争，建立资信服务体系。

第一，不讲信用是短期行为的表现，不利于市场有效的竞争。产权改革的成功离不开充分竞争的市场环境，而市场竞争充分的一个表现是市场进入壁垒低，新企业可以自由进入，老企业可以自由退出。现在这两个环节上出了好多问题：非法集资、诈骗、企业倒闭后的财产处理难等问题，都是市场与法律不完善的表现。当前的产权改革实际上要做两件事：一是要保护产权，二是要规范产权。保护产权，不但要保护自己的产权，还要保护他人的产权，而企业总想占别人的便宜，不讲究商业信誉。因此，在两会上，有些委员提出要建立社会化的资信服务体系，首先要建立征信数据的开放制度并实现征信数据的商业化，发展信用服务行业。这样，不讲信用的企业就很难在市场中立足。

第二，深化产权改革，完善自律机制。中小企业一般处在市场边缘，并不主导市场，因此面临的市场竞争压力更大。发达国家的产权制度改革实践已经证明，竞争性市场中的产权改革在实践中有效，更有利于企业经营业绩的提高。我国的企业特别是中小企业的信用之所以差，与中小企业自己的经营状况、自律机制有很大关系，企业的盈利状况没有办法得到保障，因此很难保证借钱就能还钱；而银行机构对中小企业提供贷款，它获取企业内部的经营信息成本和所付出的监督成本要比对大企业贷款高，且所要承担的风险也比大企业高；事实上，在竞争性市场上，产权改革的结果是个人更加注重对方的资信。在长期的合作中，人们会发现，讲究信用比不讲究信用更加有利，这时信用秩序才能确立起来。因此，信用秩序的建立也并非短期就能完成的，它是人们在长期的经济合作活动中的一种有利于双方利益的理性选择，但这种秩序必须通过市场机制来完成。

（2）信用秩序要通过市场、法律来保障。

完善的信用体系是市场正常运作的基石。信用体系发育低和种种失信行为妨碍了市场的有效运作，我国的信用秩序状况应当引起我们的警觉。建立市场体系以前，个人与企业信用被国家的计划掩盖了，信用问题并不突出。随着改革开放和市场体系的逐步建立，信用恶化的问题日益突出，我国正面临着信用危机。

（3）如何构建信用体系是我们当前面临的一个十分迫切的问题。

市场的有效基本上表现为信息的充分。在有效的市场中，不会存在市场秩序混乱问题，但有效的市场在现实中很难存在，这只是一种理想状况，所以现实中的信用问题，不可能不存在，只是严重不严重的问题。为了解决信息不完善的问题，完善市场机制和市场制度是重要方面。发达国家信用状况之所以比我们好，在于它的市场制度比我们健全，不讲信用将会付出更高的代价，讲信用比不讲信用更有利。

（4）完善立法，促进信用秩序改善。

为了维护市场经济法则所必需的信用秩序，我国制定了一系列的法律法规，出台了一系列的政策，逐步形成了必要的法律体系，并发挥了一定的作用。但是，这并不意味着法律就已经十分完善，或者法律在现实中得到了有效的实行。鉴于我国信用秩序的紊乱，建立信用的约束、惩罚制度十分必要，加强立法已是当务之急，如制定"使用信息法"、修改《商业银行法》等。

（原载《江苏改革》2001 年第 7 期）

中小企业融资要有新思路

（2002 年 5 月）

通过对主要市场经济发达国家资本市场与企业之间关系的研究表明，不同规模、不同类型及不同层次的企业融资需要的数量、性质和方式不同，因而对资本市场的选择标准也不同，其中发展多层次资本市场是当前世界主要发达国家和地区的共同趋势。为了适应企业发展的多层次性和多样性，资本市场的发展开始逐步出现了多层次性和多样化特征。诸如：在主板市场即集中的资本市场，如纽约、伦敦、东京证券交易所等上市融资的企业，基本上都规模巨大、成长稳定、有较强的抗风险能力；而那些规模较小、抗风险能力较弱但成长性较高的中小企业，则不适应这种主板市场的要求，因而这些企业基本上进入到二板市场或者进入到比二板市场层次和入市标准还要低一些的资本市场进行股权融资。近 10 年来，加快建设支持科技企业创新的风险投资机构及与之相配合的新兴资本市场，已成为发达国家和发展中国家共同的发展趋势。发展风险投资事业，支持高科技产业创新，离不开与之配套的为其提供融资及退出渠道的资本市场。

在国内缺少融资渠道的情况下，我国中小科技企业纷纷寻求境外上市融资，对于这种势头要进行全面、客观的分析和研究，并加快出

166

台有关措施，解决中小科技企业融资渠道问题。据有关机构统计，目前国内准备以各种迂回方式去境外上市融资的民营科技企业有数十家之多。对民营科技企业境外上市要全面、客观地分析，首先应该看到，民营科技企业境外上市是企业发展内在的融资需要，同时这种方式也为企业筹集到了创业和发展所需要的资金，支持和促进了这些企业的发展；其次应该看到，民营企业的境外上市及其良好的表现，有利于我国企业到国际资本市场上进行筹资，有利于中国企业以股权融资的方式引入境外资金；最后也应该看到，由于国内目前对中小科技企业，特别是民营科技企业，没有开设适宜的融资渠道，这些企业境外融资带来的问题应尽快加以解决。

科技创新的主体是中小科技企业，股权融资又是中小科技企业所亟须的一种最主要的融资形式，地方性的产权、股权、技术转让及交易市场可在一定程度上解决中小科技企业创业和发展的融资需求。然而，近些年来，我们对地方性、区域性的依托于产权交易市场的融资活动一直采取禁止和关闭的做法，这些措施对于整顿金融秩序，防范金融风险，确实具有积极的作用。在目前新的形势下，应该有选择地准许一些有条件的地方进行股权、产权及技术转让与交易的试验，配备各方面专家进行指导，总结经验，逐步推开。采取这种小范围试验的做法，不会对国内证券市场及金融秩序产生大的冲击和影响。地方性的产权、股权交易市场入市标准较低，适合于中小科技企业的实际情况，因而会受到中小科技企业的欢迎。为推进这项工作的开展，建议选择某些地区，如中关村科技园区、深圳或西安高新技术开发区等，进行面向中小科技企业的产权、股权转让与交易试验，逐步总结经验并逐步建立起一套切合实际的、可操作的、能够与国际资本市场接轨的监管体制和运作机制。

中小科技企业的蓬勃发展依托于功能完备的融资体系的建立健全，因而，发展多层次资本市场，促进中小科技企业创新和发展，是贯彻实施"科教兴国"发展战略的当务之急。

资本社会化、产权多元化、公司股份化

（2002 年 7 月）

我觉得资本社会化、产权多元化，公司股份化这"三化"是一个趋势。首先，当前世界经济全球化是必然的趋势，我们之所以要加入 WTO 也是因为适应这个趋势，通过加入这个世界性的组织来适应这个潮流；其次，科学技术日新月异，特别是 IT 技术的发展，改变了人们生产和生活的方式，改变了人们的一些观念。一个是经济全球化，一个是新技术发展，使得生产的社会化加速了。我们过去搞计划经济，大而全、小而全，成本高、竞争力低，不适应社会发展的趋势和潮流。怎样才能适应全球化呢？必须要有竞争力，产品要有品牌，成本要低。

日本人的"候鸟经济"，哪个地方对生产有利，他就到哪个地方生产，地区与地区之间、国与国之间的界限从生产方面来说越来越模糊。为什么呢？因为在生产社会化和国际竞争加剧的条件下，非走这条路不可。如果我们再搞大而全、小而全，就没有竞争力。美国人很聪明，制造不在美国，而在国外，特别是把亚洲，例如把中国作为制造中心。为什么呢？因为经济全球化的需要，在他国搞制造，成本低廉，自己掌握研发，掌握销售，两头掌握了，生产转移出来，这是社会分工的需要。

　　社会化大生产可以提高竞争力，社会化大生产步伐加快了，物流的现代化也自然提出来了。过去自己搞仓库，自己搞配送、运输，搞小而全，这样成本就高，不适应发展的需要。深圳市将物流作为发展的三大支柱之一，我觉得很对。第一是高科技，第二是金融，第三是现代物流，作为经济的三个增长点、三个支柱。生产现代化以后，物流现代化是逼上梁山的，是不可阻挡的趋势。随着生产的社会化、物流的现代化，资本的社会化也是一个趋势，是不可避免的。因为单个资本已不适应现代经济的发展，单个资本要求融合到社会资本。现在不止单个资本，而且企业集团也提出要求资本社会化。只有资本社会化、产权多元化，才能提高竞争力，才能适应世界经济发展的潮流，不能靠企业单枪匹马。所以，个人资本社会化以后，就变成了社会资本。美国经济之所以现在还在发展，恐怕资本社会化是一个重要的因素。资本经过联合、组合、社会化以后，可以给生产以极大的推进。马克思在这一点上也讲过，有了生产规模的惊人的扩大，那对个人资本来说是不可能有的。同时，以前政府经营的企业，现在也变成了公司的企业，建立在一种社会的生产方式的基础上，并以生产资料和劳动力的社会集中作为前提的资本，在这里直接取得了社会资本（即那些直接组成公司的个人资本）的形式，而与私人资本相对立。所以，我们不要怕，认为这样是搞资本主义了，是搞私有化了。马克思都讲了，跟私人资本相对立，个人资本社会化以后不再是私人资本的属性。我觉得，即使将来，社会化也是趋势，像美国等发达国家是资本社会化，恐怕我们中国也是这个趋势，也要走这条路。资本社会化，光靠单一的资本是不行的，产权一定要多元化，公司要股份化。以公有制为主体，这个问题在党的十五大理论上已经做了创新，有以下几点：第一，多种所有制共同发展，是社会主义初级阶段的一项基本经济制度。这项基本经济制度是跟社会主义初级阶段共存的，也就是说是长期的，是一百年不变的制度。第二，公有制的实现形式应该而且可以多样化。过去实现形式就是一种国有形式，现在提出混合经济，产权多样化。在改革当中，国有经济也允许外资、民营经济的参与，也是这个道理。因为这样不仅资本扩大了，而且产权多元化也是治理结构上的一种制约因素。一个国有单位开董事会，实际上都是形式上的，但多元化以后，像民生银行，开董事会就不一样了，股东各有各的利益，而且都代表自己的利益，这就是一种制衡机制。第三，非公有制经济是社会主义市场经济的重要组成部分。这也是一个创新，过去讲它是一个有益的补充，现在讲它是重要组成部分。第四，国有经济的主导作用，主要体现在控制力上。假如国有经济有两种形式，一种是100%的国有，另一种是在五个企业里每个企业都参股20%，哪一个控制力强？我说当然是后者。前者只有一个企业，后者有五个企业，所以主要体现在控制力上也是这个意思。第五，就是国有经济比重减少一些，不会影响社会主义的性质。原来我们有这种观念，追求公有制的比重，特别是国有经济的比重越高越好，认为这就是搞社会主义。在讨论十五大报告的时候，有的省领导提出，我们省的国有经济的比重比别的省高得多，但发展不如人家。所以，经济发展与国有经济比重不是完全成比例的。比如说浙江，国有经济比重很低，但是经济发展跑在全国前面，它好多指标都比全国平均高了十几个百分点，例如它的社会投资、外贸出口。虽说外贸出口现在遇到困难了，但是该省第一季度外贸出口占比仍超过20%，比全国高出10个百分点。浙江经济现在发展很快，社会很稳定，人民富裕。所以，社会主义不是说国有经济比重越高越好。当然也不是说不要国有经济，自然垄断还是需要国有经济，但国有经济原来战线太长，比重太大。第六，就是各类企业都应当一视同仁，平等竞争，不能有所歧视。现实中歧视的情况还是有的。我觉得以上这六条，是十五大理论上的创新。这六条很重要，我们必须坚持下去。产权多元化、投资主体多元化，这是一个必然的趋势。

我说譬如像我们三九集团这样的企业，是否需要 100% 的国有？我想最终还是要搞混合经济，应该考虑是否外资可以进来，考虑民间资本怎么进来，在资本结构上应该考虑这些问题，因为这样可以实现资本扩大化。产权多元化以后，治理机制也容易建立，这是三九集团在改革和发展中应考虑的问题。

我就讲到这里，讲错了由自己负责，欢迎同志们批评指正。

（本文系作者 2002 年 7 月在三九集团企业
改革高层研讨会上的讲话摘要）

知识产权、制度创新和企业竞争力

（2002 年 8 月）

一、加入 WTO 后企业面对更大的挑战，必须提高企业的核心竞争力

目前，中国出口贸易产品结构中工业制成品已取代初级产品占80%以上的比重。在工业制成品出口中，依靠进口零部件和关键设备、核心技术从事组装或进料加工的占很大比重。中国工业制成品的低成本、低价格优势主要存在于中、低技术水平的产业和产品中。所以，尽管中国工业制成品的产量相当大，但所获得的经济利益并不高。在经济全球化背景下，能够获得最大经济利益的是发达国家的跨国公司。中国工业发展在国际合作中所取得的主要是以比较成本优势为基础的微薄收益。

加入 WTO 后，我国将更深层次地参加全球化的经济分工。由于我国的成本比较优势，将有更多的外资企业把生产基地设在中国，中国将成为"世界工厂"，中国企业面临更大的机遇与挑战。即使同外资合作，由于核心技术仍掌握在外方，我国企业仍处于不利地位。如果不能掌握核心技术，没有自主知识产权，我国企业仍有被边缘化的危险。因此，我国必须发展自主知识产权，提高企业核心竞争力。

二、当前知识产权保护和技术创新存在的问题

加入 WTO 后，我国将结合 WTO 所要求的规则体系建立自己的保护知识产权的法律体系。由于人们的观念与制度建设不可能一步到位，我们在知识产权保护、发展等方面仍有很多问题，主要表现在：

（1）保护知识产权的观念落后。我国很多科技工作者仍然"重成果，轻专利"，重视科研成果的申报，但不重视申请专利，保护知识产权；很多企业对自己商标的保护意识不强等。保护知识产权的观念落后，一方面表现为不重视保护自己的知识产权，另一方面表现为不尊重他人的知识产权。

（2）我国专利审查周期长，专利司法与行政执法不严格。对专利保护力度不够，已严重影响了我国软件行业的发展。

（3）知识产权方面的法律制度不完善，有许多问题需进一步深入研究。例如，在中医药知识产权方面尚缺乏切合实际的、有效的保护方案，在有关法律法规还不完善的情况下，在浑然不觉之中，极其珍贵的知识产权就流失了。

（4）我国企业掌握和运用知识产权进行科技创新的能力和水平不高。

（5）在技术创新、研发方面投入太低。与先进国家相比，我国的 R&D 经费总支出为 896 亿元，占 GDP 的 1%，远低于发达国家。

鉴于以上各种情况，我们必须从观念、技术、制度方面做好知识产权方面的保护，加大自主开发知识产权的力度，加快制度建设，形成一个有利于我国自主知识产权体系的良好环境。

三、提高企业核心竞争力，必须以技术创新和制度创新为基础

许多人将美国"硅谷"的成功简单归结为以斯坦福大学为首的科研院所与充裕的风险资本的结合，而没有注重"硅谷"的体制环境。实际上，"硅谷"的成功真正体现了"制度重于技术"的内涵。

第一，以斯坦福大学为首的科研院所和"硅谷"聚集的大量技术精英是"硅谷"成功的前提，也是"硅谷"成功的结果。

第二，"硅谷"有自由创新和创业的制度环境。

第三，"硅谷"有不断促进创新和创业的风险投资市场。

第四，NASDAQ为"硅谷"技术产品提供了很好的定价机制与风险资本的退出机制。

第五，"硅谷"有完善的市场机制以及高效且高度专业化的市场服务体系。

现在，我国各地虽然也在以政府为主导推动"中国硅谷"计划，但我国现在的制度环境有很多欠缺。因此，必须从体制方面找到问题的根源，推进制度建设。

建立我国的自主知识产权体系，必须激活我国经济内生的创造力。民营经济是我国最有活力的经济，因此发展我国自主知识产权体系，必须释放民营企业的活力，释放民营企业的创造力。

第一，保护知识产权，各种所有制企业都应一视同仁，受到有效的产权保护，尤其要给予民营经济平等的法律地位。

在现代市场经济条件下，政府的首要职能是为各经济主体提供有效的产权保护和平等竞争的环境。产权保护是确立良好市场竞争秩序

的基石。改革开放以来，国家通过逐步修订《宪法》，基本上完成了对非公有制经济从"允许"到较为肯定的立法过程。然而，由于在法律上没有明确"国家保护私人财产神圣不可侵犯"，对私人财产权缺乏明确的定义和保护，民营经济的发展依然面临着产权保护方面的法律障碍。从理论上说，没有得到有效保护的财产权利，并不是真正意义上的财产权利。在法律对私有财产权不能提供切实有效的保护，以及传统观念和习惯势力对私有财产权存在偏见和歧视的情况下，人们往往义正词严地批判各种形式的国有资产流失，却不能理直气壮地维护私人产权。

中国有句老话，"有恒产者有恒心"。只有为社会一切合法财产提供切实、有效的保护，才能坚定民营经济长期发展的信心，才能推动民营企业积极创新，投入发展知识产权，为我国经济的长期稳定增长提供持久的动力源泉。

知识产权是无形产权。在我国现阶段对有形产权保护不到位的情况下，人们更会忽视、轻视对无形产权——知识产权的保护。

第二，发展自主的创新体系，放开民间金融，开放资本市场，建立与民营经济发展现状相适应的融资体系。

我国民营经济，尤其是个体、私营经济在起步阶段基本上是靠个人资本投资。起初，民营经济进入的产业大多集中在资金、技术门槛较低的劳动密集型领域。相对来说，早期的民营经济在资金供给方面的矛盾并不十分显著。然而，随着民营经济逐步由劳动密集型向技术密集型、资本密集型升级，融资渠道供给不足的矛盾日益突出。在间接融资方面，整个金融组织结构缺少面向民营企业特别是中小企业的民营商业化银行，而且信用中介服务体系发展滞后，国有大银行由于自身机制的原因，无法适应民营经济大发展的需要；在直接融资方面，由于目前全国性资本市场主要服务于国有企业改制与重组，地方性、区域性产权交易市场融资活动还属于"非规范"行为，不具有合法性，民营企业还难以通过股权融资实现大规模扩张和产权重组。民营经济发展中的融资"瓶颈"，大大限制了民间资本的发展，抑制了民营经济的创新能力。

为支持对高科技企业的投资，目前，北京、上海、广州、深圳等地政府相继建立了风险投资基金。但是，政府的支持并不能代替市场对资源的配置。新经济的特征是通过知识创新改造和利用资本。不放开民间资本，不开放资本市场，不设立二板市场，具有高成长性、高不确定性的高科技企业便无法组织设立，无法定价；没有风险资本的退出机制，就不能建立有利于创新的金融体系与组织环境。

第三，要开放创新空间，打破行政性垄断，放开民营经济的市场准入政策。

改革开放以来，我国民营经济的市场准入范围不断扩大，但相对于民营经济在现实经济生活中的重要地位来说，这种范围的扩大还远远不够。20多年来，民营经济取得长足发展的领域主要局限于初级服务业、流通领域以及一般制造业，而其他领域则主要为国有经济所垄断。垄断抑制创新，竞争推动创新。因此，要打破行政性垄断，放开民营经济的市场准入，在公平竞争中推动创新。

第四，鼓励民营资本创业创新，大力推进行政审批制度改革。

传统计划体制下政府事无巨细的管理方式严重制约了企业的创新活力。在向市场经济转轨中，由于政府改革滞后，这种管理方式依然通过大量行政审批制度在实际中发挥作用。大量以企业设立、经营资格、许可证等行业管理名义存在的行政性审批，给企业的创立和正常经营增加了很多负担，降低了企业运作效率。政府管理体制创新，必须在削减行政审批方面推出更大力度的改革，该取消的一律取消，对确实需要审批的，要简化程序，公开透明。

第五，要从法治理念和制度安排方面鼓励公平竞争，鼓励创新。

市场经济本质上是法治经济，体制创新最终必然要反映在法治理念的创新和制度安排上。首先，法治理念要从过于强调"管制"向维护市场主体平等权利方面转变，把维护和保障市场主体的权利作为法治的出发点和归宿。只有通过法律保障市场主体之间的权利平等关系，才能真正实现资源的合理配置，鼓励创新，最大限度地促进社会生产力的发展和社会财富的增加。其次，法治应鼓励市场主体的创新行为，变"允许"性规定为"禁止"性规定。与传统计划经济体制下形成的固有观念相联系，我国在法治理念上基本是以"法律规定或允许"的行为作为保护准则，凡是没有被"规定或允许"的行为都有被"事后"宣判为非法的可能与危险。显然，这种法治理念必然会制约市场主体的创新行为。所谓"禁止"性理念，强调的是：法律只规定什么是禁止做的，法律没有禁止的行为都是可以做的。这是一种鼓励创新的法治理念，也是促进生产力发展和保持社会经济活力的重要方面。

（本文系作者 2002 年 8 月 15 日在知识产权与
企业核心竞争力论坛上的讲话）

大力发展非公有制经济
加快振兴东北老工业基地步伐

（2003 年 9 月）

东北具有丰富的矿产资源、优秀的人力资源、优越的自然条件和比较完善的基础设施条件，具备了经济发展的各项硬件条件。尽管东北经济目前处于困境之中，但造成这种状况的原因不是"硬约束"。可以认为，东北老工业基地的调整和改造具有非常大的边际收益。只要能够解决目前的体制障碍，同时国家能够给予必要的扶持，东北经济的振兴将是大有希望的。东北经济历来在全国处于非常重要的地位，振兴东北经济对于实现全面小康和社会主义现代化无疑具有非常现实的重要作用。

一、增长乏力原因何在

东北老工业基地当前面临经济增长乏力，传统工业的优势地位逐渐丧失，结构不合理，技术装备老化，企业发展后劲不足，历史负担沉重等一系列困难。究竟是什么因素制约了东北老工业基地的经济发展？我认为，导致东北老工业基地目前状况的主要因素是体制因素：

其一，东北老工业基地中占有高比例的重化工业大都具有资金密集的特征，在资金和技术方面进入壁垒很高。客观上看，在过去国家资金、资源匮乏的情况下，计划体制有助于快速建立这种性质的产业模式，但是，在从计划经济转向市场经济的过程中，计划体制的弊病就完全暴露出来了。产业对计划的依赖性很强，企业的市场意识弱，面对资源枯竭的外部经济环境，整个社会的反应非常迟缓。

其二，在过去的计划体制下，国家对于东北工业的索取大于投入。东北工业没有能够实现资金的积累，技术改造、产业转型无法靠自身的实力来实现。

其三，东北经济对计划体制较强的依赖性也导致了东北的市场环境不规范。如三角债破坏了市场的信用基础，造成交易成本过高。东北经济中存在的抹账现象说明部分企业退步到以货易货的状态。不规范的市场使得外部投资不敢进入，本地有发展潜力的企业很难发展起来。

东北老工业基地在矿产资源、地理环境、人力资源、基础设施条件等方面有明显的比较优势。东北长期受计划经济的影响，其观念、体制的僵化和陈旧是近些年经济落后的原因。如果市场中的企业、政府能够较快地改变计划经济的观念，认真吸取沿海发达地区的经验，积极进行体制创新，则可以凭借东北地区的比较优势，用较短的时间赶上国内其他发达地区。这就是东北老工业基地的后发优势所在。

二、体制性障碍应如何消除

体制性障碍只能靠体制创新去解决。然而，体制创新首先需要政府转变观念，转变角色。在市场经济体制下，政府是创造环境的主体，企业和人民是创造财富的主体，这两个主体不能错位。只要给予市场力量充分发挥作用的空间，市场中的主体完全有能力找到最适合自己的体制。过去成功的改革经验已经证明，良好的制度大部分是自下而上形成的，只能是由市场的主体——众多的企业家去发现、去探索。种种适合当地、当时的市场状态的制度，总是由市场主体从具体的市场实践中通过试验的方式慢慢摸索到的。政府要做的最多的一件事就是放活，放活，再放活，保持开放的心态，营造宽松的环境，尊重市场、尊重民众的创造性。在这种宽松的环境中，市场会自发地形成有效的经济增长机制。

三、振兴东北的战略设想

大力发展非公有制经济应该是振兴东北老工业基地发展战略的主线，通过发展非公有制经济，可以培育市场的力量，为制度创新培育土壤，同时为国有经济在竞争性领域的有序退出提供现实可能性。如果非公有制企业能够快速发展，在市场中的比例有较大幅度上升，则整个市场的有效性会显著提高，东北地区的比较优势在市场的力量下自然就能够得到发挥，产业结构也会在市场的力量下逐渐优化。市场的力量反过来能寻找制度创新的空间，产生更加适应经济发展状态的新的制度。同时，非公有制经济实力的增强才使得国有经济退出竞争性领域成为可能，非公有制经济才能够替代由于国有经济的退出而产生的真空，成为国有经济资金流出的接盘人，解决下岗工人再就业等一系列问题。

积极搞好就业和社会保障体系建设是振兴老工业基地的重要保证。我认为，国家应当在东北地区社会保障体系建设方面承担相当多的责任。从历史上来看，计划经济时期，为了集中资金搞建设，国有企业应当储备的退休金都由国家抽走并投入到其他建设中，国有企业和集体所有制企业的职工退休后都由国家通过企业发给退休金。市场经济时代，保障体系社会化，国有企业中却早已经没有这笔应当储备的退休金。因此，对于国有企业社会保障体系的资金缺口，国家应当承担一定的责任。东北作为国有经济规模最大的地区之一、计划经济控制最严密的地区，做出的牺牲较大。几十年来，国家通过无偿调配等计划手段，从东北抽出大量资金支援其他地区的建设。因此，国家在东北老工业基地进行调整的时期承担主要的社会保障责任，于情于理都可以说得过去。

解决目前东北老工业基地面临的就业压力的重要途径是大力发展非公有制经济。非公有制经济发展越快，整体经济就能够越快速地起步，经济体系中就能创造出更多的工作岗位、吸纳更多的劳动力就业。因此，我们应当客观地面对这样的现实，国家承担起应付的社会保障责任，采取果断而有效的措施，促进非公有制经济在东北的发展。

找到问题的根源是解决问题的关键。我们首先应该考虑，为什么东北工业会存在大面积的资金匮乏的问题。如果一个区域中的企业大部分是真正市场意义上的企业，那么这个地区出现资金匮乏意味着全国资本市场紧缩；但是事实上，目前资本市场上的资金供应是非常充足的。从这个角度来看，东北工业缺乏的不是资本，而是有效的市场经济主体。在这种市场结构中，资本的效率很低，甚至存在非常大的风险。资本自然会唯恐躲避不及，哪里还敢进入。加强技术改造面临同样的问题。市场主体，怎么能保证技术改造是有效的？怎么能保证技术改造产生的价值能够给资本带来回报？东北地区的"项目建成之时就是企业亏损之时"的"项目怪圈"现象已经深刻地说明了这一问题。因此，解决企业技术改造资金缺口问题的关键，不是设计安排什么样的融资手段，而是怎样尽快产生有效的市场主体。否则，无论多少资金、以什么方式投入，都将是治标不治本，缓解了眼前的问题，却埋下了更多、更严重的问题。

国家对东北老工业基地扶持的相关政策，也应该建立在市场的基础上，即不直接投资到生产性项目上，而是通过制定税收等宏观政策来改善投资环境，增强地区的投资吸引力。然而，有些政策需要统筹考虑全国的总体情况，如税收政策、产业政策、金融政策等需要中央政府协调相关的部委统一来进行安排。

四、三个结构调整迫在眉睫

产业结构应当和本地的资源禀赋相适应，好的产业结构能够充分发挥地区的比较优势。经济体系系统性、复杂性、多变性的特点决定了好的产业结构应当是内生形成的，而不是事先设计和规划好的。目前，国内具备良好产业结构的区域基本上都不是在政府设计和规划的基础上形成的。这些地区的经验表明，只要有良好、宽松的外部环境，依据市场的力量自发发展是形成产业结构最具效率的途径。只有市场上存在大量有效的微观主体，市场的自我调整适应能力才能充分发挥。政府在产业结构形成过程中最重要的作用是促进市场的规范化，为市场主体创造良好的环境。因此，事先规划和安排出的东北产业结构，往往与实际有相当大的差距。

所有制结构和国有经济结构的调整就是为了解决市场主体的问题。东北经济之所以遭遇目前的情况，一个最重要的原因是市场中缺乏足够多的有效微观主体即真正意义上的企业。绝大部分国有企业在市场经济中甚至不具备实际独立的法人地位，并不是真正意义上的企业。因此，要加快国有企业改革，通过股份化和投资主体多元化，发展混合所有制经济。政府要转变观念，客观地看待和评价国有企业的资产价值，避免国有资产的"冰棍"现象。通过股份制改造、资产拍卖、收购重组等各种方式，将民间资本引入到现有的国有企业中。根据科斯定理，从某种意义上来看，将产权明确到真正的主体本身要比产权分配是否公平更加重要。

　　调整过程会受到太多不确定因素的影响，现在对什么时间能够完成此调整做出判断为时尚早。我们可以得出的结论是：产业结构、所有制结构和国有经济结构的调整已经到了非常迫切的地步。

（原载《中国证券报》2003 年 9 月 9 日）

对非公有制经济的三点认识

（2009 年 12 月）

很高兴参加中国民营经济六十年学术研讨会，对民营经济这个名词现在好像叫得顺，实际上民营经济是一个经营的概念，而不是所有制的概念。从经营角度来讲，经济也可以是民营的，集体经济也可以是民营的，所以它是一个模糊的概念，但是为什么叫得顺呢？因为当时回避了意识形态上的争论。但是中央的文件一直是用非公有制经济的名词。我讲以下三个观点。

一、如何深化对非公有制经济的认识

认识的过程还没有完，还要继续深化，特别是对民营经济的地位和作用的认识。新中国成立 60 年来我们对民营经济的认识有一个过程，开始的时候作为改造的对象，后来允许民营经济适当地发展，作为有益的补充，然后提出作为社会主义市场经济的重要组成部分，在党的十五大对所有制部分做了详细的论述，我参加了这部分的起草，所以对此比较清楚。十五大其一提出，公有制为主体，多种所有制经济共同发展，是社会主义初期阶段的一项基本经济制度。其二提出，公有制的实现形式应该而且多元化。其三提出，非公有制经济是社会

185

主义市场经济的重要组成部分。其四提出，国有经济的主导作用主要体现在控制力上。其五提出，国有经济比重减少一些不会影响社会主义性质。其六提出，各类企业一视同仁、平等竞争。后来又有发展，到 2003 年在《中共中央关于完善社会主义市场经济体制若干问题的决定》里又提出，非公有制经济是促进社会生产力的重要力量。在十六届三中全会文件起草过程中，本来的提法叫"非公有制经济是促进社会生产力的重要力量和生力军"，我也参加起草了，我提出重要力量就可以了，"和生力军"可以不要，因为有一些是主力军了，不是生力军了，比如就业问题、出口方面的问题、经济增长的贡献率方面都起了主力军的作用。后来中央也同意了，正式文件中就不再提"生力军"了。后来党的十七大又提出来"两个毫不动摇"，把非公有制人士作为中国特色社会主义事业的建设者。

非公有制经济之所以有今天是因为我们党和政府不断深化认识的结果，没有这个深化认识，没有相应的方针政策，就不可能有今天的发展，更不可能促进社会生产力的发展。这个过程还没有完，还要继续深化、继续发展，不能停留，更不能倒退。最近我收到一封信，是我的一个老朋友给我写的信，他把 60 年感言写成四篇文章，希望能够在我们的杂志上刊登一下，我看了以后，发现怎么还重新强调阶级斗争，他主要的理论根据是什么呢？第一，私营企业主 1956 年改造的时候只有 16 万人，现在发展到 497 万人，增长了三十几倍，这个群体算什么？这个群体应当说是资产阶级、是剥削阶级，因此阶级斗争就在我们身边。所以我们应当响应毛主席的号召，千万不要忘记阶级斗争。第二，他说现在这个群体，这个资产阶级有诉求了，经济上要进入垄断行业，政治上要与共产党分庭抗礼。第三，讲到现在公降私升的趋势，说明什么呢？公有制的经济地位的底线已经突破了，因此就要抓阶级斗争。

如果按照这种逻辑来抓阶级斗争会有什么样的结果呢？第一，违背了中央历来对非公有制经济非公人士方针的政策。第二，会造成对生产力的极大破坏。因为我们在这方面的苦头都吃过了。这是值得注意的。我们认识到这样一个过程是来之不易的，我们要坚持下去，不仅要发展，还要创新，千万不能倒退。这是第一个观点。

二、如何对待国进民退

我记得在国退民进的时候大家是作为一个问题来批判的，我认为问题不在进和退，市场经济就是有进有退、有生有死，这是市场经济规律决定的。但是问题是国有的是社会主义的，非国有的不是社会主义的，这个意识形态现在还存在。奥巴马在应对金融危机时采取了某些国有化措施，有人就说了，奥巴马也在搞社会主义了，是搞美国特色的社会主义。

在社会主义市场经济实践中，进与退、生与死是正常的现象，根本问题是：是不是有垄断、是不是有竞争、是不是有偏爱和歧视。进与退不要跟意识形态联系起来。国有经济在国民经济中有着举足轻重的作用，不能贬低，但是也不能夸大它的作用，不能对国有企业、国有经济偏好，也不能对非公有制经济歧视，问题的实质在这里。

我记得2005年2月，国务院总理温家宝召开了常务会议，邀请了9个专家学者对政府工作报告提意见，我也参加了。因为当时有个什么背景呢？国有经济效益有了好转，1—10月份国有企业盈利4000多亿元，当时觉得国有企业很好了，不改革也可以搞好国有企业。我对这个问题讲了几条意见：第一，利润是怎么来的？当时我查到一个数据，其中 67.7% 是靠垄断，仅中石化一个企业就 1000 多亿元。第二，大企业的资产损失也不少，央企 181 个企业里有 80 个企业资产损失了，不是都盈利的。第三，央企注销的资产很多，当时国家财政已经注销了 1000 多亿元，还有 3700 亿元打了报告，希望财政能够注销，加起来 4700 亿元，比国有企业利润还多。第四，我们没有算这个账，国家对国有企业做了大量的投资、大量的贷款、大量的技术改造贴息、大量的债转股，这就有 1200 亿元。当时鞍钢债转股有 64 亿元。第五，利润一分钱也没有上交财政，没有上交国库。全民所有制企业老百姓没有分享一分利润。所以，我们不要盲目乐观，我们要认真分析。我想领导可能听进去了，后来我见到李荣融主任，他说你这个发言都是有数据的。所以我们要分析国有企业，现在国有企业靠垄断的大概占多少，而且造成了分配不公、差距拉大。有的国企还要给职工盖住房。

三、国有经济是不是中国共产党的执政基础，是不是社会主义制度的经济基础

2003 年在《中共中央关于完善社会主义市场经济体制若干问题的决定》起草过程中，我在起草小组大会上讲过，如果基础论正确的话，有几种现象怎么解释？第一，苏联垮台的时候，它的强大国有经济没有支撑苏联共产党继续执政，没有支持苏联社会主义制度，这是为什么？第二，1972 年资本主义国家，当时国有经济都比较高，30% 甚至到 35%，但没有人说这些国家是社会主义国家。第三，越南的国有经济比重较我国低得多，但没有人说它不是社会主义国家。第四，浙江地处沿海，国家投资少，国有经济比重低，主要靠民营经

济，浙江的经济发展和人民富裕程度在全国是领先的，社会很稳定，你能说它不是搞社会主义吗？这里，引起人们思考一个问题：国有经济、国有企业到底为了什么？恩格斯曾经讲过的一句话，自从俾斯麦致力于国有化以来出现了一种冒牌的社会主义。因为俾斯麦把铁路、烟厂收归国有，不是为了人民，是为了集团利益，所以这不是社会主义。

我认为，中国共产党执政的基础不在于国有经济的比重有多高，而在于"三个民"（民生、民心、民意），这"三个民"是中国共产党的执政基础。得民心者得天下，古今中外的历史都说明这个道理，要得民心就要把民生搞上去，要尊重民意，使老百姓有参与权、有表达权。

如何正确理解公有制为主体的基本经济制度。现在有人专门算公有制的比重，说私有的超过了公有，出现了"公降私升"的趋势，就认为不是搞社会主义而是搞资本主义了，是阶级斗争的反映。现在看来这个现象能避免吗？我认为不能避免。最近贾庆林同志在非公有制经济人士表彰大会上的讲话中指出，非公有制经济创造的国内生产总值已超过全国的一半，全国城镇实现新增就业人口中 90%以上是非公有制解决的，全国 65%的专利、75%以上的技术创新、80%以上的新产品开发，都是由非公有制经济完成的。为什么说"公降私升"是必然的趋势？因为（1）随着收入分配体制改革，居民收入会逐步增加；（2）政府从经济建设财政向公共财政转变，公共服务均等化政策的落实，居民收入会提高；（3）非公有制经济还要发展，外资还要进入；（4）中央提出要鼓励增加居民的财产性收入。居民财产和非公有制经济在社会总资产中的比重增大是不以人们的意志为转移的。公有制为主体，更要注意质的提高，要从功能上、控制力和影响力上发挥其优势，不能说公有制经济比重下降了，非公有制经济比重上升了，就不是搞社会主义了，就要抓阶级斗争了。

要大力发展混合经济，使资本社会化，现在公有经济和非公有经济在两个道上跑，通过混合经济使得你中有我、我中有你，互相依存、互相促进、共同发展——要形成这样的格局。对公有制的理解，比如我们的各种基金应该属于公有制的范围。

以上这些都是涉及到非公有制经济发展的理论问题、思想问题，我们需要解放思想、不断深化、不断探索、打破禁区，因为各种思想都会反映出来，当然不会成为主流。在11月27日常州开会的时候，原来我有一个发言讲民营经济，上飞机之前我觉得这个题目一般化，现在发展非公有制经济在思想理论上到底有没有障碍？我认为还是有的，所以后来我在会上发言的主题是"千万不要再折腾了"。这个问题在2005年跟一位中央领导同志在谈话当中讲了，我说现在有人说：马克思主义边缘化了，新自由主义主导了中国的改革，高等院校、研究单位的领导权不掌握在马克思主义手里，好像又要搞政治运动了。我说我们过去搞运动、搞极左的东西，吃了很大的亏。台湾朋友说，你们搞"文化大革命"的时候我们搞建设，因此台湾经济发展，人民生活水平提高了，国际竞争力提高了，但是现在情况反过来了。大陆在改革开放，台湾在搞"文化大革命"了，因此经济没有发展，人民生活水平没有提高，国际竞争力大大下降。这个教训是很深刻的。所以我跟那位中央领导同志说：不要再折腾了、不要再搞运动了，搞的结果是将来老百姓没有饭吃的。这位领导同志思想很敏感，他说，过去我们吃了很大的亏，所以现在我们不搞运动、不搞大批判、不搞折腾，现在不能搞，将来也不能搞。

2008年12月28日，中共中央在人民大会堂召开庆祝改革开放

30 周年大会上，胡锦涛同志讲到"不折腾"的时候，会场掌声雷动，因为老百姓不希望再折腾，这是民心所在。我今天的发言讲错的地方同志们可以批评指正。

（本文系作者 2009 年 12 月 12 日在中国民营
经济六十年学术研讨会上的发言）

大力发展民间资本
促进经济长期平稳较快发展

（2010年6月）

最近下发的《国务院关于鼓励和引导民间投资健康发展的若干意见》是一个十分重要的文件，对扩大社会就业，增加居民收入，促进经济长期平稳较快发展，促进社会和谐稳定都有重要意义。但关键是如何认真落实。下面我谈三点看法：

第一，民间投资的发展趋势。

第二，发展民间投资要解决政策制度性的障碍。

第三，发展民间投资要解决思想理论上的障碍。

一、民间投资的发展趋势

所谓民间投资，是跟政府投资相对应的，应该处理好民间投资和政府投资的关系。我们要搞市场经济，民间投资必然是越来越多，政府投资必然是越来越少。过去搞计划经济，政府是投资的主体，老百姓纳税的钱都集中到政府，政府又把钱投到各行各业，形成庞大的国有经济。自行车厂、手表厂、缝纫机厂都是靠政府投资，连卖菜的、卖肉的都是国有国营。那时候，天真地认为，政府投资，搞国有化，就是搞社会主义。国内外的历史经验证明，靠计划经济配置资源是不成功的。

党的十四大明确提出，我国改革的目标是，建立社会主义市场经济体制，就是要使市场在资源配置中起基础性的作用。确立了市场经济的目标，就意味着民间投资越来越多，政府投资越来越少。而且要把有限的政府投资集中到民生工程上，为老百姓提供更多的公共产品，分享改革发展的成果。最近国发〔2010〕13 号文件，即"新 36条"，明确界定了政府投资范围，提出政府投资主要用于关系国家安全、市场不能有效配置资源的经济和社会领域。这是很正确的。不仅是经济和社会领域，还应包括文化领域。2010 年 1 月，我同主管意识形态的中央负责同志交谈时，他强调不改革是没有出路的。过去文化领域主要是政府投资，把它作为无产阶级专政工具，所以发展很慢。现在开放了，民间投资进入了，改变了过去政府大量的投资、政府大量补贴的局面，开创了文化繁荣的新时期。民间投资不仅越来越多，而且随着不断整合、股份改制，变为混合经济，成为社会投资了。

二、发展民间投资要解决政策制度性的障碍

我想主要是两个方面，第一个方面是金融方面。现在有几个矛盾，一是民间资本越来越多，但是投资的渠道、出路不多，甚至找不到出路。刚才梁冰（中国人民银行研究局处长）讲了，山西省 2500亿元民间投资要找出路。二是中小型企业、微小企业在成长过程当中急需要钱，但得不到贷款。我们国有企业往往不缺钱，却很容易拿到贷款，然后去搞房地产，进入股市。三是我们西部、中部是缺钱的地方，但是缺钱的地方往往是资本回流，需要资本的地方资本不能利

用，它回到城市，回到沿海去了。这是三大矛盾，国务院的"新36条"要鼓励和引导民间资本进入金融服务领域，提出允许民间资本兴办金融机构，但是在具体内容方面还不够详尽，讲参与、入股的多，讲兴办的少。民间资本为什么不能办中小企业银行，或者私人银行？有人说：因为涉及金融安全，所以不能办。粮食安全非常重要，照此逻辑只能办国营农场才能保证粮食安全了。

第二个方面要鼓励、支持创新和创业。创新的主体是谁？创新的主体应当是中小企业，它有这种内在的动力。2009年11月，贾庆林同志在非公有制经济的表彰大会上说，现在技术创新的65%、专利的75%、新产品的80%是由民营经济实现的，这个数字我看了以后，感触很大，为什么国有企业在这方面落在后面？这涉及到体制的原因，国有企业领导任期有限，在他任期内首要考虑的是在短期内如何搞出政绩来，至于发展新产品，那是十年、八年的事。政府应该支持中小企业的创新。目前乃至今后很长时间内我们的就业压力越来越大，所以政府要花大力气来支持老百姓创业，指导就业。

三、发展民间投资要解决思想理论上的障碍

老的国发"36条"之所以不能很好落实，一个重要原因是思想理论上的障碍，有人把它作为资本主义批判。为什么作为资本主义批判呢？因为你鼓励民间资本发展，民营经济发展，不是搞资本主义吗？我看国家发改委2010年的指导意见提出"国有经济要在竞争性领域有序退出来"，马上有人批判说，因为国有经济是社会主义的经济基础，是中国共产党的执政基础，这个基础只能加强，不能削弱，所以怎么能退出来呢？社会主义不是变成资本主义了吗？他不考虑社

会主义到底为了什么，只考虑过去我们传统的社会主义公有制为主体，国有经济化就是社会主义。所以在国退民进的时候往往会受到批判。在国进民退的时候也不能提，有人说"统计数据不支持国进民退"。另外有关领导人说我不赞成"国进民退的说法"，好像退是不正常的，进是正常的，因为我们是搞社会主义。到底国有经济是不是社会主义的经济基础？是不是共产党的执政基础？实际上历史已经回答了这个问题，苏联垮台的时候，国有经济一统天下，为什么强大的国有经济没有支持苏共继续执政，没有支持苏联社会主义经济制度？由此可见，共产党执政的基础、社会主义的基础并不在于国有经济的比重有多高，而根本的在于"三个民"，第一叫民心，第二叫民生，第三叫民意。民心是核心，得民心者得天下，古今中外都是这个道理；要得到民心就必须把民生搞上去；要得民心，就必须尊重民意，老百姓有话语权，有参与权，有尊严。所以这是大的理论问题。

另外一个理论问题，是公有制为主体的地位问题。现在有人整天在算：非国有经济在经济总量中已经超过50%了，公有制主体地位已经边缘化了，已经不是主体地位了，所以不是搞社会主义了，是搞资本主义了。大家知道，共同富裕是我们的目标，要鼓励老百姓富起来，增加财产性收入，因此民间资本越来越多，超过国有资本是个必然的趋势，不能认为超过了国有经济就不是搞社会主义了，就要搞阶级斗争了。公有制主体地位到底怎么理解？不能从数量上，应当从质量上、功能上来理解。

我觉得如果不解决以上这两个思想理论上的障碍，民间投资和民营经济就不能健康发展。

"三创"可以改变中国

（2014 年 12 月）

一、创业是基础、创新是关键、创牌是目标

我多年提倡要发扬"三创"精神，什么是"三创"呢？就是"创业、创新、创牌"。三者是什么关系？我认为创业是基础，创新是关键，创牌是目标，创业、创新、创牌可以改变企业，可以改变中国。

创业是创新和创牌的基础，没有创业，创新和创牌就成了无源之水，无本之木。无论成功还是失败，创业者敢想、敢闯、敢干的精神都是民族宝贵的财富。创业者成功的收益是创业者和社会共享的，创业失败的代价却是由创业者自己独自承担，正是有了创业者前赴后继的投入和拼搏，市场才有了源源不断的创造财富的机会，英雄才能有用武之地。无数的创业者用自己的努力构筑了整个国家发展的基础。

创新是发展和成功的关键。市场优胜劣汰的竞争残酷激烈，九死一生的创业者，能不能生存下来、发展壮大，关键要看能不能通过创新获得市场的认可、取得市场竞争的优势。创新有着多重的方向，可以有技术创新、服务创新、管理创新等等，创新要经过市场的检验，任何一种行之有效的创新都是创业者聪明才智的体现，是促进社会发

展进步的推动力,更是创业者取得成功的关键。

品牌是企业成功的标志,创牌是企业努力的目标。众所周知,品牌的呈现可以极大地提升产品、服务的附加值,有品牌的产品和服务与无品牌的产品和服务之间的价格存在天壤之别。品牌能够带来巨大的财富,但塑造品牌需要长时间的投入,维护品牌需要永恒的操守。与此同时,具体产品和服务品牌还只是品牌的低级阶段,我们要建设的品牌中国,不仅仅是有形的物质产品的品牌,也不能止步于无形的服务品牌,我们要建设的品牌是蕴含着创业、创新者的思想和精神的品牌,是从创业、创新者的努力中诞生出来的文化品牌。这样的品牌蕴含在中国梦之中,我们不仅要建设法治中国、平安中国、思想中国,在经济上还要建设品牌中国。

习近平总书记多次深刻地论述了"新常态",李克强总理多次强调"大众创业、万众创新",如何适应新常态?我理解主要是实现两个转变:一是从高速转向中高速发展;二是从追求规模、数量转向质量和效益,也就是提质增效,而品牌是提质增效的集中体现。所以,这次会议"2014年品牌中国年度人物评选活动暨十九届品牌中国高峰论坛"的召开是很适时的。首先是祝贺获奖的年度人物,他们在创牌的过程中付出了艰辛的劳动。

二、华为是创业、创新、创牌的典范

今天我想着重讲一下华为科技公司创业、创新、创牌的故事,不知道今天在座的有没有华为公司的人。

为了改革的需要,我从1997年开始关注、研究华为的案例。我在1997年参加党的十五大报告起草工作时,有人给中央写信说,华为科技公司姓"资"不姓"社"。主要理由是：华为公司是非公有制企业，而且搞了职工持股，背离了社会主义方向。我认为，这是改革中必须弄清的重大问题，为此，我主动要求到深圳实地作了调研。时任中共深圳市委书记的厉有为对这个问题也很感兴趣，他说："我陪你一起去作调研"。经我们调研，华为公司1987年成立于深圳时，创始人任正非只有2.1万元人民币开始创业，20多年来，经过不断创新、创牌，华为已成为全国最大的民营高科技企业，是立足于世界的领先企业。虽然国家没有投入一分钱，但它为国家和社会创造了巨大的税收和财富，解决了十几万人的就业，职工分享了改革发展成果。这样好的企业，应该作为改革的典型，它回答了什么是社会主义、怎样建设社会主义的问题。后来，十五大报告写上了："劳动者的劳动联合和劳动者的资本联合为主的集体经济，尤其要提倡和鼓励。"

现在，华为公司已成为世界500强企业中的知名企业，世界最大的品牌咨询公司Jnterbrand最近发布的"最佳全球品牌"排行榜，华为成为首次上榜的中国品牌，排名第94位。2014年销售收入达460亿美元，已成为全球第一大通信设备供应商。华为公司为什么能成为世界通信设备产业的领先企业？为什么能成为"最佳全球品牌企业"？对中国的改革发展，对中国企业走出去有什么启示？

——华为是在改革中发展成长起来的，改革开放为华为创造了宽松的体制环境，改革开放使华为有了比较充分的自主决策权，所以能在激烈的国际竞争中去拼搏，在竞争中知道了什么是世界先进，在竞争中学会了竞争的规则，在竞争中学会了如何赢得胜利。创始人任正非从开始一个人创业发展到15万人共同创业，坚持了"以奋斗者为本"的理念，这就为华为创新打下了坚实的基础。华为领军人任正非认为，华为有今天是因为"15万员工，以及客户的宽容和牵引"，而他不过是"用利益分享的方式，将他们的才智黏合起来"。

——华为实行了员工和客户利益分享制度，激发员工和客户的积极性和创造性。华为98.9%的股份为员工所有，而创始人任正非只占1.01%的股份。华为树立了以客户为中心的观念，把与客户的关系从过去的甲乙方关系上升到互相依存、互相促进的战略合作伙伴关系，把客户的满意度作为衡量华为一切工作的准绳。实行员工和客户利益分享机制，形成了"生命共同体"，就是把企业的发展与员工和客户的利益捆绑在一起，创造了无穷的潜力，使华为成为世界领先的企业。华为这样的企业到底算什么所有制的企业？按过去传统的理论，国家和集体投入的企业是公有制企业。我认为，国家和集体虽然没有投入一分钱，但华为靠15万人的这样一个群体创业、创新、创牌而发展起来的，共同奋斗、共享成果的企业是名副其实的新型集体企业。按照党的十五大报告所说，是劳动者的劳动联合和资本联合的新型集体经济，这样的企业尤其要提倡和鼓励。

——华为的创新驱动和巨额的高科技投入，是成为世界领先企业的重要因素。华为的激励机制，引发了企业创新的内在动力。华为每年将销售收入的10%以上投入研究，在15万员工中超过48%的员工从事创新研究与开发。华为在170多个标准组织和开源组织中担任核心职位，截至2013年末，已累计获得专利授权36511件。华为对电信基础网络、云数据中心和智能终端等领域持续进行研发投入，以客户需求和前沿技术驱动的创新使公司处于行业前沿，引领行业的发展。2014年，华为在汤普森路透集团评选的"全球百大创新机构"中位列第41，是中国大陆唯一的上榜企业。

——华为以奋斗、专业的精神创造了以服务为核心的企业文化品牌。华为领导人认为，一个高新技术企业，不能没有文化，只有文化才能支撑它持续发展。在任正非的领导下，华为十几万奋斗着的、专注于各个技术领域的专家式员工共同造就了华为谦虚、诚信、专业的企业品牌，"华为"早已不仅仅是华为公司所推出的优秀产品的品牌，更是一种企业精神、企业文化的品牌、一个优秀的创业者集体的品牌。

——华为着眼于国际视野和国际战略。华为的国际市场销售额占到总销售的 70% 以上，华为的电信网络设备、IT 设备和解决方案以及智能终端已应用于全球 170 多个国家和地区，涉及全球 30 亿以上的人口。华为已成为中国走出去的典范。

2014 年度，华为完成销售收入 2890 亿元人民币，实现利润总额 320 亿元人民币，向国际缴纳的税收 330 亿元人民币，在职员工达 15 万人，间接带动就业 300 万人以上。如果全国有一百个华为这样的企业，不仅可以大大改变中国企业的面貌，而且可以为实现伟大的民族复兴的中国梦作出重要贡献！

（本文系作者 2014 年 12 月 18 日在

"品牌中国"论坛上的演讲）

我对创业创新的认识

（2015 年 4 月）

　　最近我在考虑一个问题，创新也是一场革命，不知道这个看法对不对。我看 2015 年的"8 号文件"，党中央、国务院关于落实创新驱动的意见，文件里讲到了创新是推动一个国家和一个民族向前发展的重要力量，也是推动人类社会向前发展的重要力量，提到这样一个高度，我很赞成这种提法。过去我们对这个问题的认识还不够，包括我在内。为什么把创新提得那么高，因为它是一场革命，因为有的创新是颠覆性的创新，那还不是革命吗？所以创新提出来要全面创新，包括政府创新、企业创新、个人创新，包括技术创新、金融创新、互联网创新等等，各个层面、各个领域都要创新，核心是科技创新，重点是企业创新。

　　我对这个问题认识有个过程，这个过程大致可以分为五个阶段。

　　第一阶段，对人力资源配置的认识。参与党的十四届三中全会文件起草的时候，要不要提出劳动力市场，我还是坚持这个意见。原来是提出劳动就业市场，我觉得既然搞市场经济，建立社会主义市场体系，最重要的劳动力要素不进入市场，市场体系建立不起来。当时争论很大，上不去。中央常委讨论这个稿子的时候，还是用了劳动就业市场，但是后来文件中还是参考了我的意见，当时是从劳动力资源的配置上认识的。

第二阶段，对浙江"五千精神"的认识。从 1998 年到 2008 年我兼了浙江大学管理学院院长，虽然我也没管过具体工作，只是挂了一个名，但是去得比较多，去浙江调研。浙江过去是人多、地少、国家投入少、资源少，"一多三少"，浙江为什么老百姓很富裕，为什么经济发展很快，国有经济比重那么低，因为地处沿海国家投入少。我经过调研以后概括了"五千精神"，"千辛万苦"来创业，"千方百计"搞经营，"千家万户"抓生产，"千山万水"找市场，"千头万绪"抓根本。原创还是浙江人，浙江人是千辛万苦、千方百计、千家万户，我是在这个基础上发挥了，认识前进了一步。

第三阶段，在广东、吉林、陕西等地做解放思想的演讲，阐述解放思想、全面创新的重要性。2008 年是中国改革开放 30 周年，全国各地都搞了隆重的纪念活动，这些活动的一个共同的重要方面就是再次做解放思想的学习和总结。我受邀到广东、吉林、陕西等地为当地省委、省政府组织的大会作了多场演讲。除了回顾我国改革开放的历程之外，我还着重讲了解放思想和体制创新、鼓励全面创业、金融创新、发展方式转变以及建设服务型政府的五个方面的内容。准备这些演讲的过程，也是我自己对解放思想与创新创业和全面创新的关系的理解的一个梳理过程。

在这些地方做演讲时，我特别提到了华为公司。我为什么关注华为，因为 1997 年参加党的十五大报告起草的时候，有几个老同志给中央写信，说华为姓"资"不姓"社"，我看了以后觉得奇怪，这个问题是改革必须要弄清楚的事，他们为什么说是姓"资"？一是因为华为没有国家投入，私人资本起家的；二是华为搞了职工持股，所以没有坚持社会主义方向。这样的问题不弄清楚，姓"资"姓"社"

这个问题到底怎么解决？所以我主动要求去深圳调查，当时的深圳书记厉有为同志思想比较解放，他说我陪你一道去。调查的结果是华为确实没有国家投资，认真分析，是 21000 块钱起家的。经过运作以后，华为解决了大量就业问题，向国家上缴了大量税收，这有什么不好？如果这样都姓"资"的话，我想大家都要搞资本主义的，所以在十五大报告中有一句话加上去了，就是"劳动者的劳动联合和劳动者的资本联合为主的集体经济，尤其要提倡和鼓励。"这句话写上去以后，不仅是为华为撑了腰，而且也是民营经济的发展理论上的创新。

2014 年 11 月，任正非同志来拜访我，他说你对我们华为也不熟，为什么对华为那么关心。我说我是从改革的角度，华为是作为改革当中一个典范提出来的。他为什么来？因为华为与浙江大学搞了一个研究所，现在的浙江大学管理学院院长吴晓波说，我们高院长早已给你们华为宣传了，任正非专门来拜访感谢，我说不用感谢，这是改革的需要。华为这样的企业 2014 年的税收 300 多亿元，利润也是 300 多亿元，现在没上市，钱多了，不知道怎么花了。我说你钱多了以后，将来劳动收入和资本收入的比例要重新配置，劳动者收入比例要高一点，资本收入比例要低一点，不然资本和劳动者的收入的比例不平衡了，差距拉大了。他现在解决了 15 万人的就业，而且其中 3 万人是外国人，在德国的一个研发中心就有 1000 多人，连美国人都怕他，因为他有创新，mate7 卖得很好，比三星还好，这种手机有很多功能。我认为华为是"三创"的典范。

创新要有动力，要有这个能力，20 世纪 80 年代的创新摆个摊子就可以赚钱，现在创新主要依靠对象比如大学毕业生，有知识的人是主力，没有创新能力不行，要从培养提高创新的能力上下功夫。华为之所以成功，有个机制，这个机制非常重要，职工跟用户利益共享机制，它赚了300多亿元利润跟职工分享，跟用户来分享。他认为现在这个时代，企业要与用户捆绑在一起，不是过去的甲乙方关系，而是利益共同体，有这样一个机制，就把各方的积极性调动起来了。另外它有投入机制，销售额的10%以上都要投入研发，职工当中48%是搞研发的。它为什么能成功？这里有规律性的东西，就是要创新，特别是企业创新，要提高创新的能力，创造一个环境。

第四阶段，学习党的十八大以来的创新驱动战略。党的十八大报告在论述加快完善社会主义市场经济体制和加快转变经济发展方式时明确提出，要实施创新驱动发展战略。十八大报告明确提出，科技创新是提高社会生产力和综合国力的战略支撑，必须摆在国家发展全局的核心位置。十八大创新驱动战略的提出建立在我国经济社会发展的现实基础之上，经过30多年的发展，我国经济已经进入重大转型期，企业原先熟悉的投资驱动、规模扩张、出口导向的发展模式已经发生了重大转变。支撑中国经济发展的要素条件正在发生变化，劳动力、资源、环境成本都在提高，旧有的发展模式空间越来越小。单纯靠规模扩张推动发展会产生严重的产能过剩，这条路不能再走下去了。只有提升价值链，提升产品附加值，通过提高质量和效益来赢得更长时间的可持续发展。中国经济发展要从规模扩张为主转向提升质量和效益为主，必须依靠创新。党的十八届三中全会以来，习近平总书记、李克强总理都多次强调创新。习近平总书记在2014年参加中国科学院第十七次院士大会、中国工程院第十二次院士大会时曾经讲道："实施创新驱动发展战略，最根本的是要增强自主创新能力，最紧迫的是要破除体制机制障碍，最大限度解放和激发科技作为第一生产力所蕴藏的巨大潜能。面向未来，增强自主创新能力，最重要的就是要坚定不移走中国特色自主创新道路，坚持自主创新、重点跨越、支撑

发展、引领未来的方针，加快创新型国家建设步伐。"李克强总理在
两会政府工作报告中指出，推动"大众创业、万众创新"，既可以扩
大就业、增加居民收入，又有利于促进社会纵向流动和公平正义。

要全面创新。全面创新中的政府创新是非常重要的，这次政府工
作报告大家注意了，叫法治型政府、创新型政府、服务型政府。创新
型政府过去重要文件中没有提过，这次提出来了。李克强同志为什么
提出创新型政府？概念怎么来的？他去浙江义乌，到了一个村，700
多户人家，有2000多个网站，10000多人就业，他看了以后非常受
启发，"千人创业，万人创新"，这个概念是从那里来的。李克强同
志吸收新事物很快，对新的事物经过调研以后马上概括总结出来。我
过去提过政府创新，参加党的十五大报告起草的时候提出来的，互联
网时代怎样利用先进的互联网工具为我们中央决策服务。政府可以建
立一个网站，或者搞个E-mail地址，让大家献计献策。我总是感觉
到，广大党员群众都是被动的，开会了出了公报，老百姓才知道中央
开了个会，讨论了什么问题。能不能把这个前移，从一开始就让广大
党员群众参与进来，我们搞群众路线，这是活生生的群众路线为什么
不利用？当时我们的起草小组组长温家宝总理非常重视这个问题。

党的十八届三中全会召开前，我提出两条建议，第一是发挥智库
的作用。中央选择4—5个智库布置任务，限期交卷，方案到底怎么
搞。智库和起草小组两条腿走路，一是可以发挥智库的作用，二是起
草文件的方式可以改进，我认为起草小组人员的结构还可以改善，大
部分人是一把手，有少数学者、个别地方的领导人，这样的结构有局
限性，往往把部门的利益反映上去，中央文件当中有部门利益的痕迹。
如果发挥智库的作用，可以提高文件的质量，也可以提高智库的水平。

第二是怎么样发挥广大党员群众的参与感、积极性、创造性，希

望中央设立一个网站，大家来献计献策，使得原来的被动变为主动。这就不一样了，原来是被动的，不知道都做了什么决定，现在我也开始参与了，有参与感。起草的过程也是参与的过程，广大干部群众参与的过程。这样群众的积极性、创造性就能充分发挥出来。

这次政府工作报告在政府网站里设了"政府工作报告我来写"专栏，一个月里有4万多条意见。政府报告里有914条吸收了广大干部群众网上的意见，效果很好，大家参与搞，而且把大家的智慧都能够聚集起来。"政府报告我来写"这个网站的专栏建立起来，我原来的梦想实现了，非常高兴。现在政府怎么放权，过去把本来是企业的权都掌握在政府手里，大家跑步前进，结果门难进、脸难看、事难办，是这样的结果。现在国家发改委成立一个政务大厅，我最近到海南去了解，十年以前就搞了，效果很好。政府建立政务大厅也是创新。

第五阶段，学习和实践《中共中央国务院关于深化体制机制改革加快实施创新驱动发展战略的若干意见》（以下简称《意见》）。2015年3月13日，中央发布《意见》。该《意见》分总体思路和主要目标；营造激励创新的公平竞争环境；建立技术创新市场导向机制；强化金融创新的功能；完善成果转化激励政策；构建更加高效的科研体系；创新培养、用好和吸引人才机制；推动形成深度融合的开放创新局面；加强创新政策统筹协调9部分30条。《意见》指出，"创新是推动一个国家和民族向前发展的重要力量，也是推动整个人类社会向前发展的重要力量。面对全球新一轮科技革命与产业变革的重大机遇和挑战，面对经济发展新常态下的趋势变化和特点，面对实现'两个一百年'奋斗目标的历史任务和要求，必须深化体制机制改革，加快实施创新驱动发展战略"。

在认真学习这个《意见》的基础上，最近我参加两次会议，并发表了一些学习体会。一次是 iPhone 研究院请我当顾问，让我讲，我讲了"三创"，"三创可以改变中国"这个题目，第一是创业，第二是创新，第三是创牌。创业是基础，创新是关键，创牌是目标。创牌是广义的，不光是一个产品的，包括政府的信誉、个人的信誉，也是创牌的内容。

我的发言没有稿子，他们帮我整理了，我经过修改以后给徐绍史同志送了，他很认真地看了，他说尚全同志的"三创"很有见地、很重要，请林念修同志研阅，他是管高新技术的。林念修同志有批示"请高新技术司认真研阅，这个建议很重要，你们要经常请教高老"，做了这样的批示。这样对高新技术是个压力，后来他们派了个司长带了两个人来拜访我，我跟他们做了比较广泛的交流，包括现在到底是第四次工业革命的初期，还是第三次工业革命的末期，包括创新、高新技术、华为的经验，我们都做了交流。

国家发改委的高新技术司司长带了两个人来，我们谈了一个下午，最后我提出来，我说你们高新技术司有这个能力，政务大厅非常好，能不能完善，能不能提高，现在是互联网时代，能不能搞"互联网+政务"，现在人还是要到大厅办事，在互联网时代，怎么通过互联网，不到国家发改委照样可以办事，这样效率就提高了，不是更透明了吗？这个建议司长回去写报告，给国家发改委主要领导同志报告了，主要领导同志又批示了。最近我在学习，包括互联网，学问很深的，在互联网时代许多要素也发生变化了。过去农耕时代，土地加上劳动力，工业化时代是技术还有资本。互联网时代信息、大数据都可以货币化，都是要素了，时代变化了，革命以及各方面的变化我们都要跟上。我现在很注意对新生事物的学习，希望大家共同努力！

振兴实体经济的根本出路
在于改革创新

（2017 年 4 月）

降成本，减轻企业税负，是振兴实体经济的重要途径，也是深化供给侧结构性改革的重要举措。

一、如何适应国际上降低企业税负的冲击波

我国是制造业大国，但不是制造业强国，在转向先进制造业的过程中面临着许多不确定因素和挑战。特别是特朗普为了实施"美国优先"，提出"让制造业回家"的口号，大幅度降税，企业所得税从35%降为15%，并通过低税率对美国海外公司利润实行"大赦"。企业投资还可以在当年作为成本扣除。美国联邦政府将很快推出税改方案。英国首相特蕾莎·梅已宣布在 2020 年将企业所得税降至17%。法国总统热门竞选人弗朗索瓦·菲永也承诺，上台后将企业所得税从33%降至25%。看来降低企业所得税以提高国际竞争力是一个必然的趋势。

一个全球范围内的减税浪潮很快就会到来。这种趋势将逼着我国进行进一步税制改革。只有这样的高度认识，才能适应国际上的冲击

波，才能提高我国制造业国际竞争力。

二、如何对待曹德旺的意见

福建福耀玻璃集团董事长曹德旺 2016 年底提出了企业税负过重的问题。对他的意见有两种不同看法。一种看法认为，曹德旺痛点带来了改革的契机。痛点是什么？税费太高，企业难以承受。尽管美国的人工比国内高 8 倍，但其他费用低，所以综合起来，在美国办厂仍然比在中国国内多赚 10%。

另一种看法，认为曹德旺跑路了。曹德旺在美国办厂是否是跑路？中国经济与世界经济已深度融合，中国实体经济转型升级必须利用好国内国际两个市场、两种资源，因此，要把企业对外投资与不正常的资本外逃区分开来，简单贴上"跑路"标签，不利于企业走出去，不利于实体经济发展。在经济全球化中，企业家考虑的是，哪里成本低？哪里利润多？这是全球配置资源的必然选择。汽车玻璃的主要销售地在美国，在美国建厂，无可非议。况且，曹德旺的大部分资产和业务仍在中国，所以不能说曹德旺跑路了。应该说，曹德旺说了大实话，说了良心话，应当引起党和国家的重视。

三、如何看企业税负高低的两种不同声音

长期以来，主管部门认为企业税负不高，而企业、学者、国际机构认为中国税负较高。这是为什么呢？一个重要原因是口径不同。税务部门用的是小口径概念，而国际机构、学者、企业用的是大税收概念。一个国家的宏观税负是大税收概念，它不仅是税务部门收到的那

个各种税收，还包括了政府的其他各项收入。根据财政部2015年中国财政收支情况统计，全国一般公共预算收入152217亿元，占GDP比例为22.5%。纯粹按这个比例来看，中国税负比例当然不高，但是实际税负还包括其他方面：

一是社保收入。2015年社保基金总收入为4.6万亿元，加上这部分收入，中国的财政收入就变成了19.82万亿元。

二是土地出让金收入。根据财政部2015年全国土地出让金收支情况的统计，全部缴入国库的土地出让金为33657.73亿元。中国的财政收入就增加到23.19万亿元。

三是政府基金和发债收入。加上2015年全国政府性基金预算收入，地方政府性基金预算收入、国债收入，2015年的财政收入总额增加到26.67万亿元。

2015年中国GDP是67.6万亿元，财政收入为26.67万亿元，宏观税负为39.4%。应该说，前三项收入中有重复计算部分，去除重复部分，税负就会低一些。

与国际比较，我国的政府行政性收费多如牛毛。娃哈哈集团董事长宗庆后最近提出集团缴付的各种行政性费用太多，达500多种。据有关部门核实，去掉重复计算，2015年娃哈哈集团及所属企业的缴费项目为212项，缴费金额7412万元。

这么多的收费项目，不仅增加了企业负担，而且耗费了企业大量的精力。

四、如何用好纳税人的钱

党的十八大以来，以习近平同志为核心的党中央，强调民生工程，取之于民、用之于民，人民得到的实惠不断提高。但同一些宏观税负超过30%的国家相比，在社会福利支出（教育、卫生、医疗、社保等）方面，法国的社会福利支出占GDP的比例为35%，瑞典是38%、挪威是33%、丹麦是37%、澳大利亚是23%、美国是21%，我国还有很大差距。

我国的财政支出中，政府投资和政府开支占了很大一部分。

中央层面很重视简政放权，经过多年努力，已大幅度压缩了审批权。为什么还有那么多的行政性收费，这后面的背景是什么？据有关专家分析，"是相关公共权力环节的各个部门形成一定的既得利益。如审批权后面跟着的往往有明的收费权与暗的'设租'权。其中许多收费是跟着公权在收的'权力行使'带出来的"。

五、如何深化改革创新，让企业轻装上阵

2016年7月习近平总书记主持的中央政治局会议，强调要降低宏观税负，为企业减税降费指明了方向。不久前召开的中央经济工作会议提出：着力振兴实体经济，把振兴实体经济作为供给侧结构性改革的主要任务。明确要求降低各类交易成本，特别是制度性交易成本，减少审批环节，降低各类中介评估费用，降低企业用能成本，降低物流成本等。

李克强总理最近指出：各方对涉企收费反映仍很强烈，财政部要会同国家发改委、工信部深入研究，拿出制度性、管长远、见实效的清费措施。涉及的相关单位包括协会等都要勇于自我革命，破除利益束缚，切实让企业减负，轻装上阵。

面对特朗普"制造业回归"对我国的不利影响，面对我国制造

业生存和发展的关键时刻，党中央、国务院下了很大决心要重振实体经济，向先进制造业迈进。现在就是要生根落地，拿出实招的时候了。

首先，要加快财税体制改革。能否把增值税再降3—5个百分点；能否把社保费率降低到工资的30%左右；能否把小企业纳税起征营业额月标准提高到10万元；能否把行政性收费大幅度压缩；能否把个人劳动和专业技能的群体工资税起征点较大幅度上调，对暴利者严征暴利税，以缩小收入差距，促进社会消费；调整税收结构，提高直接税比重；调整和创新原有的税收理念和税收政策，以适应和提高我国在全球的竞争力；规范非税收入，建立非税收入项目公示制度。

其次，政府要自我革命，简政放权，转变职能，大幅度减少行政开支。用政府的"紧日子"，换取企业和人民的"好日子"。一位全国人大代表在全国两会上说，2006年我国预算内的行政管理费用占财政总支出的18.73%，远远高出日本的2.38%、英国的4.19%、韩国的5.06%、法国的6.5%、加拿大的7.1%、美国的9.9%。大幅度减少行政费用，必须坚持削减行政审批权力，必须"拆庙"、"拆香火"，必须有壮士断腕的勇气才能推动这项改革。

最后，提高创新能力，改善创新环境。振兴实体经济，制造业转型要靠创新驱动，提高创新能力。现在，有关部门限制仍然过多，缺乏"奇思异想"、"无中生有"的创新环境；同时，对创新者的激励政策要落到实处。

Ⅲ　民营经济环境论

用市场和法律构建中小企业信用机制

（2001 年 1 月）

在 2001 年 3 月的两会上，信用问题成为两会代表、委员所关心的热点，构建信用体系成为日渐迫切的问题。朱镕基总理在提交给九届全国人大四次会议审议的"十五"计划纲要（草案）中明确提出，加快建立健全社会信用制度，更是引起代表、委员的关注。信用如水，市场体系中缺少信用，犹如洗脸盆养鱼，大企业养不活，小企业长不大，市场也繁荣不起来。我们必须认识到，我国当前的社会信用，尤其是商业信用与银行信用，已经严重恶化，它对市场机制的正常运作已经带来消极的影响，主要表现为：一是企业生产与交易活动无法正常进行；二是银行业务无法正常开展；三是虚拟资本无法发生与开展；四是社会投资环境恶化。需要指出的是，中小企业尤其是民营企业由于自身的特点，信用问题尤为严重，如何构建中小企业的信用机制是我们所关注的问题的重中之重。

一、市场地位、治理机制与中小企业信用问题

中小企业在国民经济中占有重要的比重，中小企业数目占我国所有企业总数的 98% 以上。中小企业发展壮大与非国有经济发展壮大

紧密相关，主要原因有两个：一是私营企业在中国发展很快，中国私营企业发展的初始阶段都是小企业。1991年以来，中国私营企业产值年均增长71%，从业人数年均增长41%，企业数目年均增长45.9%。二是国有中小企业产权改革推动。自1994年开始，一些地方尝试改革国有小企业的各种途径。1997年，产权改革大规模展开，并最终得到党的十五大的正式承认，中国的经济体制改革进入以产权改革为核心的新阶段。1999年，宪法修正案又正式确定了私营企业的合法地位，这对私营企业的发展将产生深远的影响。在中小企业迅速发展的过程中，信用问题越来越受到关注。这一方面是产权改革中暴露出来的问题，另一方面与中小企业自身的特点有关。

从严格意义上讲，中小企业应当指那些在市场中不占主导地位、处于市场边缘或接近边缘的企业。由于中小企业在市场中不占主导地位，它们只是市场价格的接受者，因而在市场上与其他企业竞争中很容易处于劣势。在不确定因素的作用下或由于市场价格发生变化，中小企业的经营状况很容易恶化，一旦价格低于它们的"生存线"，这些企业只能倒闭，退出市场。经营状况恶化的企业很容易发生信用危机，这种企业敢信高利贷、敢以次充好、敢占别人便宜，并且敢于承担损失。加上中小企业的信用评价体系在我国还没有建立，中小企业生存周期本来就比大企业短，信用与企业的经营状况本身就有很大关系，无法评价与预期企业的经营状况，就无法评价与预期企业的信用。因此，中小企业自然就比大企业信用差，这首先是由其在市场中的地位所决定的。

中小企业的信用问题还与其自身治理机制有关。一般来说，企业越小，其透明度越差，社会越难监督，尤其是家族式私营企业，比透明度好的大企业更容易违法乱纪、不讲信用。由于评价资信的成本很高，中小企业资信很难得到有效保证，所以对企业自身发展也造成很多障碍，融资困难就是其中最典型的一个例子。中小企业融资困难是相对于大企业而言的，这是一个普遍现象，在不同的国家之间存在很大差别。一般来说，中小企业资金来源有三种渠道：一是通过直接融资方式融资。直接融资方式主要有发行股票、债券等，资金供需双方直接进行交易，或者在中介机构帮助下实现直接交易。由于交易是直接的，所以它需要投资者对资金使用者有所了解与判断，但是对于中小企业的投资者，尤其是小额投资者，很难控制资金使用者的行为，其所面临的不确定性更大。二是通过间接融资方式融资，即企业通过金融媒介（银行）融资。资信问题也成为中小企业很难从银行贷款的主要原因，主要在于对中小企业提供单位贷款，其获取企业内部经营信息的成本与对其付出的监督成本比大企业贷款要高，而且对中小企业贷款所承担的风险也要比大企业高。三是依靠企业自有资金进行积累，但是仅仅依靠企业自有资金很难满足全部资金需求。正因为如此，资金不足是影响中小企业发展的主要因素。根据北京市中小企业经营状况问卷调查，在1997年进行了固定资产投资的630家企业中，只有54家获得了银行贷款，占总体的8.6%；86.7%的企业自有资金占投资比重的80%。在流动资金的来源方面，1402份有效回答中只有253家获得贷款，占18.0%；77.4%的企业自有流动资金占流动资金比重的80%以上。

由于产权配置的有效性建立在充分的市场竞争基础上，从中小企业在市场中的地位来看，也只有通过产权改革，才能够推动中小企业朝高效率的治理机制方向发展，并促进市场竞争。建立信用体系，首先要考虑怎样完善产权改革，一方面要保护所有者、创业者的产权，虽然我们建立了一些法律制度，但这个问题仍没有得到解决；另一方面也要保护消费者、经营者、技术人员、工人的利益。后者的情况要更严重一些，如根据深圳劳动监察大队 2001 年 1 月对该市用人单位进行的一次欠薪大检查，共查出欠薪企业 1040 家，占被查企业总数的 20%，涉及员工 57000 人；除欠薪面广以外，欠薪额也很大，共欠薪 9200 万元。问题主要集中在建筑、餐饮和传统加工行业，这些企业无疑都是中小企业。欠薪大检查有几个动向还需要注意：一是一些民办企业，包括个别社会公共期望很高的企业也不同程度地存在信用问题；二是许多非国有企业拖欠工资，不发、少发奖金的问题十分严重，特别是在社会管理边缘地带开办的一些无证无照的私营企业小作坊，内部管理极其混乱，已成为辖区生产安全与社会稳定的隐患；此外，卷款潜逃、对银行借钱不还、股东投资分红回不来、非法集资、恶意敲诈等问题，在私营企业中更为严重。信用制度不通过完善产权来确立，企业之间就无法通过信用来进行交易，企业也无法发展壮大。若企业制造假冒伪劣产品，它们的劣质产品就卖不出去；企业若不善待技术工人，在它们进行技术升级的时候，技术工人就会没有动力，这些问题的根源是没有信用基础。

二、信用秩序需要市场与法律制度来保障

完备的信用体系是市场正常运作的基石，信用体系发育程度低和种种失信行为会妨碍市场的有效运作。我国的信用秩序状况不得不引起我们的警惕，建立市场体系前，个人与企业的信用被国家计划掩盖了，信用问题并没有凸显出来。随着改革开放，市场体系逐步建立，信用恶化问题日渐突出。1998 年，全国有 68.4% 的消费者受到商业欺诈行为的侵害，这说明中国正面临信用危机。前几年，中俄边界贸

易格外红火，由于假冒伪劣产品的泛滥，使我们丢掉了这个市场，以至于许多店挂起了"本店不卖中国货"的牌子。信用恶化甚至也影响到我们与其他国家的贸易活动。由此可见，欺骗别人，最终受害的是我们自己，这都源于混乱的信用秩序。因此，如何逐步构建信用体系，是我们当前所面临的一个十分迫切的问题，这个问题在中小企业中表现得最为突出。

市场有效的基本表现是信息充分，在有效的市场中不会存在信用秩序混乱问题，但有效的市场在现实中很难存在，只是一种理想状态，所以现实中信用问题不可能不存在，只是严重程度不同。为了解决信息不充分问题，完善市场制度是解决问题的一个重要方面。发达国家的信用状况之所以比中国好，就是因为它们的市场制度比我们完善，谁不讲信用，就会付出更高的代价，讲信用比不讲信用更有利，所以有理性的人不会有意不讲信用。有些问题，光依靠市场制度来约束还不行，如果通过短期不讲信用来骗取暴利比长期讲信用更有利，这时候，破坏信用秩序的情况就会出现，外在的法律制度就显得尤为重要。法律的作用就在于约束人们的短期行为，维持市场的长期有效性。因此，建立有效的信用制度要从两个方面入手：一是市场，二是法律。我们把这些问题归结为以下几个方面。

1. 促进市场竞争，建立资信服务体系

不讲信用是短期行为的一种表现，不利于市场有效竞争。有效的产权改革离不开充分竞争的市场环境。市场竞争充分的一个重要表现是市场进入壁垒低，新企业可以自由进入，老企业可以自由退出。现实问题常常出现在进入或退出这两个环节上，比如非法集资、蓄意诈骗以及倒闭企业的财产处置问题，这些都是市场与法律制度不完善的

表现。当前的产权改革实际上要做两件事情：一是保护产权，二是规范产权。保护产权不仅要保护自己的产权，还要保护别人的产权。我们的企业有时候总想占别人的便宜，不讲究商业信誉。因此，在两会中，有些委员提议建立社会化的资信服务体系，这是一种可行的方案，即首先建立征信数据的开放制度并实现征信数据的商业化，发展信用服务行业。这样，不讲信用的企业就很难在市场中经营，以至于无法生存。

2. 加强产权改革，完善治理机制

中小企业一般处于市场边缘，并不主导市场，因此中小企业所面临的市场竞争压力更大。发达国家与我国的产权改革已经证明，竞争性市场中的产权改革在实践上有效，它更有利于企业经营绩效的提高。我国的中小企业信用很差，这与中小企业自身的经营状况及其治理机制有很大的关系。企业的盈利状况无法得到保证，因此它很难保证借钱就还。我们已经指出，银行机构对中小企业提供贷款，其获取企业内部经营信息的成本与对其付出的监督成本比对大企业贷款要高，而且对中小企业贷款所承担的风险也要比大企业高。因此，产权改革对于中小企业的重要性在于，它改善了企业的治理机制，促进了企业经济的绩效的提高。事实上，在竞争性市场上，产权改革的结果使个人更加注意对方的资信，在长期合作中，人们会发现，讲究信用比不讲究信用更加有利，这时候信用秩序才会确立。因此，信用秩序的建立也并非短期可以完成，它是人们在长期经济合作中的一种有利于双方利益的理性选择。建立这种秩序必须通过产权改革来完成。

3. 治理假冒伪劣现象也可以通过市场机制来完成

假冒伪劣现象并不出现于那些百货大楼里面的大型商场，一般也不会出现于有一定知名度的大型企业，更多的是出现于那些中小商店、遍布城乡的小商品市场以及多种多样的批发市场。造假的主要来源也是小作坊、私人办的小厂。有很多假冒伪劣商品危害很大，直接危害人的身体健康；有的对环境造成很大的危害。我们国家治理假冒伪劣商品都是由政府来完成的。事实上，在规范的法律约束下，个人也可以参与打假。如果打假者与被侵权者因为打假得到一定收益与赔偿；造假者因为造假而受到更大的经济损失，甚至破产，那么造假就会处于全民的监督之下。然而，问题的关键在于，法律赋予被侵权者与打假者什么样的权利，如何规定起诉程序，如何索取赔偿。当打假者与造假者两相权衡更不利于造假者时，假冒伪劣现象就可以从市场制度中得到解决。

4. 继续完善立法，促进信用秩序改善

为了维护市场经济发展所必需的信用秩序，国家制定了一系列法律法规，出台了一系列政策。20世纪80年代之后我国制定的《民法通则》、《企业破产法》、《民事诉讼法》、《票据法》、《担保法》、《合同法》等一系列经济法规，初步形成了必要的法律体系，发挥了一定的作用。但是，这并不意味着我们的法律体系就已经十分完善了，或者法律在现实中就得到了有效的执行。如《企业破产法》在1986年通过时，我国现代企业制度改革尚未开始，不可避免地带有计划经济色彩与其他不完善之处，对各方面的利益保护还很不够，比如企业职工的安置、债权人利益的保护以及破产条件等等。鉴于我国信用秩

序的混乱状况，建立失信约束惩罚制度十分必要，加强立法已是当务之急，如制定"使用信息法"，修改《商业银行法》、《反不正当竞争法》等，而且政府也应在这方面起积极作用。

三、结　语

信用混乱问题在中小企业中表现得尤为突出，这主要与中小企业自身在市场中所处的地位与其治理机制有关，信用问题更容易出现于经营状况不好的企业。要建立有效的信用体系要从两个方面入手：一是完善市场运作机制，促进市场竞争，依靠市场实现失信的自我约束；二是继续加强法制建设，建立失信的约束、惩罚机制，在市场机制不能有效起作用的时候，可以通过法律来维持信用秩序。

（原载北京大学《中国中小企业促进中心简报》2001 年第 1 期）

加快基础领域改革　打破行政性垄断

（2001 年 10 月）

加快我国基础领域的改革步伐，打破行政性垄断，是我国应对 WTO 挑战迫切需要解决的重大问题。

一、垄断的性质和形式

如何界定垄断的含义和性质，似乎有不同的理解。比如有的是指自然垄断，有的是指政府垄断，还有的是指行业垄断等。对当前中国现存的垄断性质界定不同，打破垄断或反垄断的重点和方式也会有所差别。因此，确定垄断的性质是确定反垄断、促进竞争的有效对策的前提和基础。

从理论上说，垄断是指在特定市场内的市场主体追求最大的垄断利益，或滥用政府赋予的权力或利用特许经营权，或者与其他经营者合谋，垄断市场、垄断价格，排斥其他经营者进入同业市场，从而损害消费者权益，违反公共利益的行为。垄断的产生和形成有多种多样的原因，如资源稀缺、外部经济性、规模经济和范围经济效益的存在等。一般来说，垄断大致可以分为三种情况：一是自然垄断，即对关系公众利益有限资源的独占和国有独资经营导致的垄断。例如一个地区设置一个供电系统，运营商自然形成对供电的垄断。一个城市建立一个自来水的管道供应系统，可能比建立多个并行的供水系统更经济、更有效，这也是自然垄断的典型案例。二是市场性垄断或经济性垄断，即在竞争性领域中，少数市场主体通过合谋行为或兼并控制行为形成的垄断。例如，有几个具有竞争关系的企业以合同、协议等方式确定、维持或变更商品的价格，搞价格同盟，限制商品的市场供应量，共同阻止新的竞争者进入市场或排挤其他竞争对手。三是行政性垄断，即政府及其所属部门利用行政权力直接从事基础设施建设和经营形成的垄断。例如，政府铁道部从事铁路的建设和运营，电信部门从事电信的建设和经营。这种垄断在发展初期有其必要性和必然性，但发展到一定阶段，特别是在市场经济条件下，将带来越来越多的负面影响。

当前，相对于一般竞争性领域，我国基础领域许多行业虽然都不同程度地有民间资本的进入，但国有资本依然处于控制地位。在还没有完全实现政企分开的情况下，对处于自然垄断地位的行业或企业，政府部门往往利用行政权力，直接干预企业的经营活动，企业也往往借助于政府的权力，设置市场障碍、限制竞争，使自然垄断与行政性垄断重合在一起。这是目前中国基础领域改革面临的一个特殊矛盾。因此，目前我国反垄断的重点和主要任务是反行政性垄断。

从目前看，行政性垄断大致可以区分为区域性行政垄断和行业性行政垄断两种形式。经过近 20 年的改革与市场化体系的发展与推动，尤其是随着我国加入 WTO，实行非歧视原则和国民待遇原则，清理现有法律法规与国际惯例相接轨，区域性行政垄断已经或将会大为削弱。产品生产与销售的地方封锁、地方保护主义已经很难存在，尤其是竞争性产品的垄断与封锁已基本被打破，形成了生产要素市场自由流动倾向。现在的垄断可以说主要是行政性垄断，它们借助于对本行业的管理特权和实际控制力量，抢占市场资源与销售份额，排斥他人的进入与竞争，操纵价格以牟取暴利。加快这些行业与部门的改革，实现政企分开，应是下一步改革的重要任务。

二、行政性垄断的危害

我国在相当长的时期内是实行计划经济体制的国家，计划经济的基本特征是政府几乎垄断一切经济活动，在一些竞争性的行业中广泛存在政府垄断。改革开放以来，从计划经济到市场经济发生了很大的转变，但政府运用行政权力参与微观经济活动，排斥和限制竞争等不符合市场经济原则的行为在一些领域仍较严重。在某种意义上说，行政性垄断的存在只是中国经济体制转轨过程中的一种过渡现象，但它直接影响到中国市场化改革的进程。

行政性垄断是一种政企合一的体制，政府既是管制的政策制定者，也是所有者，还是监督者，它明显区别于通过市场竞争导致的生产集中而形成的经济性垄断，是一种制度性的缺乏竞争的体制，政府运用各种行政手段构筑进入壁垒，维护本系统企业的垄断地位，甚至用某些法规将其合法化。如用行政法规控制新企业进入；或以维护产业规模经济防止无效竞争为由，阻止新企业的进入，以维护现有企业的垄断地位，不仅垄断经营业务，而且垄断经营相关产品。企业缺乏竞争活力和灵活的经营机制，服务意识差，经营成本高。借助垄断地位制定的价格大大高于成本的鉴定价格，侵占消费者利益，扭曲分配效率。

具体说来，行政性垄断造成的危害主要表现为：

第一，损害消费者的利益。当垄断者能真正垄断这些行业以后，控制产量，抬高价格，谋取高额利润，限制可能的竞争者进入市场等行为方式的出现是必然的。

第二，与竞争性经营相比，垄断性行业缺乏技术进步、改善经营和提高产品质量的动力，阻碍技术进步和产业升级。垄断者将通过限制新的竞争者进入来控制整个行业的生产与经营，取得最大的利润。

第三，垄断增加了开放市场与引入竞争的成本和难度。面对进一步的市场化与对外开放，行政性垄断行业面临的开放与竞争的压力会越来越大，但因为其市场生存能力低，放开与引入竞争的代价也就越大，放开的阻力也就越大，巨大的保护成本与代价将使打破行政性垄断陷于两难境地。

第四，垄断损害社会公平。行政性垄断引发的行业收入的巨大差异与各部门之间收入的不平等，已成为当前我国的一个社会性问题。在我国巨大的收入差异背后，行业垄断经营是一个重要的因素。从行业平均收入的统计分布看，人均收入排名在前十位的大多是垄断性行业，其中有通信服务业、电力供应业、金融证券业、保险业等，而收入排名靠后的行业，如农业、矿产业、零售商业等，均是竞争较充分的部门。收入水平的巨大差异反过来又成为抑制资源流动与竞争、强化垄断的动力，造成新的收入机会的不平等。

三、打破垄断的措施和途径

中国正处在由计划经济体制向市场经济体制转轨的过程中，这个过程也是政府从总体上不断放松管制、引入市场竞争的过程。因此，基础领域打破垄断，既是在开放条件下参与国际市场竞争、迅速提升产业竞争力的现实需要，也是中国深化市场化改革的必然趋势。打破垄断或反垄断本质上是处理政府与企业、政府与市场的关系的问题，这将是一个不断探索、不断完善的过程，不可能毕其功于一役。发达市场经济国家的经验教训为我们提供了一定的借鉴，但照搬照抄的做法肯定是不现实的。

20世纪70年代以来，以英、美为代表，发达国家先后放松了基础领域的政府控制，但他们的具体做法是不同的。比如，英国等欧洲国家主要是通过国有股减退和国有企业的非国有化实现的；美国主要是在以私有部门经营为主体的基础上通过放松进入管制及价格管制实现的。探索中国基础领域改革的经验，要借鉴别国的经验，更要结合中国的实际，不能脱离国情。

打破行政性垄断，目前应重点考虑在以下几方面争取有所突破。

第一，加快政府职能转变，实现政企分开。这是打破行政性垄断的关键。行政性垄断的存在，是政府职能转变还不完全适应市场经济需要的表现。也是政府职能"越位"、"错位"、"缺位"问题没有解决的表现。因此，打破行政性垄断的根本办法是，要在加入WTO的压力和约束下，加快我国政府职能转变和机构改革的进程，建立与市场经济要求相适应的国有资产管理和运营体制，割断企业与政府的直接联系，真正实现政企分开。

第二，准确界定反垄断的内容和目标，分类推进。垄断有不同的形式和性质，确定反垄断的目标和重点，应当对自然垄断、行政性垄断和经济性垄断加以区分，这是提高反垄断效率的重要条件。此外，垄断的形式和界定也不是一成不变的。随着科学技术的进步和社会经济的发展，一些过去被认为是自然垄断的行业或环节，可能会出现多个竞争者或出现替代行业的竞争对手。对此，要有准确的估计。

第三，基础领域的拆分重组要与资本重组相结合。为促进基础领域的有效竞争，推进垄断性产业可竞争环节与不可竞争环节的分离，在一定程度上推进基础领域企业的纵向和横向的拆分，都是十分必要的。但是，为提高效率，更好地实现目标，这种拆分重组应当与企业的资本重组和投融资体制改革结合进行，注重产权结构的优化，实现产权和投资主体的多元化。

第四，进一步放松进入管制，引入新的市场主体。加入 WTO 后，中国基础领域的企业将面对来自国际市场的强势竞争。因此，为加快改革、尽快提高竞争力应当放松进入管制，除参与国有经济的重组外，应当允许新的民营主体进入。浙江省形成了民本经济的格局，即以民为本、民有、民营、民享的经济，其主要特点是经济组织形式以民营为主、社会投资以民间为主、社会事业以民办为主，极大地促进了生产力的发展。

第五，加快立法建设，依法监管和行政。为适应加入 WTO 的需要，政府目前正在清理现有的法律法规，也在酝酿出台新的法律法规，如"电信法"、适用于各类企业的"反垄断法"等。这些法律将为政府实现对基础领域企业的监督和管理提供法律的规范和依据。同时，要建立相应的、独立的监管机构。这是打破行政性垄断、引入竞争的题中应有之义。

（原载《经济参考报》2001 年 10 月 27 日）

发挥民间投资在基础设施建设中的作用

（2001 年 10 月）

随着经济全球化进程日益加快，我国的基础领域和相关行业改革和发展的环境将发生深刻变化。顺应世界经济大趋势和我国经济体制改革的需要，促进具有一定自然垄断性、国有资本较为集中的电信、铁路、民航、电力等基础产业领域在有限的过渡期内逐步实现对外开放，迅速提升产业竞争力，积极参与国际市场竞争，成为中国经济改革面临的突出任务之一。为此，我院与德国技术合作公司，分别于1999 年 11 月和 2000 年 11 月在海口举办了两次"中国基础领域改革国际论坛"。在这两次国际论坛上，与会的中外专家围绕着国内外基础领域改革面临的许多重点和焦点问题进行了深入探讨，经过讨论，大家在基础产业领域改革和发展的必要性、迫切性以及改革的方向等许多方面达成了共识，在改革的时机、次序等一些具体问题上也还存在争论和不同意见。

这些认识和争论，为本次论坛的进一步深入讨论提供了很好的基础。比如：在基础领域改革的必要性方面，论坛认为，随着经济技术的不断创新和进步，使得自然垄断产业的界定和范围发生了很大变化，为提高效率，竞争机制可以引入许多原来的垄断性环节；制度创新也使原来无法实现的收费和收益补偿变为可能。在基础领域放松管制、引入竞争是一个世界性趋势。从国内看，近几年无论是从提高扩张性财政投资的效率，还是从深化国有企业的改革进程，都要求必须加快基础领域投融资体制及企业组织形式的改革，以适应形势的需要。

在基础领域企业改革的目标方面，近期的重点主要是要打破行政垄断，实现政企分开，通过基础产业的分立重组实现竞争性环节和垄断性环节的分离；通过推进产权主体多元化，在基础领域引入和建立适应市场经济的竞争机制。当然，基础领域的改革将是一个较长时期的过程，维护有效竞争、提高效率将是推进基础领域改革的基本目标。

在民营经济参与方面，论坛认为，随着中国经济改革的深化，民营经济在基础设施建设中的地位和作用越来越突出，将在中国基础领域改革和发展中发挥主体作用。目前，在中国即将加入 WTO，对外资开放相关领域的情况下，促进民营经济参与基础领域改革和发展的时机和条件已经趋于成熟。因此，应当加快基础领域投融资体制等方面的改革，为民营经济进入创造条件。

在基础领域企业改革的方式方面，论坛提出，推进、鼓励民营经济参与，促进基础领域企业改革，要同国有经济的战略性调整和国企重组结合起来，以股份制改革为重点；同时，充分利用资本市场，建立投资基金，以及运用 BOT 等多种形式，促进基础领域企业的投资主体多元化。

在政府作用方面，论坛提出，要以建立独立监管机构为目标，加快推进政府管制改革。近期的重点是推进政企分开，切断政企之间的直接利益关系；同时，加快立法进程，运用法制保证和规范管制机构的法律地位和管制的内容、目标及手段。此外，在铁路、民航、电信等基础领域相关产业的改革思路上，论坛也形成了不少很好的意见，并对中国基础领域改革的总体设计提出了不少建议。

总之，这两次国际论坛在选题上针对性、实践性都比较强，社会各界参与广泛，议题讨论深入，因此在国内外产生了一定的影响。会后，我们综合大家的意见分别形成了《关于加快我国基础领域改革的建议（二十二条）》和《促进非国有经济参与我国基础领域改革的建议（二十五条）》两个建议报告，得到中央政府相关决策部门重视，国内数十家报刊也都给予了发表和报道，在实践中为促进政府相关的决策产生了较好的影响。

今天是我们就"中国基础领域改革"这一议题举办的第三次国际论坛。同以往相比较，本次论坛的召开有两个突出的背景：一是增加了主办单位，此次论坛由 5 家单位共同主办，同时，也有很多媒体代表到会采访，报名参会的情况十分踊跃。这说明中国基础领域改革越来越成为大家共同关注和关心的课题。二是中国加入 WTO 指日可待，基础领域对外开放的时间表马上就要启动。在此形势下，讨论中国基础领域的市场开放、反垄断和政府管制改革问题，更具有时效性，政府也对这一领域有很强的政策需求。2001 年以来，世界经济趋缓已经成为现实，尤其是近期美国发生的恐怖事件，更为本次论坛的讨论添加了许多背景因素。

本次论坛的主题是"WTO·开放市场·反垄断"。在今后的几天里，我们将在这一主题下，就加入 WTO 与开放市场的国际经验，反垄断与促进有效竞争的重点和手段，加入 WTO 与政府管制改革的方向等议题展开讨论。

我们诚恳地期望大家能够结合实际，仁者见仁，智者见智，就以上议题充分发表、交流自己的观点和意见。期望大家能够为推动中国基础领域改革进程贡献一分力量。

（本文系作者 2001 年 10 月 22 日在中国基础
领域改革第三次国际论坛开幕式上的讲话）

充分发挥非国有经济在
西部大开发中的作用

（2001 年 12 月）

实施西部大开发战略，加快中西部地区发展，是以江泽民同志为核心的党中央根据邓小平同志关于我国现代化建设"两个大局"的战略思想，高瞻远瞩，统揽全局，面向新世纪做出的重大决策。这是进行经济结构战略性调整，促进地区经济协调发展的重大部署；是扩大国内需求，促进国民经济持续快速健康发展的重大举措；是增进民族团结，保持社会稳定和巩固边防的根本保证；是逐步缩小地区差距，最终实现共同富裕的必然要求。

2001 年 3 月 15 日，第九届全国人民代表大会第四次会议批准的《中华人民共和国国民经济和社会发展第十个五年计划纲要》，对"实施西部大开发战略，促进地区协调发展"做出了具体部署，国家关于西部大开发的政策框架已经形成并逐步出台。现在，已经不需要讨论"西部地区要不要开发"、"西部大开发有什么重大意义"等这一类问题了，而是要讨论如何具体落实党中央、国务院做出的战略部署。

西部大开发需要研究和解决的问题很多。最重要的是两个问题：一是再也不能通过中央政府大规模转移支付重复过去平衡发展的老路，体制创新是西部大开发的重中之重；二是要充分估计非国有经济发展在西部大开发中发挥的重要作用，采取有效措施加快西部地区非国有经济的发展。

一、充分发挥非国有经济在西部大开发中的作用

我国改革实践证明，非国有经济的发展是支撑国民经济快速增长和社会主义市场经济体制的重要力量。在非国有经济发达的地区，经济增长、社会就业、财政收入等状况明显好于其他地区。

就西部地区而言，非国有经济将成为继乡镇企业后西部地区又一重要的经济增长点。因此，有人提出"西部经济和社会发展的突破口是非国有经济的大力发展"。可以说，这是人们经过一段时期的探索和实践形成的比较统一的认识。西部地区的经济和社会发展，需要大量的投入。在目前投资主体日趋多元化的情况下，国家的财政资金是十分有限的。按照人大通过的预算草案，即使包括补助地方支出在内，2001年中央财政预算安排的基本建设投资也仅有893亿元，企业技术改造资金及贴息只有165亿元。2001年，国债发行总规模为4380亿元，其中，中央财政发行3880亿元，如果扣除中央财政到期归还的国内外债务本金1581亿元，实际能够使用的也只有2299亿元，因此实施西部大开发仅仅依靠中央财政和国债资金是远远不够的。这里的关键是，如何充分发挥国内外民间资本的积极作用。

目前，西部地区非国有经济发展与东部地区有相当大的差距，说明西部地区非国有经济发展还有很大的障碍。比如：

1. 市场准入问题。当前最为紧迫的是要打破行政性垄断，打破非国有经济准入障碍，在竞争性领域加快实现投资主体多元化，即使在传统上被视为必须为国家垄断的某些行业，也应根据实际情况对垄

断的层次、范围和环节做出充分论证，将能够市场化经营的部分进行必要的分解或剥离。在已经开放的领域进一步消除依然存在的某些歧视，建立和完善公平竞争的有效机制。

2. 产权保护问题。尽管九届人大修改宪法，将非国有经济作为社会主义市场经济的"重要组成部分"，但由于没有同时明确"国家保护个人合法财产不受侵犯"，加之实践中侵犯个人合法产权问题屡有发生，由此带来非国有经济尤其是个体私营经济的产权保护问题。政策的不稳定和私人合法财产得不到有效保护，是制约当前非国有经济发展的主要障碍。这是西部大开发中加快非国有经济发展必须要解决的问题。

3. 非国有经济的"国民待遇"问题。目前在许多地方对非国有经济有歧视行为，如：非国有经济税费负担重，而且许多地方没有一定的规章，征收时间和数额随意性很大；个体私有经济融资困难，很难在国有政策性银行和商业银行得到贷款，更谈不上财政支持；个体私营经济组织程度较低，在众多的市场主体中处于弱者地位，因此竞争很难公平。不解决这些问题，加快西部地区的非国有经济发展只是一句空话。

4. 非国有经济组织制度创新问题。如何提高非国有经济自身的组织程度。解决分散经营、规模过小、家长管理、自身积累和发展能力不足等问题，引进现代企业制度，这也是非国有经济健康发展的重要问题。

二、体制创新是西部大开发的关键

经过 20 多年的积极探索，我国东部沿海地区已率先初步建立起与社会主义市场经济相适应的新体制。但是，在西部不少地区，长期以来，计划经济条件下形成的旧管理体制以及旧的思想观念至今仍然广泛存在，并严重制约着当地社会、经济发展。这既是造成东西部差距的重要原因之一，也从另一方面说明了西部加快观念更新和体制创新的紧迫性。

江泽民总书记在西北地区考察时提出"三个创新"的思想，不仅对于我国全面向市场经济转轨，迎接经济全球化挑战具有重大战略意义，而且对于西部大开发战略的实施具有现实的指导意义。西部发展差距的根源在于体制差距，无论是在所有制结构、市场主体的成熟程度，还是在市场机制的完善程度以及政府调控职能等方面，东西部地区的差距都是十分明显的。因此，体制创新在西部大开发中居于十分重要的地位。当前，尤其要加快所有制结构的调整，大力发展非公有制经济，降低国有经济比重。在努力培育市场主体的同时，不断完善市场机制以及政府职能的创新。如果西部非国有经济的比重能够提高到东部地区的水平，西部地区的经济发展状况就会有很大改观。在这方面，许多西部地区的同志已经有了深刻的认识。不少同志指出，多年的实践已经证明：哪个地区的非国有经济发展慢，哪个地区的经济发展就必然落后。如果说西部大开发的主体是企业的话，那么政府在西部大开发中最重要的作用就在于加快体制创新。

三、在中国加入 WTO 的背景下加快
西部地区的对外开放

随着我国加入世界贸易组织的步伐加快，我国的对外开放进入一个新的阶段。西部大开发，纲举目张的政策是全面开放。从当前来

看，通过扩大对外开放加快西部大开发进程、促进西部地区经济和社会发展的重要意义，至少可以从以下几个方面来认识：

1. 扩大西部地区对外开放，参加国际分工和国际竞争，既是全球化时代实施新的追赶战略的客观要求，也是解决目前经济生活中改革与发展动力不足的必然选择。

2. 通过扩大对外开放，大规模引进国外的资金和先进的实用的技术设备，促进西部地区产业结构升级换代；同时，可以通过吸引外资，引入市场机制，促进市场竞争，增强西部地区的国际竞争能力，把发展的潜力转换为现实的生产力。

3. 通过扩大对外开放，引进外资，创造新就业岗位，促进西部地区的经济增长。目前，作为老工业基地和"三线"建设重点布设地的广大西部地区，下岗失业问题严重，经济增长速度缓慢，吸引外资就意味着利用工业国的资本为中国西部地区剩余劳动力创造更多的就业岗位和提供新的经济增长点。西部地区完全可以通过对外经贸交流与往来，及时获取国际市场发展变化的最新信息，促进当地产品结构调整和优化，把资源优势转化为经济优势，为 21 世纪西部地区经济持续发展提供更广阔的空间和巨大的推动力。

1998 年，《中共中央、国务院关于进一步扩大对外开放，提高利用外资水平的若干意见》明确提出，要积极引导和鼓励外资投向中西部地区，进一步完善外商投资的地区布局。1999 年国务院办公厅转发的《关于当前进一步鼓励外商投资的意见》进一步提出鼓励外商向中西部地区投资的 6 条具体意见。对外经济贸易合作部已经把吸引外资参与西部大开发作为今后中西部地区外经贸工作的重点之一。这些政策、措施的出台，为西部地区做好招商引资工作提供了十分有利的政策环境。对西部而言，这是一个千载难逢的机会。我们必须抓住这次机遇。

目前，国内外专家关注的另一个问题是，WTO规则与中国政府对西部地区的倾斜政策相悖。我赞成清华大学一位教授的观点。他认为，"有差别的区域倾斜政策有悖于WTO原则和宗旨"的观点和主张，是将"特别经济区"政策与有差别的区域倾斜政策混为一谈，步入了WTO原则和宗旨的认识误区。我非常赞成这样的观点。向西部地区倾斜的区域发展政策，以促进欠发达地区扩大对外开放、加速市场化改革和区域发展为目标，并不构成对外倾销和非关税壁垒等后果，因此，不仅没有背离而且符合WTO的原则和宗旨。GATT-WTO的"非歧视性待遇"原则表明：如果缔约国借助有差别的区域倾斜政策，达到对外倾销或构成非关税壁垒后果等目的，限制了他国资本的竞争以及技术、商品的流入，或阻碍了国际间服务贸易、知识产权的发展，它就背离了GATT-WTO的自由贸易原则和宗旨。鉴于发展中国家的兴起并不断加入GATT-WTO的态势，以及发展中国家与发达国家在推进贸易自由化过程中所存在的初始条件的巨大差异，GATT-WTO又相应地赋予发展中国家特别是最不发达国家缔约方以特别的差别和待遇，并强调指出：缔约各国，特别是那些只能维持生活水平处在发展初级阶段的缔约国的经济逐步增长，将有助于实现本协定的宗旨。以上原则规定表明，GATT-WTO不是一般性的反对一切有差别的区域倾斜政策，它所反对的是违背"非歧视性待遇"原则的"特别经济区"政策，而对落后、不发达地区给予特别和差别的待遇，以有助于这些地区的结构调整、经济增长、加快改革等政策，恰恰是GATT-WTO的宗旨。

在中国不断加快"入世"步伐的大背景下，实施西部大开发战略的首要任务之一，是根据市场规则、国际惯例、中国国情，审慎地研究制定具体的向西部倾斜的区域差别政策的各项规定和措施。为此，目前需要研究和解决的问题包括：（1）如何进一步加速政策行为的市场化进程，在充分发展市场机制对资源配置起基础作用的基础上发挥政府的作用。（2）如何依据 WTO 的原则和宗旨，特别是对发展中国家的优惠政策和差别政策以及关贸总协定东京回合，尽快出台一些更为具体的宏观经济政策工具。（3）如何借鉴世界上成熟的市场经济国家关于地区立法工作的成功经验，建立关于地区发展政策的法律法规和关于特定后进地区振兴的法律法规，将中国政府多年来制定的许多旨在促进西部地区和贫困地区开发的计划和政策措施，以及即将制定和实施的西部大开发政策措施赋予法律上的地位，使之获得法律保障，并更加规范和更具实效等。

（原载《西部大开发与非国有经济发展》，
中国经济出版社 2001 年版）

为企业成长创造环境

（2002 年 2 月）

看了材料，听了以上几位同志的发言，很受启发。原来对中集集团不大了解，看了这个材料，给我留下了很深的印象。

我想简单讲三点看法。第一点，中集的发展战略目标——"迈向世界级企业"，我觉得是有希望成功的。

大概在 1987 年，我作为代表团团长参加世界银行在英国伦敦举办的科学技术与体制改革国际研讨会。这个国际研讨会主要讨论怎样发展高新技术，对于劳动密集型产业到底持怎样的看法。会上美国的罗森弗教授作了发言，他分析了世界上诺贝尔奖奖金获得者的国家，统计结果发现，诺贝尔奖奖金获得者最多的国家并不是经济发展最好的国家。为什么？因为这里有一个科学技术的商品化、市场化的问题，还有经济效益的问题。那么，集装箱这样的产品算不算高新技术？它的经济效益很好。因此，我们在讨论发展高新技术的同时，也不能忽视这种有经济效益的产品和产业。我想这种情况在中集集团已经得到了验证。中集在产量上和在劳动生产率上已经达到世界第一了，在盈利能力上可以说已经成为"最具投资价值的公司"。我们不能为高新技术而高新技术，我们要重视和发展符合中国国情的、有效益的产品和产业。这是我想讲的第一点。

　　第二点，中集的成功有外部的原因，也有内部的原因，当然主要是内部的原因。刚才李建红董事长讲了：同样是企业，为什么别人没成功，而中集成功了。所以，内部的原因是主要的。内部原因跟中集的改革、中集的管理是分不开的。比如说，有一支善于经营的经理人队伍，有一个比较完善的法人治理结构，股权结构比较合理，有一个制衡的机制，还有积极进取的团队精神。刚才梁定邦先生讲到企业文化的问题，我觉得这都很重要。2001 年初，我在美国斯坦福大学当了一段时间的访问学者，主要研究硅谷为什么能成功。硅谷能成功，有人说是因为有斯坦福和伯克利这样的大学，有风险投资基金。这当然不错。那么，118 公路为什么没有成功？它有哈佛大学、麻省理工学院，离纽约经济中心也不远，资金上的支持也是很多的，为什么没有成功？所以，不能简单地说只要有人才和资金就能成功，还要有精神。那么，硅谷精神是什么？我研究以后认为主要有六个字，"勤奋"、"创新"和"创业"。我找了硅谷的一些企业家、科学技术人员和经理，还找了硅谷的市长。晚上出去看到一些公司都是灯火辉煌，它们有一种激励机制，老板没有给员工布置什么，员工自发地有种精神来搞这种创造发明，也就是勤奋的精神、创新的精神。刘遵义教授说，硅谷每天产生 10 个百万富翁，开始我有点怀疑，后来我觉得这种精神的确容易产生百万富翁。

　　中集的团队精神、以人为本、国强民富的理念都是很重要的。我最近去了浙江，留下很深的印象。浙江现在发生了很大的变化，它人多地少，国家投入少，但是现在它在人均财富、产品等各方面都跑在全国前面，除了几个直辖市，它都是老大。为什么呢？与它的精神是分不开的，它有一种改革的精神，有一种文化。我给它做了概括，浙江之所以有今天——它的财政收入 2001 年大概 800 亿元人民币，一个市级县一二十亿元——比我们一个省还要多——它的精神是什么？第一，"千辛万苦"来创业；第二，"千方百计"来经营；第三，"千家万户"搞生产；第四，"千山万水"找市场；第五，"千头万绪"抓根本。就是因为有这"五千精神"，所以它才有今天。

同时，浙江已经形成民本经济的格局。最近，我在考虑民本经济。什么叫"民本经济"？就是以民为本的民有、民营、民享的经济。它有四个特点：第一，经济形式以民营经济为主；第二，社会投资以民间资本为主；第三，社区事业以民办为主；第四，政府管理以创造良好环境为主。浙江之所以有今天，跟这四个特点是分不开的。那么，能不能说浙江的今天也是我们其他省的明天？因为民富国强了，人的创新能力都发挥了，政府只需要做到两点：一是激励创新，二是保护产权。人有了积极性并且有了良好的环境，税源就滚滚而来。一个省有800亿元人民币的财政收入，这是不简单的。中集之所以有今天，跟这种精神是分不开的。同样，要成为世界级企业，应该继续发扬这种精神。这是我想讲的第二点。

第三点，迈向世界级企业离不开政府的支持。这里我讲三个方面。

第一，政府的职能要转变，从管制转向服务。

第二，要改革审批制度，政府审批尽量减少到最少的程度。审批制度要有利于走出去，有利于国际化竞争，不要阻碍生产力的发展。我们的审批一是效率低下，二是抑制了创新，连一个企业发展新产品都要经过层层审批，审批的人都不懂得什么是新产品，但是还要经过他，这样就不是鼓励创新，而是抑制创新。所以我想，国家在比如防止资金外逃什么的以外，应当尽量减少审批，减少到最少的程度。同时，在人流、物流、资金流方面应当给企业创造条件，开辟绿色的通道。

第三，在政府治理的理念上也要改变。过去我们的理念都是允许性的规定，现在要把允许性的规定改为禁止性的规定。由于政府的理念是允许性的，什么都要经过审批，审批了以后，现在出了笑话：我们的一个集团公司在英国投资，已经要投产了，但是审批手续还没有办下来，那你怎么走出去？怎么参与国际化竞争？这些问题都亟待解决。根本的解决办法就是要在理念上改变，政府只管要禁止什么东西，比如防止出去以后钱外流或者进入个人腰包等。政府要给出创新的空间，不然就管死了，那么人家怎么创新，怎么走出去。所以，在法制理念和政府职能理念上要转变、要创新。

中集之所以有今天，有好多原因。其中一个原因就是政府管得少。如果中集是哪个部的直属企业，这个评比，那个检查；这个要汇报，那个要汇报，如此恐怕就没有今天。

哪个企业政府管得越多，哪个企业就越没有发展的余地，因为手脚都被捆住了。所以，政府的职能应该从管制转向服务。

多层次资本市场的构建与政策突破

（2003 年 10 月）

一、构建多层次资本市场的战略意义

1. 企业成长的规律性需要建立多层次的资本市场

研究证明：在市场经济条件下，企业的成长具有从小到大、从弱到强、从单一到综合、从初级到高级这样一个发展、成长的规律。资本市场的成长也经历了从小到大、从初级到高级、从区域到全国乃至全球的发展历程。企业在不同的成长阶段，需要不同层次、不同上市标准的资本市场所提供的不同服务。

2. 我国资本市场建立、发展的特殊性

作为转轨型经济国家，我国资本市场的建立具有民间发起、政府推动并主办的特点。在资本市场创办初期，由于政府对资本市场的了解、认识、把握及监督管理的水平处于初级阶段，因而导致我国资本市场在其发育、成长过程中，依政府的偏好或工作重点而左右摆动。十余年的沪深证券市场，前期是在于干与不干、干不好就关、利多弊多的争论中摸索、试验；后期是在为国有大中型企业脱困服务中发展。至今，沪深资本市场已积压了许多问题。诸如，沪深市场的大一统、高门槛导致众多高成长型中小企业得不到资本市场的支持；许多优秀的高成长企业寻求境外上市，导致国内可投资的优质企业减少；初创期的科技型企业得不到资本市场的资金支持，影响科技创新及产业化发展等。

因此，我国资本市场的建设与发展，要依据企业的不同规模和不同需要，设计、构建从初级到高级的多层次的资本市场体系，以满足不同企业的需求。

二、可供参考借鉴的国际经验

1. 美国多层次的资本市场体系

全国性集中市场（主板）：有纽约证券交易所、美国证券交易所、NASDAQ 三个全国性市场，其公司上市条件依次递减，公司依自身规模和特性选择融资市场。

区域性市场：有太平洋交易所、中西交易所、波士顿交易所、费城交易所等地方性市场，主要交易区域性企业的证券；同时，有些本区域在全国性集中市场上市的公司股票，也在区域性市场交易。

"未经注册的交易所"：由美国证券监督管理委员会依法需免办理注册的小型地方证券交易所，主要交易地方性中小企业证券。

全国性的小型资本市场：NASDAQ Small Cap Market（二板），是专门针对富有经验的机构投资人而设立的市场，为那些中小型高成长的企业上市融资服务。

全国性的场外交易市场（未上市证券市场）：OTCBB 和 Pink

Sheets。1990 年 NASDAQ 设立了 OTCBB（Over the Counter Bulletin Board）市场，是专门为未能在全国性市场上市的公司股票提供交易的场所。其后，OTCBB 市场独立出来，自主运行，直接由美国证监会和 NASD 负责监管；Pink Sheets（粉单）是由私人设立的全国行情局于 1911 年成立，为未上市公司证券提供交易报价服务。需指出的是，全国行情局并没有监管权，Pink Sheets 的监管也是由美国证监会、NASD 负责。

NASDAQ Small Cap Market、OTCBB、Pink Sheets 之间具有升降的互动关系。NASDAQ 市场规定，公司股票连续 30 日交易价格低于 1 美元，警告后 3 个月未能使该股价升至 1 美元以上，则将其摘牌，退至 OTCBB 报价交易；在 OTCBB 摘牌的公司将退至 Pink Sheets 进行报价交易。

由此可以看出，美国资本市场体系庞大，条块结合，功能完备，层次多样。既有统一、集中的全国性市场，又有区域性的、小型地方交易市场；同时市场还具有不同的层次性，使得不同规模、不同需求的企业都可以利用资本市场进行股权融资，获得发展的机会。这无疑有力地推动了美国经济的不断创新与增长。

2. 英国多层次的资本市场体系

全国性集中市场（主板）：伦敦证券交易所是一家有 200 多年历史的交易所。它最初是 1555 年的一家咖啡店，其后逐步发展成一个有监管的证券交易市场。伦敦证券交易所是吸收欧洲资金的主要渠道，2001 年交易新年成交量 7000 亿英镑，平均每月 600 亿英镑，在伦敦，金融、证券、投资咨询的从业人员达 100 余万人，有力地支撑了证券交易所的运营。目前，伦教交易所有大约 2000 家英国公司及

500 多家海外公司挂牌交易。主板市场中还包括一个"交易行情单列"式的技术板市场（Techmark）。

区域性市场：除了集中的伦敦交易所外，英国还有伯明翰、曼彻斯特、利物浦、格拉斯哥、都柏林等地方性交易市场，交易地方企业股票，同时也可以买卖伦敦交易所的挂牌股票。

全国性的二板市场：AIM（Alternative Investment Market）。与美国不同的是，英国的二板市场 AIM 由伦敦交易所主办，其运行相对独立。AIM 创立于 1995 年 6 月 19 日，是伦敦证券交易所为英国及海外初创的、高成长型公司所提供的一个全国性市场。在协助广大中小企业，特别是中小型高科技公司通过资本市场获取资金进行投资方面，英国政府做出了一项意义深远的举措，就是在伦敦证券交易所内设立了一个为中小企业提供股权融资服务的证券市场，即 AIM 市场。自 1995 年创立以来，超过 850 家公司通过进入 AIM 而获得巨大的增长，累计筹集资金超过 62 亿英镑，折合近 97 亿欧元。截至 2001 年 1 月 31 日，AIM 上市公司的总市值达到 156 亿英镑，折合 245 亿欧元，其中市值最少的公司不足 30 万美元，而市值最多的超过 3 亿美元。AIM 直接受伦敦证券交易所的监督与管理，并由交易所组成的专人负责经营。

全国性的三板市场（未上市证券市场）：英国的资本市场中，除了由伦敦证券交易所创办的、为中小企业进行股权融资服务的 AIM 外，还有为更初级的中小企业融资服务的未上市公司股票交易市场——Off-Exchange，简称 OFEX。它是 JP Jenkins 公司为大量中小企业所提供的专门交易未上市公司股票的电子网络的注册商标。JP Jenkins 公司作为一个家族性公司，则是伦敦证券交易所登记在册的、具有良好经营记录与信誉的做市商。OFEX 创立于 1995 年 10 月 2 日，其目的是为那些未进入伦敦证券交易所主板市场或 AIM 挂牌交易的公司股票建立一个可出售其股票和募集资金的市场。

英国资本市场同样是条块结合、既集中又分做的多层次的市场体系。这样一个结构完整、功能完备的市场体系，有力地支撑和维护了英国在国际金融市场上的地位。

从英国和美国资本市场的情况可以看出，全国性集中市场主要是为大型企业融资服务的；二板市场的上市标准要比集中市场低，同时还设计出几套不同的标准，由不同规模的企业自己选择适宜自己的标准进行上市融资；新兴市场（三板市场）则基本上取消了上市规模、盈利等条件。把市场监管的重点从企业上市控制转移到以充分的信息披露为核心，以管理从业券商为主要手段，以会员制为主要形式，以券商自律为基础，这是英、美资本市场一个重要的发展变化，特别值得我们关注与研究。

三、我国应建立多层次、多主体的资本市场体系

1. 主板市场（集中交易市场）

沪深证券市场依然是我国大中型企业上市融资的主要市场，但这个市场需要有相当一段时间的调整，同时也需要在指导思想上与时俱进。

从总量与规模上看，沪深证券市场依然是未来我国多层次市场体系的主要组成部分。

2. 创业板市场（高成长型中小企业市场）

拟议中的深圳创业板市场，由于国际、国内多方面因素的影响，

至今尚未推出。但是，从市场的需求和决策层面的情况看，创业板市场是我国多层次市场体系中不可或缺的重要组成部分。

创业板市场的设计应遵循市场规律，调整原有的重点服务于高新技术企业的设计思想，立足于将其建设成为高成长型企业上市融资服务的新兴市场。酝酿、筹备两年有余的深圳创业板市场，原来是基于扶持高新技术企业，加快发展风险投资，促进高新技术成果转化和产业化发展，增强我国科技创新能力而设计的。然而，通过全球网络股泡沫的破灭及发达国家新兴资本市场遭受重大冲击的事实，可以清楚地看到，仅仅依托高科技企业而设计、建设交易市场是缺少广泛而坚实的基础的。因此，应对现有的深圳创业板市场的设计思路与方案进行修改，正视我国民营经济迅速发展壮大、民营企业亟须资本市场支持的现实，改"科技创业板"为上市标准市场化，监管、运行国际化，为成长型企业服务，以高成长型中小企业为主体，不分国有还是民营，也不分高科技还是服务业的新市场。经修改和调整，使其成为以高成长型中小企业为主要服务对象的新兴市场。

3. 三板市场（场外交易市场）

"代办股份转让系统"和地方产权交易市场——"条块结合"的场外交易市场体系。

"代办股份转让系统"：是根据中国证监会解决历史遗留问题的既定政策，2001年6月12日由中国证券业协会发布了《证券公司代办股份转让服务业务试点办法》，对原STAQ、NET系统挂牌公司，在未上市前的股份转让做出安排。即证券业协会选定6家券商，利用其下属的318家分布在全国各地的证券营业部，采取每周3天（2003年8月又将交易改进为每周5天）、设涨跌限制5%的方式进行代办转让。7 月 16 日，由指定的证券公司代办股份转让业务正式运行。代办股份转让业务的启动与运行，为广大投资者提供了一个新的投资品种，为未上市公司的股份转让与流通提供了一个市场化渠道，也为沪深股市停牌的上市公司提供了一个退出的渠道和进行股份转让与流通的市场。截至 2003 年 8 月底，共有 12 家公司挂牌，投资者达 10 余万。

经过两年多的运行，"代办股份转让系统"的功能与作用初步显现，尽管至今证券监管部门并未给该系统任何明确的定位，但 2003 年以来，从中国证监会、中国证券业协会及有关政策走向看，它有可能成为未来场外交易市场的主体。其特点是股份连续性交易，具有 IPO（Initial Public Offering，首次公开募股）的功能，设置一定的挂牌交易标准等。

地方产权交易市场：由原体改部门及财政、国资系统组建的产权交易所和由科委系统组建的技术产权交易所两大部分组成。其主要特点是以经纪商或会员代理制交易为特征，进行产权、股权、技术产权转让、资产并购、重组等业务。

产权市场：主要是由原体改部门、国资系统或财政系统支持或主办所建立的产权交易机构。全国有三大共同市场，以上海产权交易所为龙头组织了长江流域产权交易共同市场，成员为长江流域省市的产权交易机构；2002 年上海产权交易所成交量超过 10000 亿元人民币；以青岛产权交易所为主要组织者的黄河流域各省市产权交易机构联合体——黄河流域产权共同市场；以天津产权交易所为龙头组织了北方产权交易共同市场，成员为产权交易机构的联合组织，包括长江以北地区及京津地区产权交易机构。

技术产权市场：主要是由地方科技部门支持或主办所建立的新兴

产权市场。自 1999 年 12 月上海成立我国第一家技术产权交易所以来，在短短的三年时间，全国各地已成立技术产权交易机构 40 多家，这些交易机构全部都是由当地政府部门牵头发起设立的。据统计，目前设立的交易机构注册资本金中，由各地方政府财政直接出资，或地方财政资金通过具有政府背景的国有企业出资已达到将近 4 亿元人民币。各地设立技术产权交易机构的宗旨是：促进本地区科技成果转化、为创业（风险）投资等各类资本的进入和退出提供便利通道，与"创业板"形成良性的对接，实现技术资本、金融资本、产业资本、人力资本的优化组合。已设立的技术产权交易机构的体制大致分为国有事业法人和公司法人两种。

近两年来，地方产权交易市场的发展十分迅猛，其主要原因是地方中小企业的发展缺少金融服务的支持，更没有资本市场的支撑。因此，我国多层次资本市场体系的建设应采取"条块结合"模式，既有统一、集中的场外交易市场，又有区域性即地方性的权益资本市场。

四、未来应努力实现的政策突破

1. "代办股份转让系统"

在解决了 2000 年"29 号文件"中所提到的 NET、STAQ 两家法人股市场摘牌企业及主板退市企业股份流通的硬性任务后，该系统在未来可能将进一步出台扩容政策。诸如，吸收 1998 年关闭全国各地场外交易柜台时所遗留下来的 574 家企业中，资产质量、运营良好的企业进入系统挂牌交易；吸收申请沪深市场上市已进入辅导期的公司，进入系统挂牌交易并实施监管辅导；吸收高新技术企业进入系统，为其股权融资提供一个市场化平台等。

另外，在系统交易频率、涨跌幅度、交易网点以及市场化监管机制的建立等方面可能也会出台一些措施，推进该系统的发展，使其真正成为我国场外交易市场的主体，发挥其初级资本市场的功能与作用。

2. 地方产权交易市场

鉴于目前我国资本市场处于高度管制的状况，从目前证券市场的政府监管部门政策趋向看，地方产权交易市场要在政策上予以突破，需要地方与中央有关部门有一个协调的过程。

地方产权交易市场政策上的突破关键在两点：一是如何解除1998年"10号文件"对禁止一切场外交易的禁令；二是如何将区域性的地方产权交易市场纳入到资本市场的监管范围和程序之中，或者是地方政府获得中央监管部门的同意，将对地方性资本市场的监管权下放给地方政府，由地方政府实施监管之责。这两点的突破是地方产权交易市场能否逐步发展成长为区域性的、非公开的权益性资本市场，进而成为我国场外交易市场的重要组成部分的关键。

目前，地方产权交易市场要做以下几个方面的努力与尝试：

（1）科技部在组织了多次调研后，意欲在全国重点技术产权交易市场进行研究试点，寻求运行机制、交易模式、联网等方面的突破。

（2）国资委的设立与运营，将在全国范围内选择中央所属企业国有资产交易的入场市场，这将推动地方性产权交易机构的整合重组和规范发展。

（3）上海、深圳、北京等市政府目前也在研究、设计方案，对现有产权交易机构进行整合重组。

我国地域辽阔，经济发展水平很不平衡，建立一两个全国性的统一市场不能解决不同层次、不同需求的问题。因此，从战略上看，我国区域性的、初级层次的小型资本市场不可或缺；从现实来看，地方政府承担着发展地方经济、扩大就业、稳定社会的重要职责，区域性的产权交易市场在一定程度上可以为地方经济发展提供金融支持。正因为如此，地方政府将全力支持地方产权交易市场的发展与寻求政策突破的试验。

（本文系作者 2003 年 10 月 28 日在中国杭州第五届（2003）西湖博览会地方资本市场开放与发展论坛上的发言）

拓宽融资渠道　促进中小企业发展

（2004 年 6 月）

一、中小企业发展现状和作用

改革开放以来，我国中小企业发展迅速，目前，中小企业总量已经超过 1000 万家，约占全国企业总数的 99%。中小企业在国民经济发展中日益发挥着不可替代的作用，主要体现在：

（1）对经济总量的贡献大。目前我国中小企业创造的最终产品和服务的价值占国内生产总值的比重超过 50%，上缴税收占 43%，出口额占到全国出口量的 60%。

（2）中小企业提供了大量的就业机会。当前，中小企业为城镇提供了 75% 的就业岗位。从新增就业来看，中小企业也是增加劳动就业的主要渠道，吸收了大量下岗职工，成为社会经济稳定发展的重要支柱力量。

（3）中小企业振兴了地方经济，缓解了地方发展的不平衡。我国东部沿海地区的发展充分说明了这一点，特别是浙江省，人多地少，资源也少，但是中小企业发展带动了全省的发展，使得浙江的发展高居我国各省前列。

这表明，中小企业已经成为我国国民经济中的重要组成部分，成为推动我国经济发展的重要力量。大力发展中小企业，对于扩大就业，加快生产力发展，解决区域经济发展不平衡问题，确保国民经济持续稳定增长，具有十分重要的现实意义。

二、中小企业发展中面临的困难

在中小企业迅速发展的过程中面临很多困难。其中，融资困难是阻碍中小企业发展的一个普遍问题。各级政府部门以及金融系统为解决中小企业融资问题已经做了不少努力，但困难仍然存在。目前中小企业融资的基本特点是融资渠道狭窄，主要体现在：

（1）银行贷款仍然是中小企业融资的主渠道。2000 年 8 月，中国人民银行的一项调查显示，我国中小企业融资供应的98.7%来自银行贷款。

（2）中小企业信贷活动"两极分化"越来越明显。效益好的中小企业越来越成为各金融机构争夺的客户；一些有发展潜力而目前状况并不十分好的中小企业，或者受到冷落，或者被苛刻的担保和抵押条件拒之门外；效益差的中小企业也会因不符合贷款条件而无法获得银行贷款。此外，还存在所有制歧视现象，即民营企业相对国有企业更难获得贷款。

（3）缺乏直接融资渠道。由于我国创业投资体制不健全，缺乏完备的法律保护体系和政策扶持体系，影响创业投资的退出，所以中小企业也难以通过股权融资。

（4）其他融资渠道也很狭窄。我国虽然设立了科技型中小企业技术创新基金和中小企业国际市场开拓基金，但由于数量少，服务范围有限，仍无法满足中小企业发展的需要。

融资渠道狭窄的后果是银行系统承担了大部分风险,商业银行出于安全性和盈利性考虑,在控制贷款总量时首先把中小企业作为控制重点。同时,中小企业容易受银行政策的影响,给自身发展带来了不确定性。中小企业融资难不仅抑制了中小企业的创新活力,大大制约了中小企业的发展,也不利于引导和激发全社会的创业热情和积极性,从而延缓了我国社会经济发展的进程。

三、如何解决中小企业融资困难

国外在发展中小企业的过程中已经积累了丰富的经验。另外,中国台湾地区的中小企业发展很快,这些都是我们可以借鉴的。既然中小企业融资问题主要是融资渠道狭窄,那么在解决中小企业融资难时,不能只盯着银行,应该着眼于构建有效的、多层次的融资系统,从间接融资和直接融资两个方面同时着手。

先看间接融资。贷款难的背后有其深层次的原因,即信息不对称因素。我国绝大部分的中小企业属于非国有企业,在现行的体制下,外部难以得到企业的信息,并且很多中小企业确实存在管理不规范、信息不透明、账务混乱的现象,致使贷款的管理成本高、风险大,从而使得中小企业特别是民营企业信用可得性相对低下,这都导致了所谓的所有制歧视现象。因此,从企业自身来讲,中小企业要加强自身的管理,特别是财务管理和长期规划,争取尽可能多的融资机会。从企业外部环境来讲,应该大力发展民营的、地方性的中小金融机构,解决中小企业的融资困境。民营中小金融机构在为中小企业提供融资支持时,能充分利用地方的信息存量,低成本地了解到地方上中小企业的经营状况、项目前景和信用水平,克服信息不对称、管理成本高等问题。中小金融机构因其资金规模小，无力经营大额的贷款项目，只好以中小企业作为服务对象。另外，加快中小企业服务体系建设，在全国范围内建立完善的中小企业服务组织体系，积极推动中小企业信用体系建设，充分发挥中小企业信用担保机构的作用，也有助于克服信息不对称因素，为中小金融机构融资提供信息支持。

以上意见都将有利于中小企业的发展。但是，实施起来都不是一朝一夕可以做好的，并且即使形成之后也不容易达到"雪中送炭"的效果。仅仅依赖间接融资显然是不够的。我认为，在拓展间接融资渠道的同时，要充分重视直接融资渠道的拓展，这是当前解决中小企业融资瓶颈的根本出路，也是国外发展中小企业的普遍成功经验。从理论上讲，企业在其生命周期的不同阶段，对资本需求的性质不同，从而需要不同的融资方式，比如说，权益性融资比较适合于企业初创和成长时期，在这个时期，如果没有直接融资的跟进和投入，间接融资将承担很大的风险，从而不愿涉足。对于进入稳定期的企业，则相对更适合债务性融资。

发展直接融资已经得到了足够的重视。党的十六届三中全会把大力发展资本市场放到前所未有的高度，全会通过的决定明确提出，"建立多层次资本市场体系，完善资本市场结构，丰富资本市场产品"，是推动我国资本市场改革开放和稳定发展的一项重大举措。当前，加快我国多层次资本市场建设，已成为资本市场发展的最为紧迫的任务。建立多层次资本市场，可以更有效地、更大限度地满足多样化的市场主体，特别是广大中小企业对资本的供给与需求，有利于推动各类资本的流动和重组，为建立归属清晰、权责明确、保护严格、流转顺畅的现代产权制度创造条件；有利于通过多元化的渠道促进储蓄向投资的转化，降低金融系统性风险，减少投资波动诱发的宏观经济波动。

我们欣喜地看到,这一决定已经得到初步落实,这就是最近深圳中小企业板的创立。2004年5月17日,中国证监会正式批准深交所设立中小企业板块,并核准了深交所提交的中小企业板块实施方案。这一举措拓宽了中小企业的融资渠道,降低了商业银行的系统性风险,也是调整我国当前证券市场格局、建立多层次资本市场的需要,同时,对中小企业有多方面的重要意义。

(1)在深交所设立中小企业板的最直接意义在于,它为中小企业搭建了一个目前为中小企业发展所迫切需要的开放式直接融资平台。深交所的中小企业板块市场启动之后,虽然不能完全解决中小企业的直接融资问题,但至少可以解决一部分规模较大、成长性较高、效益较好的中小企业的直接融资问题,同时这类企业也是最需要借助股票市场的直接融资功能发展壮大的企业,其数量虽少,但对于激发整个经济的活力、促进就业和产业升级至关重要。

(2)建立全国性的中小企业板块市场可以有效降低政府的宏观调控政策对中小企业的不利影响。如果企业的资金主要来源于银行,一旦央行根据经济发展需要收紧银根,其回旋的余地将会很小。企业负债率越高,受宏观经济政策调整的冲击就越大。在这一点上,对中小企业尤其如此。由于我国中小企业大部分分布于县域经济,一旦央行收紧银根,那么商业银行在大城市的中心分行就会向县域经济中的中小分支行抽调资金,从而使生存在这些地方经济中的中小企业的信贷条件最先恶化,再加上中小企业本身抗风险能力有限,所以在宏观调控中受到最大伤害的往往都是中小企业。如果能在深交所增加一条中小企业直接股权融资的渠道,那么这种状况将会得到很大改善。

当然,仅靠一个中小企业板市场还不足以彻底解决我国中小企业的直接融资问题，它无法涵盖所有类型和规模的中小企业，在开创初期，可能还会遇到各种问题。但是，中小企业板市场的创立给我们开阔了思路，有助于最终建立一个完善的多层次资本市场，解决中小企业融资问题。

（本文系作者 2004 年 6 月 18 日在海峡两岸
中小企业融资研讨会上的发言）

保护私有财产和维护公共利益的一致性

（2004 年 9 月）

2004 年召开的党的十届全国人大二次会议审议通过了宪法修正案，这是我国对宪法进行的第四次修改。其中一个主要的变动就是，根据我国的实际情况，对现行的宪法有关保护私有财产的法律规定做了修改，把原宪法第十三条"国家保护公民的合法的收入、储蓄、房屋和其他合法财产的所有权"，"国家依照法律规定保护公民的私有财产的继承权"，改为"公民的合法的私有财产不受侵犯"，"国家依照法律规定保护公民的私有财产权和继承权"，"国家为了公共利益的需要，可以依照法律规定对公民的私有财产实行征收或者征用并给予补偿"。

修改的内容主要包括：一是保护范围由列举方式变成概括方式，二是增加了征收征用制度的规定。对比修改前后的内容可以看出，修改后的宪法加强了对私有财产和个人利益的保护。原宪法用列举的方法，规定了保护公民的合法收入、储蓄、房屋等合法财产，却并未列举生产资料。然而，随着私营企业的发展，有产者越来越多，除劳动收入以外，还可以拥有股票、债券等金融资产并获取收益。鉴于此，本次修改不再采用列举的方法，而是直接规定保护范围为"公民的合法的私有财产"。私有财产是一个概括性的概念，包括一个公民所有的一切具有财产价值的权利和利益，既包括生活资料，也包括生产资料，如厂房、设备、土地使用权、投资收益、各种无形资产等，这就明确地扩大了保护范围。虽然以前刑法、民法通则中都有保护私有财产的条款，但宪法作为国家根本大法在私有财产保护上表述得含糊不清，基本法、单行法表述得再清楚，就整个法律体系而言，私人财产仍然无从真正获得完整的法律地位。这次在宪法中明确提出"私有财产不受侵犯"，是对私有财产权利的承认和尊重，这大大提高了私人财产权的地位。

修改后的宪法对私有财产和个人利益的保护还体现在，明确了征收征用的三个条件：第一是为了公共利益的目的；第二是必须严格依照法律规定的程序；第三是必须予以补偿。这三个条件就是要约束政府的行为。如果没有这三个条件，政府可能会动不动就借口征收来侵占个人的财产，侵犯个人利益。现实的情况是，不满足三个条件的征收征用时有发生。在法律上，"社会公共利益"是有严格界定的，指的是全体社会成员都可以直接享受的利益，如机场、公共道路交通、公共卫生、公共图书馆、灾害防治、国防、科学及文化教育事业，以及环境保护、文物古迹及风景名胜区的保护、公共水源及引水排水用地区域的保护、森林保护事业等，都属于社会公共利益，而经济开发区、科技园区、旧城改造、商品房开发都不是社会公共利益。可是，在实际操作中，很多地方把开发区、商品房、科技园区、旧城改造等项目也作为社会公共利益，把土地使用权征收后出让给企业。在利益的驱动下，强行拆迁时有发生，而不是按照拆迁补偿协议进行；并且拆迁后补偿资金迟迟不到位，或者不能足额补偿的现象经常发生。这都是和宪法原则相抵触的。这种征收征用，维护的不是社会公共利益，而是部分企业的商业利益或者个别官员的个人利益，是以严重损害群众利益为代价的，降低了政府威信，在一定程度上导致社会的不安定。宪法修正案将有力地制约这一现象，维护征收征用中的私有财产和群众利益。

有人因此担心私人财产权地位的提高将使公共利益受到损害，并进而担心公有制也将受到挑战。其实，这种担心是完全没有必要的。这次修订宪法只不过是强调私人财产对于公民的重要意义，强调国家根据法律保护私人财产而已，因为我们以前对私人财产的保护不到位，对个人利益的重视不够；并且，保护私有财产，维护个人利益和维护公共利益存在一个内在的统一关系。作为一个法治国家，我国通过完善法律以保护公民的私有财产权，对国家政治生活的长期稳定，社会财富的迅速增长，以及社会文明程度的普遍提高，具有至关重要的作用，是有利于社会主义经济的发展的，是符合广大人民群众长远利益的。

从概念上讲，私有财产的保护和维护公共利益是一致的。因为并非只有公共财产才是社会财富，私有财产本身也是社会财富的一部分。在高度社会化的今天，个人活动已经离不开社会，个人的生产、消费就是这个社会大机器运转的一部分。我们要突破单一的财产观念，树立全社会的财富观念。应当看到，市场经济的发展，个人财富的快速增长及其比重的不断提高是不以人们的意志为转移的客观规律，是一个必然趋势，所以我们的目光不应仅仅盯在国有财产增值上，而更应注意全社会财富的增长，国家、政府要创造环境，维护全社会财富的增长，千万不要有恐富症。只有这样，才能实现民富国强的社会主义社会的目标。从小的方面讲，我们是为个人积累财富，但同时从全社会的角度来看，我们也是在为社会积累财富。由私有财产参与的社会再生产本身就是为社会生产财富。正如亚当·斯密所说的，个人在追求自己利益的同时，被一只"看不见的手"引导着，促进了全社会的福利。企业创造的财富名义上是企业所有者的，但也是社会的财富。特别是在生产高度社会化的今天，出现了新的企业组织形式——股份制、合作制和混合所有制，资本股份化、证券化，这样就出现了财富的公众化和社会化的趋势，非公有企业的发展壮大实际上也是公众财富增加的过程；同时，公有制形式正在多样化，股份制是今后公有制的主要实现形式，所以民间资本的介入，实际上意味着这种混合经济的形式正在发展，这也是公有制发展壮大的新形式。

从静态的角度来看非公有企业的贡献，保护私有财产和维护公共利益是一致的。从直接贡献来看，非公有企业对我国经济发展的贡献越来越大。改革开放25年来已经使中国社会形成了大量的私人财富和大量的非公有企业。目前，我国中小企业已经超过1000万家，其中大部分是非公有企业。它们对国民经济的贡献很大，创造了全国一半以上的GDP，上缴税收则达到43%，创造了出口量的60%，提供了城镇75%的就业岗位，并且成为新增就业特别是吸收下岗职工的主要渠道和维护社会稳定的重要力量。非公有企业的发展已经成为关系国计民生的大事，保护非公有企业，保护私有财产，就是维护公共利益，促进社会发展。从间接贡献来看，企业所有者获得的利润固然是社会财富，但其创造的财富还应包括职工工资、税收等许多内容。一个企业的良好发展必然带动一方经济的发展。非公有制经济越发达，上缴税收越多，国家财政支出能力就越强，政府就能提供更多的公共产品，这也是符合社会公共利益的。从这个意义上说，民富才能国强，保护私人财产，发展非公有制，也是对社会财富和经济发展的贡献。

从动态的角度来看，加强对公民的合法的私有财产的保护，对发展社会经济、维护公共利益是必要的。人民是创造财富的主体，但是创造财富需要良好的环境。只有为社会中一切合法财产提供切实有效的保护，才能坚定民营经济长期发展的信心，才能形成高效运作的市场竞争环境，才能最终为我国经济的长期、稳定增长提供持久的动力源泉。"有恒产者有恒心"，如果缺乏对私有财产的有力保护，人们对自身财产权的实现几乎处于不确定的状态，其财产就不是恒产，也就很难使人们产生投资的信心、置业的愿望和创业的动力。以前，由于我国对私产保护政策不明朗，在一些民营经济发达的地方，每次有风吹草动，就有不少的企业主及其亲属向海外转移财产甚至举家移民；即便没有风吹草动，他们也愿意将财产在国外转一圈再回来，以外资的身份出现，因为外资能享受到更有力的保护。在这些人心中，总存在财富被剥夺的深层恐惧。于是，出现隐瞒财富、转移财富、挥霍财富而唯独不敢进行长期投资的怪现象，甚至出现了所有权依附于行政权，并产生出权力资本的畸形形态，进而导致了社会的严重腐败。以上这些做法都是不利于社会主义市场经济发展的，只有明确对私人财产包括生产资料的宪法保护，才能在根本上解决这一问题。现在私有财产权受到国家根本大法的保障，使得国家对非公有制经济的政策具有持续性和可预见性，使行政权力受到有效的制约，促使政府信用确立，从而鼓励公民个人对其财产投资、经营和积累，能够形成一种持久的激励机制，使其对财产的使用及收益产生高度的责任感，激发出其内在的创造财富的积极性与能动性。投资者、企业家可以安心从事生产经营活动，进一步把企业做大做强；境外的投资者不用担心被任意没收财产；随着经济的发展，老百姓的家产也会越来越多。这样就能够形成一种合理的财产秩序，放手让一切劳动、知识、技术、管理和资本的活力竞相迸发，让一切创造财富的源泉充分涌流，从而最大限度地加快社会财富的增长和经济的发展，这将大大促进整个社会的福利和社会效率，增加公共利益。

不过，宪法对私有财产权的保护不是绝对的。首先，宪法规定的保护对象是"合法的私有财产"，对于非法财产依然要依法追查。追查非法财产实际上也是在保护社会公共利益。其次，国家在必要时可以征收征用私有财产。宪法修正案规定了"国家为了公共利益的需要，可以依照法律规定对公民的私有财产实行征收或征用并给予补偿"。这是在二者发生冲突时的处理原则。征收征用制度保护了公共利益，补偿原则保护了私人利益，这使得整个社会的福利增加了。

党的十六大确立了全面建设小康社会的目标，提出"要在本世纪头二十年，集中力量，全面建设惠及十几亿人口的更高水平的小康社会"。保护私有财产，鼓励个人合法致富、勤劳致富，增加公民的家庭财产，让人们的生活殷实起来，将有利于促进全面小康社会的宏伟目标的实现。

（原载《人民日报》2004 年 9 月 24 日）

加快推进垄断行业改革

（2007 年 7 月）

当前，推进政府管制体制改革对深化改革相当关键。随着改革开放的逐步深入，政府改革越来越成为新阶段改革的重点。党的十六届五中全会关于制定"十一五"规划的建议中，明确提出"加快行政管理体制改革，是全面深化改革和提高对外开放水平的关键"。加快建立符合我国国情的政府管制体制，既是行政管理体制改革的重要内容，又是推进垄断行业改革的重要保障。这些年，垄断行业改革的滞后，给现行政府管制体制的压力越来越大。越来越多的矛盾和问题表明，垄断行业改革远远滞后于整个市场化改革进程，并直接影响我国可持续发展全局。

下面，我就加快推进垄断行业改革，谈几点看法：

（一）垄断行业改革对实现可持续发展意义重大。目前我国的经济增长仍然是粗放式增长。资源消耗速度、环境污染速度不断加快，使可持续发展面临极为严峻的挑战。垄断行业的行业利益已经成为阻碍经济增长方式转变的一个重要因素。行政垄断是一种制度性的缺乏竞争的体制，政府往往运用各种行政手段构筑进入壁垒，维护国有企业在资源开发使用、市场进入等方面的垄断地位，甚至用某些法规实现其垄断利益的合法化。由此，要转变经济增长方式，必须打破行政垄断，实现政府主导型的经济增长向市场主导型的经济增长转变，进一步发挥市场在资源配置中的基础性作用。

（二）垄断行业改革成为当前市场化改革的重点和难点。经过近30年的改革和发展，目前我国已初步建立了社会主义市场经济体制，社会生产力大大发展，国家的实力显著增强，人民生活水平普遍提高。但不能认为在市场经济体制初步建立后，市场化改革就结束了。当前，经济不发达和社会主义制度的不够成熟、不够完善仍然是我国的基本国情，仍然需要继续扫除市场化改革的障碍，以形成生产力持续发展的体制保障。垄断行业改革中最突出的问题是行政垄断和自然垄断的结合，成为推进市场化改革的桎梏。历史地看，行政性垄断在发展初期有其必要性和必然性，但在市场经济体制已经初步建立的条件下，行政性垄断损害了消费者的利益，阻碍了技术进步和产业升级，增加了开放市场与引进竞争的成本和难度。

（三）充分估计垄断行业改革对解决公平分配的重要作用。垄断行业改革不仅是一个经济问题，还是一个社会问题。近几年收入不平等加剧、民生问题凸显，老百姓对分享改革发展成果的呼声越来越高、越来越强烈，公共服务面临的压力也越来越大。来自国家劳动与社会保障部的数据说明，现在电力、电信、水电气供应、烟草等垄断行业平均工资水平是其他行业平均工资的2—3倍。如果加上公共服务等社会福利，实际收入差距可能在5—10倍之间。关键的问题在于，垄断在初次分配领域造成的不平等，给政府的再分配和社会性管制造成了很大压力，而且也难以通过再分配和社会性管制来得以有效根治。

（四）加快推进垄断行业改革，关键在于政府管制体制改革相配套。在我看来，政府管制体制改革的实质是实现政府由"管制型政府"向"服务型政府"的转变。在经济领域，政府管制主要是为实现市场配置资源、公平竞争的秩序创造良好的制度环境。政府要从根本上改变计划经济时期形成的政府主导型经济发展思路，大力削减行政权力对市场运行的过度干预，让市场成为经济发展的主体力量，增强经济发展的内在动力。同时，在社会领域，政府管制主要是强化政府的社会管理和公共服务职能，加快建立公共服务体制，让全体人民共享改革发展成果。

今天，无论是从进一步完善市场经济体制、实现可持续发展看，还是从社会的稳定和谐看，都对加快垄断行业改革提出了更为现实、迫切的要求。在这样一个大背景下，深入探讨政府管制体制改革等问题，无论是对中国垄断行业和政府管制体制的改革实践，还是进一步推动我国管制经济学的学科建设，都非常有意义。

（原载《学习时报》2007 年 7 月）

千万不要再折腾了

（2009 年 9 月）

很高兴来参加"2009 中国改革·民营企业高层论坛"，原来我准备了一个发言稿，题目是"民营经济的发展历程和挑战"，但是我上飞机之前考虑，觉得这样的发言一般化。我思考，现在民营经济的发展有没有什么障碍，包括体制上的障碍、思想理论上的障碍，有没有？我想还是有，不然为什么现在推进改革，发展民营经济那么困难，所以在飞机上，昨天晚上没休息好，就思考这个问题。我今天发言的题目叫《千万不要再折腾了》。

我想先从一封信开始说起，有这样一封信："高尚全同志，最近以'共和国六十周年感言'为题写了四篇小文章：1. 前三十年和后三十年；2. 经济建设与阶级斗争；3. 也谈改革开放；4. 从新民主主义到中国特色社会主义。现将此组小文送你和《改革内参》编辑部一阅，也算是我履行专家指导委员会委员的职责了。四篇加起来篇幅稍长，也可以选择其中的一部分，反正四篇都可以独立成文，多费心了，祝您夏安！"

这个人的名字我就不说了，因为他是我的老朋友，但是我们俩的观点有所不同。

我根据他的四篇文章，集中归纳了三个问题：第一个问题，怎样评价共和国前三十年和后三十年；第二个问题，怎样正确对待非公有制经济和私营企业主；第三个问题，怎样深化对什么是社会主义和怎样建设社会主义的认识。

一、怎样评价共和国前三十年和后三十年

2009年是新中国成立六十周年，全国都在庆祝，怎么样评价前三十年和后三十年，这是在庆祝中华人民共和国六十周年必须正确对待的问题。我不赞成否定前三十年的成绩，因为解放全中国，建立了中华人民共和国，我国工业体系的建立都是在前三十年，所以成就我们应当充分肯定。但是我也不赞成过高地评价前三十年，贬低后三十年的伟大成就。

这四篇文章里，他说前三十年和后三十年也都走过曲折的道路，都有各自的失误，前三十年的缺点和错误是第二位的，成绩和成就是第一位的；后三十年的缺点和失误是第二位的，成就是第一位的。他说后三十年社会主义建设事业的发展，也是建立在前三十年社会主义的基础上。作者还说，"'文革'十年提出抓革命、促生产，尽管因为阶级斗争的冲击，受到一些损失，但是国民经济只有两年下调，其余都是增长的，而且一些重要的领域取得了比较重要的成就"。对于"文革"的评价，大家心里都有数。他却说："没有'文革'的预热，八九十年代苏东剧变，会给中国带来什么样的灾难，最后的结果会倒向何处，谁也不敢断言"。

他强调："共和国的前三十年，也有改革开放，在一定意义上也是改革的三十年。""远的不说，就在1919年《湘江评论》上，当时29岁的毛泽东就意气风发地提出了政治、经济、教育、社会、思想

等八个方面的改革。1981 年到 1986 年第六个五年计划提出要坚决贯彻'调整、改革、整顿、提高'的八字方针，所以说，前三十年也可以说是改革的三十年。"他意思是后三十年是改革开放，前三十年也是改革开放。作者批判了"前三十年是封闭半封闭"的提法，"过去毛泽东主张对外'做生意'，要'实现友好合作'，要'学习对我们有用的东西'"，所以说改革开放在共产党后三十年才有的话是不符合事实的。胡锦涛同志在 2008 年庆祝改革开放三十周年的大会上讲到，我们三十年实现两个伟大的转折，第一个伟大转折是从计划经济转向充满生机和活力的社会主义市场经济体制，第二个伟大转折是从封闭半封闭的社会转向开放的社会。胡锦涛同志多次讲过，改革开放是决定当代中国命运的关键决策，发展中国特色社会主义，是实现中华民族伟大复兴的必由之路，只有社会主义才能救中国，只有改革开放才能发展中国、发展社会主义、发展马克思主义。改革开放符合党心民心，顺应时代潮流，方向和道路是完全正确的，成绩和功绩是不容否定的，停顿和倒退是没有出路的。不知道作者为什么要说前三十年也是改革开放，为什么要贬低后三十年。

二、怎样正确对待非公有制经济和私营企业主

本来这个问题在党的十五大已经解决了，但是作者却提出来，阶级和阶级斗争主要存在于意识形态上，而且在经济领域也有表现，因此要抓阶级斗争。作者认为，"经过改革开放的演变，中国的阶级结构是不是起了变化？剥削阶级是否又已重现，现在光是私营企业主就比 1956 年私营工商业户大过许多倍，这个问题应该实事求是地看待。即使认为阶级斗争不是国内的主要矛盾，但在我国'文革'后的时

期阶级斗争事实上长期存在，包括政治和意识形态领域的阶级斗争，有时会非常激烈突出"。他还说："八十年代几次学潮动荡，西山会议、08 宪章等事件；新自由主义、民主社会主义、历史虚无主义等思想文化领域的渗透和蔓延，无一不是各派政治力量的较量，或者是意识形态领域的阶级斗争的反应。马克思主义科学社会主义的对手，有的公开地要换旗易帜，有的以潜移默化的手段达到和平演变的目的。这些惊心动魄的事实，说明阶级斗争就在我们身边。"

别的就不说了。所谓"西山会议"，是指中国经济体制改革研究会在 2006 年春召开的一次改革形势的分析会议，在座的许多同志也参加了这个会议，应该说这个会议从总体上说是开得好的，分析了改革形势，提出了深化改革的建议。个别的发言者有这样几个观点，第一，在法治社会，所有的党派团体都是平等的，都应当登记履行法律的手段，中国共产党也不应例外；第二，军队要国家化；第三，要有一个制衡机制，党内要分两派。这些观点到底有什么错误大家可以评论和批判。但你不能把整个会议污蔑为国民党的"西山会议"，是要共产党下台的会议，除了别有用心还能说明什么呢？

党的十五大明确把私营企业主作为社会主义建设者提出来，这是具有战略眼光的，因为这样可以促进社会生产力发展，促进社会和谐。但是作者却说："到 2006 年私营企业主发展到 497 万户，为 1956 年的 16 万户的 30 余倍。""这个比新中国成立初期民族资产阶级还膨胀了几十倍的群体，够不够算一个阶级？这个群体只能归属于资产阶级"，"这个新的资产阶级不仅出现了，而且有自己的经济诉求（如要求进入垄断性关系国民经济命脉的领域）和政治诉求（如某些人大代表身份的资产阶级代表人物提出与共产党分庭抗礼的政治主张），这难道还不足以说明问题吗？"作者还说："现在出现的公降私升的趋势。"公有经济的比重下降了，私有经济的比重上升了，"如果我们淡化阶级观念，走向阶级斗争熄灭论，这样发展下去，有走苏东覆辙的危险"。"所以必须像毛泽东同志教导的那样，要不忘阶级和阶级斗争。"

三、怎样深化对什么是社会主义和怎样建设社会主义的认识

作者说："我国意识形态界直到现在还有人把'什么是社会主义，怎样建设社会主义'当作尚未解决的问题来讨论。一些人在提出花样百出的社会主义概念和口号，比如说，民主社会主义、人民社会主义、现代社会主义、市场社会主义等等，这些社会主义还使劲地往我们党领导的中国特色社会主义里面钻，例如说什么我们这几年实行的中国特色社会主义就是民主社会主义，中国特色社会主义也可以说是人民社会主义。"很难理解，时至今日还有这样的学阀，不准人们探索什么是社会主义，怎样建设社会主义，谁要是探索就给谁扣大帽子。马克思主义要在实践当中发展，马克思主义中国化的过程和历程还没有走完，还要继续探索、深化和发展，这是大家知道的道理。对什么是社会主义，怎样建设社会主义，尤其是社会主义到底为了什么，这样的问题难道我们不该深化认识吗？所以现在我们要更好地讨论，我们社会主义到底是为了什么？我们过去很简单的教条的理解，社会主义就是计划经济、资本主义就是市场经济，社会主义就是公有制，社会主义就是国有化。我们的邻国，到现在还不能养牛，因为牛是生产资料，社会主义必须实行生产资料公有。这种社会主义到底是什么？不能为主义而主义，社会主义离开了人民这样一个主体，不是

为了人民的福祉，社会主义还有什么生命力。

我曾经说过：中国特色社会主义也可以说是人民社会主义。2001年深圳市委、市政府召开了高级顾问会议，讨论一个主题：深圳怎样充当中国特色社会主义的示范区。在讨论当中有一位顾问提出，深圳要作为中国特色社会主义的示范区，要作为一个样板，首先要明确什么是中国特色社会主义？这个问题提得很好，会议进入冷场，大家希望我讲一下。我在会上讲了四点：第一，以民为本，这是中国特色社会主义的根本出发点和落脚点；第二，市场经济，这是中国特色社会主义运行的基础；第三，共同富裕，这是中国特色社会主义的根本目的；第四，民主政治，这是中国特色社会主义的重要保障。马洪同志会后找我，他说：你讲得很好，你有没有材料？我说没有材料，即兴讲的，他说你把材料整理整理。他建议除了以上四条外，再加一条，就是中华文化。我后来接受了他的建议，我加了一条：中华文化，这是中国特色社会主义的内在要求。这五条当然是在中国共产党领导下进行的。我讲的人民社会主义有两个特定的含义：第一，要坚持以人为本，改革发展是为了人民，改革发展是要依靠人民，改革发展的成果要人民分享。第二，要坚持人民是创造财富的主体，政府是创造环境的主体。我们过去计划经济是把两个主体错位了，政府作为创造财富的主体，把纳税人的钱集中在政府手里，政府再投入到各行各业，这样创造财富能行吗？财富的源泉怎么能涌流出来？所以我们搞社会主义市场经济应该把人民作为创造财富的主体。所以，从这个意义上讲，中国特色社会主义也可以说人民社会主义。人民社会主义，就是社会主义属于人民。这有什么错呢？

我为什么要讲这三个问题呢？因为这三个问题都是关键性的大问题，都涉及到马克思主义要不要发展的大问题，要不要与时俱进的大问题；涉及到决定当代中国命运的改革开放要不要坚持下去的大问题；涉及到党和国家关于对非公有制经济要不要发展的大问题。因为按照作者的理论，我们今天的论坛上不是要讨论中国改革和民营经济发展，而是要讨论阶级斗争问题，要批判资产阶级，要讨论如何国进民退的问题。我们应当按照邓小平同志的"三个有利于"的标准，这样做到底对谁有利，现在民营经济创造的国内生产总值已占总量的60%左右，吸收的就业人数占城乡就业的70%以上，你能倒退吗？历史的沉痛教训证明：我们千万不要再折腾了，折腾下去，我国社会生产力会遭到极大破坏，折腾下去老百姓就会没有饭吃。中国台湾地区的朋友说，过去你们搞"文化大革命"，我们搞建设，因此台湾变成"亚洲四小龙"了。现在倒过来了，你们大陆搞改革开放，我们台湾现在搞"文化大革命"了，因此经济不发展，人民生活没有提高，国际竞争力大大下降。2005年9月9日，中央主管意识形态的领导同志会见我时，我反映说："有人提出当前要反右防'左'，老百姓就怕折腾，因为折腾就会影响改革发展和民生，构建和谐社会就怕折腾。"这位中央领导同志明确指出："我们要按中央精神办事。我们在'文化大革命'中吃过了苦头，所以不搞大批判，不搞折腾，现在不搞，将来也不会搞。"所以大家记得2008年10月28日，胡锦涛同志在庆祝改革开放三十周年的报告中讲到"不折腾"的时候，掌声雷动，因为大家都受到折腾的苦头了，所以我们千万不要再折腾了。

发展民间金融　推动民本经济

（2012 年 4 月）

很高兴能参加这次很有意义的研讨会。

前不久温家宝同志在福建调研时指出：中央已经统一思想要打破银行垄断，温州金融改革试点，如果能够取得成功经验也要向全国推广。温家宝同志的这些表态不仅仅是对参与民间金融的市场主体的利好消息，也使很多普通老百姓受到鼓舞。

长期以来，由于历史和现实的原因，金融领域被作为影响国计民生的关键领域限制社会资本的进入，虽然随着市场经济的发展，股份制商业银行纷纷设立、四大国有商业银行的股份也可以在证券市场上买卖，但是大量的民营资本在金融市场上仍然处于被边缘化的状态，金融牌照极难获得，即使是最基层的村镇银行，也存在着个人投资占比不得超过 5%，企业法人不得超过 10% 这样苛刻的限制。与银行被垄断相伴生的，是利率的非市场化，存款利率长期被压制在较低水平，人民群众长期背负负利率带来的财富损失，中小企业在亏损边缘挣扎，而 2011 年商业银行全年累计实现净利润 10412 亿元，比上年增长 36.3%。与此同时，国有商业银行贷款投向往往以政府平台和国有企业为重点，广大中小企业却不断遭受贷款难、成本高等融资难题的困扰。在储蓄负利率、证券市场 10 年涨幅归零的大背景下，民间大量游资投资无路，只能炒各种商品、原材料，加剧了通货膨胀调控难度；实体企业则求贷无门，最后带来高利贷的泛滥，资本要素市场的这种扭曲严重影响了整个经济体的健康发展。发展民间金融，是打破金融垄断、推动改革进步的出路所在。

民间金融与民本经济紧密联系，民本经济的核心可以概括为三句话：发展为了人民，发展依靠人民，发展成果人民共享。我国的中小企业贡献了60%以上的国内生产总值，50%以上的税收，并创造了80%的城镇就业。中小企业是缓解就业压力、解决民生问题的重要渠道。与民生紧密联系的中小企业在当前这种困难的金融环境下蓬勃发展，很大程度上得益于民间金融的支持，以鄂尔多斯为例，当地中小企业1/3以上依赖民间金融的支持。因此，发展民间金融，也是解决民生问题的重要条件。发展民间金融要依靠人民群众、要尊重人民群众的首创精神，民间金融的各种组织形式往往是各地文化传统和社会发展特征的体现，公权力机关应当严守法不禁止即自由的原则，解放思想，在予以规范的同时，支持民间金融活动的充分发展。民间金融的良好发展能够矫正资本要素市场的扭曲，使老百姓的投资有合理的回报，使中小企业不受制于融资难，发展成果就会由人民共享。

民间金融的发展同时也需要规范引导，民间金融产生发展于广阔的基层经济社会生活当中，为经济的发展增添了活力，但是一些违法犯罪现象也夹杂在民间金融当中，借民间金融之名损害人民群众的正当权益，阻碍了民间金融的良性发展。因此，有志于推进改革的决策管理人员要能够及时对蓬勃发展的民间金融去芜存菁，针对民间金融活动当中存在的信息不对称、行为不规范、规则不健全等问题弊端采取有效措施应对，剔除不良因素、发挥民间金融积极作用，引导其良性发展。改革必须强调顶层设计，也需要有基层探索，还需要有上下层之间的良性互动，政府即要向社会放权，激发社会的活力，调动广大人民群众的生产积极性、促进创新发展，也要将一些符合科学发展观、实际效果良好、受人民群众欢迎的改革创新措施上升到规范的制度层面，唯其如此，创新才能不断涌现，改革才能不断进步。

三十多年前，农村土地的包产到户解决了人民群众的温饱问题，开创了改革的新局面，极大地推动了民本经济的发展。我相信，今天广大有识之士在民间金融领域的积极探索也将促使人民更加富裕、经济更加繁荣、改革更有活力。

营造各种所有制经济公平竞争的环境

（2013 年 4 月）

党的十八大重申了"两个毫不动摇"，即"毫不动摇巩固和发展公有制经济"，"毫不动摇鼓励、支持、引导非公有制经济发展"。同时提出："保证各种所有制经济依法平等使用生产要素、公平参与市场竞争、同等受到法律保护。"

一、营造各种所有制经济公平竞争环境，
必须处理好政府与市场的关系

谁来保证各种所有制经济依法平等使用市场要素、公平参与市场竞争、同等受到法律保护？理所当然要靠政府保证。党的十八大的一句名言："经济体制改革的核心问题是处理好政府和市场的关系"。政府职能转变是关键，政府职能转变的方向，是创造良好的市场环境，提供优质的公共服务，维护社会公平正义。政府要营造各种所有制经济公平参与市场竞争，因为如果各种所有制经济不能平等使用生产要素，就不能使其公平参与竞争，如果不能同等受到法律保护，也就是不能参与公平竞争。

政府要在市场经济当中发挥良性作用，成为创造市场环境的主

体，就需要保证市场成为资源配置的主体，即让资源通过价值规律的作用自由地在各个市场主体之间流动，而要达到这个目标，其前提是要保证各种所有制经济依法平等使用生产要素、公平参与市场竞争、同等受到法律保护。

二、营造各种所有制经济公平竞争环境，必须深化对各类要素市场管理体制、税收体制的改革

从资源配置来看，我国生产要素市场还很不完善，市场机制还不能充分发挥作用。国有企业与民营企业在获取各类生产要素的难易程度和成本高低存在显著区别。这不仅造成了市场主体的不平等，还造成了巨大的资源浪费。土地、能源、资本等要素市场发育滞后，与政府职能改革不到位有很大关联。土地作为最重要的生产要素之一，大部分掌握在政府手中。在当前的政绩考核制度和征地制度下，土地成为政府的主要财政收入来源和招商引资的手段，往往是一届政府就把几十年的土地都批出去了，结果就是鼓励企业扩大规模，使得我国这样一个土地资源稀缺的大国，还有大量的土地利用效率很低，浪费严重。此外，水、煤、电、油等能源的价格形成机制不健全。在我国目前的矿产资源开采体制下，获取开采权的成本很低，也使得价格和成本严重脱离，这种扭曲的价格机制不能反映我国资源稀缺情况，造成了使用中的大量浪费。

以金融市场为例，政府对金融市场的各种干预和门槛限制不仅使利率市场化改革滞后，而且使各种民间资本难以公平地参与到金融市场的竞争中去，最终使得急需资金的中小企业难以获得资金支持，只能求助于民间高利贷，而一些上市公司和国有企业通过金融市场获得

资金后不是投资房地产就是放贷，以求高额利润，这样很不利于实体经济的发展。

市场经济作为法治经济，政府还应当保障各类所有制市场主体公平受到法律保护。从现实情况来看，我国民营企业尤其是民营非上市公司的合法权利的法律保障程度还难以达到最基本的要求。在市场经济环境下，各类交易主体之间难免发生各种纠纷，而依据法律可预见的、公正的司法处理结果能够消除矛盾，恢复正常的市场秩序。我国司法实践当中企业之间的纠纷处理的干扰因素过多，导致市场主体的合法权利往往难以受到保障，这种现象在民营企业当中尤其显著。更有甚者，民营非上市公司各种财产权利还受到各种腐败势力的压榨，并难以受到法律的公正保护，其结果是企业创新积极性不足，资本大量外逃。政府要创造良好的市场环境，就必须保障各类所有制市场主体的合法权利。

三、营造公平的市场环境，必须深化垄断行业改革，更大程度更大范围发挥市场在资源配置中的基础性作用

必须下决心在石油、电力、电信、金融、铁路等行业进一步深化改革，实行政企分开、政资分开、政事分开，完善机制，打破垄断，加快构造有效竞争格局，加快垄断行业建立现代企业制度的步伐。

推进垄断企业股权多元化改革，允许非公有制经济进入垄断行业参与竞争。2005 年和 2010 年，国务院先后发布两个非公有制经济"36 条"，鼓励、支持和引导非公有制经济发展，对于深化垄断行业改革具有重要意义。两个非公有制经济"36 条"都规定允许民营资

本进入垄断行业和领域，允许进入公用事业和基础设施领域，允许进入社会事业领域，允许进入金融服务业，允许进入国防科技工业建设领域；鼓励非公有制经济参与国有经济结构调整和国有企业重组，为打破垄断、引入竞争创造条件，为推进国有垄断企业股权多元化提供契机。

坚持公开、公正原则，保证垄断行业改革规范有序进行。不可否认，在以往的国有企业改制重组中确实存在一些问题，特别是政企不分、监管不力为个别政府主管部门、企业经营者和出资人进行暗箱操作提供了可乘之机，导致国有资产流失，使国有产权制度改革受到质疑。国有垄断行业是特殊利益最为集中的领域之一，在股权多元化改革中势必会出现突出的利益博弈问题。对此，最有效的办法就是方案公开、程序公正、社会参与、媒体监督，"让权力在阳光下运行"。

发挥市场的作用与转变政府职能密切相关，必须弱化政府对微观经济活动的干预。近年来，政府职能转变取得了显著进展。但受长期计划经济体制和思维惯性的影响，在不少地方和部门，政府的直接干预依然渗透在微观经济活动的诸多方面，不仅包括垄断行业的生产经营过程，甚至涉及已经市场化的竞争性行业。这种行政权力的滥用，为腐败行为提供了制度土壤，加剧了收入分配不公，影响了政府的公信力。为了从根本上解决这一问题，必须加快行政管理体制改革，进一步转变政府职能。凡是市场主体有能力做好的事情都要交给市场主体去做，政府的主要职责是为市场主体创造公平竞争的环境。

加强立法，提高反垄断法可操作性和执行透明度。应根据推进市场化的进程，修改我国的反垄断法。通过修改反垄断法，并制定行政法规、实施细则，不断提高法律的可操作性，同时要强化反垄断执法，统一反垄断执法机构。通过积极开展反垄断法的实施，促进社会主义市场经济的不断完善。

四、营造各种所有制经济平等竞争的环境，必须逐步建立以权利公平、机会公平、规则公平为主要内容的社会公平保障体系

建立公平的社会保障体系是发挥政府行政职能，防范市场失灵的重要内容。市场经济优胜劣汰的规律决定了市场在优化资源配置的同时也会产生许多失败的被淘汰者。而即使是市场竞争的优胜者有时也难免因为天灾人祸的影响而遭遇难以为继的危机，公平的保障体系能够为市场主体参与市场竞争免除后顾之忧，促进市场经济的和谐健康发展。

建立以权利公平、机会公平、规则公平为主要内容的社会公平保障体系也是科学发展观的要求，以人为本的基本要求是全面协调、可持续，根本方法是统筹兼顾。贯彻落实科学发展观，重要的任务在于为广大社会成员提供有效的义务教育、基本医疗和公共卫生、公共就业服务、基本社会保障等基本公共服务，使经济发展的成果充分体现为人的全面发展；通过促进人的全面发展为中国经济发展方式转变和经济社会的可持续发展积累日益强大的人力资本。

从我国的国情出发，社会公平保障体系的建设主体是政府。在社会公平保障体系中，政府发挥着关键性的作用，这与其公共职能的定位高度相关。各级政府如果不能充分体现民意，顺利进行职能转变，

则保障体系很难建立和完善，为公众服务的积极性很可能为机构的私利所左右。建设服务型政府，不仅包括政府自身机构和职能的演变，而且还涉及或包括政府的行政运行机制、政府功能与市场功能的界定、政府行为的规范乃至行政权力来源与约束等更为丰富、广泛的领域。政府转型客观上要求相关领域的经济、社会、政治、文化以及生态机制的协调配套推进。

建设法治政府是发挥市场
决定性作用的关键

(2013 年 12 月)

党的十八届三中全会通过的《中共中央关于全面深化改革若干重大问题的决定》(以下简称《决定》)提出了全面深化改革的历史任务,《决定》指出"经济体制改革是全面深化改革的重点,核心问题是处理好政府和市场的关系,使市场在资源配置中起决定性作用和更好发挥政府作用"。习近平总书记在 2013 年 9 月召开的党外人士座谈会上指出,要以重大问题为导向,抓住重大问题、关键问题进一步研究思考,找出答案,着力推动解决我国发展面临的一系列突出矛盾和问题。因此,处理好政府与市场的关系这一重大问题,是推动全面深化改革的关键,其中转变政府职能,又是处理好政府与市场的关系的核心。但是长期以来,虽然从中央到地方屡屡强调转变政府职能,但又长期难以有效转变,甚至一度出现政府过度干预市场,造成资源错配、产能过剩的乱象。究其原因,就是因为没有彻底落实法治,总是将转变政府职能寄希望于权力的自我克制和收缩,但中外历史都早已证明,这种方式难以取得预期的效果。只有彻底落实依法治国,才能真正使政府转变职能,才能确保改革全面深化。

一、坚持依法行政才能有效转变政府职能

发挥市场的决定性作用，就必须排除政府对市场的过度干扰，同时又需要政府做好服务工作和保障工作，创造良好的市场环境并提供有效的社会保障。因此，以法律的形式界定政府与市场的边界，并用法律程序、法律规则矫正政府随时可能出现的越位、缺位和错位就显得至关重要。

《决定》要求全面正确履行政府职能，并要求"进一步简政放权，深化行政审批制度改革，最大限度减少中央政府对微观事务的管理，市场机制能有效调节的经济活动，一律取消审批，对保留的行政审批事项要规范管理、提高效率；直接面向基层、量大面广、由地方管理更方便有效的经济社会事项，一律下放地方和基层管理"。彻底贯彻《决定》的这些放权要求当然有利于调动社会的积极性，有利于改革红利的进一步释放。但是也应该看到，20 年前的党的十四届三中全会通过的《中共中央关于建立社会主义市场经济体制若干问题的决定》中就曾经明确提出"要按照政企分开，精简、统一、效能的原则，继续并尽早完成政府机构改革"，在投资体制改革方面要"用项目登记备案制代替现行的行政审批制"。10 年前的十六届三中全会通过的《中共中央关于完善社会主义市场经济体制若干问题的决定》也提出要"深化行政审批制度改革，切实把政府经济管理职能转到主要为市场主体服务和创造良好发展环境上来"。大体的意思一脉相承，但最终都没有完全落实。

要真正落实行政体制改革，实现简政放权，政治动员短期可以立竿见影，但长期来看，唯有通过法治的手段推进法治政府的建设才是

最优选项。法治的要义在于限制公权、保障公民权利。从根本制度上讲，就是通过权利制约权力的方式（限权和放权），以及由此演化而来的权力与权力之间相互制约（分权）的方式来牵制并驱策"权力"这头猛兽，使权力的运行趋利避害。作为规定我国根本制度、保障公民权利的根本大法的宪法和在宪法这个基石上产生的各项法律是实现限权、放权和分权的具体依据。要实现简政放权，有效转变政府职能，就必须要尊重宪法的权利本位，遵守法律的各项规范，使政府公权行为法无授权即禁止，公民权利行为法不禁止即自由。唯其如此，才能杜绝政府对经济的过度干预，才能保证政府正确发挥自身的职能。这个尊重和遵守不能仅仅停留在纸面和口头上，法律规范的强制性特征要求违背宪法和法律的权力行为受到惩处，否则宪法和法律就失去了其规范意义，就会沦落为道德口号。因此《决定》指出要"维护宪法法律权威"。这充分体现了党中央对全面深化改革的深刻认识。

从方法论的角度来看，根据目前的实际情况，维护宪法和法律的权威，需要通过完善宪法、行政法的落实和司法适用，完善党内制度体系，将加强和改善党的领导与现代法治条件下对权力的制约有机结合起来，确保党在法治轨道上成为中国特色社会主义事业的核心。宪法、法律的司法适用需要司法体制的配套改革，过去那种实质上隶属于地方的司法体系已经难以发挥法律对地方政府权力的限制规范作用，《决定》因此提出："确保依法独立公正行使审判权检察权。改革司法管理体制，推动省以下地方法院、检察院人财物统一管理，探索建立与行政区划适当分离的司法管辖制度，保证国家法律统一正确实施。"这样的改革步骤，表明最高决策层已经认识到公权力的有序运行，不能单纯依赖官员的自觉自醒，必须有相对独立的司法威慑，展现出大局画棋、小处落子、细点着力，循序渐进的改革思路和策略，值得称道。《决定》还开创性地提出了要"完善人权司法保障制度"。这看来也是针对司法实践当中暴露出来的各种问题做出的回应，这表明中央力图扭转权大于法；公权力任意削减律师、公民权利行为的意愿。

只有通过真正的落实法治，才能杜绝公权力越位、缺位、错位情况的发生，促进政府职能的有效转变，将权力关进笼子。只有将权力真正关进了笼子，才能真正充分发挥市场的决定性作用。

二、释放经济社会活力关键在于建设法治社会

现代市场经济与过去自然经济、小农经济相比，除了生产手段的效率差别外，在市场交易方面存在着两个很大的不同：自然经济状态下，人们的活动范围和交易范围都比较小，大多数交易行为是发生在乡土社会的熟人之间。约定俗成之下，交易双方基本不需要调查、谈判、签约等手续，交易成本比较低，交易的诚信度也比较高，所以会有所谓的百年老字号，对交易的规制主要依赖的是乡土熟人社会的舆论压力，舆论同时也是那些百年老字号维持品牌的动力。与自然经济相反，现代科技的发展使现代市场经济的市场交易完全脱离了熟人社会，交易双方基本是陌生人，市场交易规模和频率也是过去不可想象的，市场交易行为脱离了熟人社会的舆论管制，这样就极易产生各种欺诈以及各种假冒伪劣。但是现代市场经济已经发展出一套成熟的规制陌生人社会大量交易的制度，那就是法治。交易各方在共同遵守的规则基础上进行谈判、签约，然后按照既定规则完成交易，遵守和运用法治规则的成本分摊到成千上万次交易当中后也完全可以被利润所

覆盖并为交易各方所接受。再者，本来已经式微的熟人社会的舆论规制也得益于报纸、电视、网络等传播手段的发展迅速壮大，透彻的舆论监督将市场经济所处的陌生人环境又拖回到另类的熟人社会，即监督了法治的公正，又使市场健康运行多了一重保障。法治的确立，一方面，防止了政府对市场的过度干预，保障了市场交易的自由和平等，破除了资源在市场中流动的外来阻力；另一方面，法治又为交易提供了可供交易各方共同遵循的依据，极大地降低了交易成本，保障了海量的市场交易行为的诚信履行，为资源在市场上的流动注入了最重要的润滑剂。

从党的十四大确立社会主义市场经济以来，我国的社会主义市场经济建设已经取得了长足发展，但也暴露出一些严重的问题，除了前述政府与市场关系没有完全捋顺的问题之外，市场本身出现的一些问题，也与法治的缺失息息相关，这里可以举几个方面的例证。

第一，食品安全问题。这些年来，国内市场的假冒伪劣产品一直冲击着人们的忍耐极限，从苏丹红到瘦肉精、从病死猪肉到大头奶粉、从假疫苗到劣质建材，肆无忌惮的造假行为令人瞠目结舌。造成这些问题的根本原因就是一个已经突破了熟人社会舆论规制的市场经济却又没有建立起严格的法治规制环境，两头不靠的结果就是造成市场乱象丛生。

第二，证券市场问题。在过去的 10 年里，美国股市累计涨幅22%、印度上涨了 417%、印度尼西亚和巴西分别上涨了 967% 和428%，中国股市目前跌回到 10 年前的水平。中国股市没有给广大投资者带来应有的红利，也没有反映实体经济晴雨表的功能。我国 10年来 GDP 上涨了 302%，成为全球经济增长最快的国家，但股市止步不前，散户损失惨重。

证券市场之所以暴露出如此严重的问题，一方面是因为证券市场跟国家法治程度息息相关，证券市场不能依法做到公平、公开、公正，该退市的不退、该处罚的不罚、该受理的案件不受理，股市凭什么吸引资金？另一方面股票不是房产这样的刚需，人们完全可以用脚投票，证券枯荣的指数难以长期进行掩饰。所以证券市场不仅仅是经济的晴雨表，它也是法治环境的晴雨表。最近证监会主席关于证券市场的法治理念和逻辑的发言体现出了一些新意，值得期待。

第三，"关门打狗"问题。多年来，经济较落后的中西部地区、东北地区都在想方设法地发展地方经济，下大力气进行招商引资。其中一些地区投资软环境差，尤其是法治环境恶劣，公检法沆瀣一气，开门招商，"关门打狗"。一些地方政府官员不顾地区经济的长远发展，以各种理由侵犯投资者的财产权利，甚至蓄意制造冤案，对外来投资者杀鸡取卵，最终使投资者视到这些地区投资为畏途，断绝了这些地区的长远发展机会。与之形成对比的是，经济发达的江浙地区在商业规则的遵守和对权力的约束方面明显要高出一筹。因此，要振兴落后地区的经济，首先要改变的是这些地区落后的法治思维、法治环境，否则就会事倍而功半。

第四，资本外逃问题。据 2012 年招商银行联合贝恩资本发布的《2011 中国私人财富报告》统计，个人资产超过一亿元人民币的企业主中，27%已经移民，47%正在考虑移民。大量企业家移民国外带来的不仅仅是资产的损失，还造成更严重的经营人才、管理人才和科技人才的流失，因为这些企业家本身就是国家宝贵的财富。造成企业家纷纷移民的重要原因之一，是他们对我国的法治缺乏信心，认为不足以保障他们的资产安全，现实中的如重庆的情况、湖南的太子奶案等也在不断佐证他们的判断。其他如食品安全这些原因，如前所述，也有法治的问题。因此，努力建设法治社会是增强企业家信心，减少国家资金、人才外流的根本途径。

以上种种问题表明，从制度层面上看，正是法治的缺失，限制了市场的决定性作用的发挥：市场交易主体之间虽然已经可以一定程度上完成市场交易，但严重的不确定性使交易成本大幅提高，市场主体的交易意愿严重下降，资源流转的动力不足甚至转移到了境外，市场对资源配置的决定性作用就大打折扣，进而导致经济社会活力难以充分释放。要全面深化改革，获得改革的红利，就必须建设一个法治社会。

三、加快司法体制改革，推进法治中国建设

党的十八届三中全会通过的《决定》对推进法治中国建设作出了全面的部署，该决定指出要"建设法治中国，必须坚持依法治国、依法执政、依法行政共同推进，坚持法治国家、法治政府、法治社会一体建设"。

法治国家、法治政府、法治社会的建设都有赖于独立的司法系统的改革和完善。该决定不仅强调了要"确保依法独立公正行使审判权和检察权"，而且为这种独立提供了制度保障："改革司法管理体制，推动省以下地方法院、检察院人财物统一管理，探索建立与行政区划适当分离的司法管辖制度，保证国家法律统一正确实施。"针对当前司法工作中暴露出来的一些问题，该决定提出要改革完善司法人员管理制度，健全司法权力运行机制，完善人权司法保障制度，等等，体现了中央通过加强司法工作来落实法治建设的决心。这些改革措施虽然并不能一步到位地解决我国司法工作中存在的诸多问题，其

至还可能在改革过程当中衍生出一些新的弊端，但毕竟是往正确的方向迈出了较大的一步，这是巨大的进步。

与推进司法体制改革同等重要的是，要塑造人民群众对法治的信心。人民群众对法治的信心是通过每一个个案的公正逐步积累起来的，司法体制改革有利于个案的公正，但是仅是每个个案本身的"公正"还不足以塑造人民群众对法治的信心，法律的平等原则要求所有的个案都应平等适用法律，现阶段在实践中大量存在的选择性执法破坏了法律的平等原则，严重消解了人民群众对法治的信心。选择性执法使个案本身看起来并无不妥之处，但是经不起比较，对经济社会生活也有极大危害。比如几家企业都偷税漏税，执法部门只处罚其中一家企业，就处罚个案本身来说是公正的，但是总体来看就是不公正的，就会导致市场环境的不公平，政府又变相地主导了资源的配置，继而造成市场经济资源的错配。一些媒体甚至将选择性执法的个案当作法治公正的典型案例予以报道，但人民群众的眼睛是雪亮的，而且在微博、微信广泛应用的新媒体时代，任何掩饰都徒劳无功，人民对法治的信心就难以建立。因此，要建设法治中国，必须要杜绝选择性办案等自欺欺人的做法。法治的规律与市场经济的规律一样，都是客观存在、无法回避的，谁违背这些规律，谁就会受到规律的惩罚。

建设法治中国，必须改变制度对权力持有者软约束多、硬约束少的状况。长期以来，我们对待权大于法的问题、对滥权导致的腐败问题，更多的是采取学习教育的方式，希望防患于问题发生之前。学习教育的确能够发挥一定的作用，但是必须要有硬制度的兜底。人类社会几千年历史早就告诉我们，权力天生是具有扩张滥权倾向的，绝对的权力导致绝对的腐败。我国虽然是社会主义国家，但是权力最终也都是要通过授权到个体的人来行使，既然我们在确认自身发展阶段的时候知道人的觉悟还没有达到共产主义的高度，那么对行使权力的人的制约就不能主要靠教育、靠自觉，中国两千多年的儒家"礼义廉耻"教育都挡不住王朝更迭的历史周期律，跳出历史周期律唯有限制权力一途。要限制权力，则必须在法治的基础上逐步推进落实民主，民主制度通过限权反过来又能进一步夯实法治，减少权大于法的弊病。所以党的十八届三中全会决定提出，"坚持用制度管权管事管人，让人民监督权力，让权力在阳光下运行"。

党的十八届三中全会决定指出："必须更加注重改革的系统性、整体性、协同性"。从当前的改革发展实践来看，经济体制改革是全面深化改革的重点，但掣肘经济体制进一步完善的问题显然已经不仅局限在经济领域之内，与市场经济有着千丝万缕联系的法治已经成为经济体制改革继续突破过程中必须要解决的问题，解决好法治问题正契合习近平同志提出的以重大问题为导向的改革路径。十八届三中全会决定要求："发挥经济体制改革牵引作用，推动生产关系同生产力、上层建筑同经济基础相适应，推动经济社会持续健康发展。"在深化改革的过程当中以问题为导向，落实法治，是发挥经济体制改革牵引作用的具体体现。

（注：陆琪参与本文写作）

对民营经济发展的几点思考

（2018 年 12 月）

最近，习近平总书记视察了东北、广东、上海，尤其是在民营企业座谈会上的讲话，引起了我对以下一些问题的思考。

一、为民营经济正名

过去中央文件用的都是非公有制经济概念，没有用民营经济，为什么？因为民营经济的范围很广，国有经济也可以民营，集体经济也可以民营。从经营的角度而不是所有制的角度来看，所以中央文件里面回避这个用法。但是民间在提，一提民营之后好像没有什么风险，因为有人认为国有、集体经济是社会主义，私有经济是资本主义，姓"资"姓"社"的争论不断，这样可以回避姓"资"姓"社"的争论，这是个背景。这次民营经济上了台，给它正名了。什么是民营经济？应该有确切的内涵。我认为，民营经济就是民有经济。国有经济、集体经济和民有经济是有机统一的，不是对立的，而是相辅相成的。他们都是中国特色社会主义重要组成部分，也是完善社会主义市场经济体制的必然要求。所以我相信今后中央文件上会出现民营经济这样的概念。

二、民营经济地位和作用提升了

习近平同志讲话的时候提到"三个重要力量"：一是推动市场经济的重要力量，二是推进经济发展的重要力量，三是实现中华民族伟大复兴的重要力量。"三个重要力量"不简单，而且很多作为主体，决策层讲了"五六七八九"，什么概念呢？就是贡献了50%以上的税收，60%以上的国内生产总值，70%以上的技术创新成果，80%以上的城镇劳动就业，90%以上的新增就业和企业数量，民营经济的地位和作用就不一样了，所以民营经济只能发展、不能停滞，因为这是由它的地位和作用决定的。

三、基本经济制度长期不能变

习近平同志讲：我国基本经济制度是长期必须坚持下去的经济制度，党的十五大报告提出的"公有制为主体、多种所有制经济共同发展，是我国社会主义初级阶段的一项基本经济制度"。我体会，基本经济制度有两个重要的特点，一是多种所有制应该共同发展，世界上已有的实践证明，靠单一的所有制没有成功的案例；二是跟初级阶段相联系，社会主义初级阶段时期我们都要坚持这个基本经济制度，我体会这是一百年不会变的经济制度。邓小平同志讲过，社会主义初级阶段要经过几代人、十几代人、几十代人的努力才能实现。但是，有人把长期的战略目标短期化了，说什么"我们这一代人可以看到共产主义了"。更有甚者，还有人发表一些否定、怀疑民营经济的言论，出现了"民营经济离场论"，说民营经济完成了历史使命，应退出历史舞台。出现了"所有制消灭论"和"新社会主义改造论",这是完全违反党的方针路线,所以它不得人心。2018年10月20日,我在复旦大学召开的一个高层研讨会上发出声音,批判了"民营经济离场论"、"所有制消灭论"。为什么要提出来呢?当时我想中央没有批过,我作为一个学者该不该批呢,我觉得该,为什么?因为我们当下的经济形势下,要改变这个局面,首先要在思想理论上拨乱反正,如果没有这个拨乱反正,怎么发展民营经济?所以我大胆地发出了声音,批判了"民营经济离场论"和"所有制消灭论"。很幸运的是10天以后,习近平总书记在民营企业座谈会上,明确批评了"民营经济离场论"、"新公私合营论",这是习近平总书记和老百姓想在一起了。习近平总书记重申了基本经济制度长期不变,我的体会是一百年不会变,一百年以后会不会多种所有制?会不会单一所有制?只能通过实践来回答这个问题。

四、民营企业、民营企业家是我们自己人

我觉得习近平总书记这句话说得很好,因为民营经济是在40年改革开放当中成长起来的,在风风雨雨当中,在不断批判中成长起来的,过去被认为是被改造的对象,是资产阶级,阶级斗争首先要斗民营企业主,后来作为社会主义建设者,现在作为自己人,自己人是体制内的人,过去民营经济是体制外的人,是外面的人。作为自己人,这对于民营企业、对于民营企业家是极大的鼓舞,他们不是外人了,是自己人了。

五、要把"竞争中性"和"所有制中性"作为
下一步改革要考虑的两个原则问题

为什么呢？因为我看了易纲行长的讲话，引起我很大的兴趣，他说经济结构改革要以竞争中性原则对待国有企业，我很赞成。我研究了这个，看了他的发言全文，查了一下《中国日报》英文到底怎么翻译的？原来20年以前，是澳大利亚提出这个理念的，后来OECD作为一个原则提出来了，我想这很重要。搞社会主义市场经济必须坚持平等竞争、优胜劣汰。怎么竞争？靠国家来支持吃"偏饭"、优惠，那不是市场经济，那不行。所有制也要中性了，各种所有制都是平等竞争、一视同仁，这个话不知道讲了多少次了，但是为什么没有落到实处呢？一是因为我们没有从法律上规范，二是没有作为市场经济的规律对待。比如党的十八大提出来，"保证各种所有制经济依法平等使用生产要素、公平参与市场竞争、同等受到法律保护"，这句话我觉得很重要，但是为什么落到实处不够呢？因为我们法律上没有规范，我们也没有认识到它是一个市场经济的规律，现在我们要深化市场经济改革，而且要由市场决定资源配置，从基础性作用到决定性作用，所以竞争中性、所有制中性原则，就是市场经济的重要的规律。既然我们要搞市场经济，要搞市场决定资源配置，我们理所当然地要搞所有制中性、竞争中性。因为我们翻开过去的中央文件都是讲平等竞争、一视同仁、互相促进。十八大提出的任务，落实到哪个单位，怎么落实呢？不是开了多少次会，发了多少次文件，还应当有第三方评估。这样落实了吗？是不是平等了？是不是公平了？是不是同等受到法律保护了？距离还是很远的。2004年9月，《人民日报》发

表了我的一篇文章，叫《保护私有财产和维护公共利益的一致性》，我讲的这个保护首先是法律上保护，其次是落到实处。2004 年的文章，最近腾讯转载了，14 年前的文章腾讯为什么现在转载？他们觉得现在还有现实意义，因为里面我讲到个人财产和社会财产密切联系，个人财产是社会财产的组成部分，离开了个人财产就没有社会财产。但是我们今后要发展社会财产是个必然的趋势，资本社会化，这是一个方向。

如何落实两个中性原则？一是要打破行政垄断；二是各部门、各地方、各司法机构都采取行动，支持民营经济发展，但要通过市场化、法治化落到实处；三是要瘦身健体，把有限的国有资本集中到国家安全和国民经济命脉的行业和领域中去；四是国资委要从管人管事转到管国有资本上来。

六、切实保护人身权、财产权和人格权

这个问题我在唐山开会的时候讲过，后来当地的政府官员把它去掉，他们认为风险大、太敏感，但是我觉得这个东西不是敏感不敏感的问题，而是必须解决的重大问题。习近平总书记最近指出，要保护企业家人身和财产安全。稳定预期，弘扬企业家精神，安全是基本保障。财产权保护非常关键。特别是财产权要保护，财产权保护包括知识产权，不要看人家打压，其实也是我们迫切要求的，为什么创新性的知识产权不够呢？最近我发现一件事，有个人叫张小平，他原来是航天的，他是火箭上天技术的重要人物，他离职走了以后，才发现他的岗位非常重要，但是人已经走了，想要回来，已经要不回来了，因为人是可以流动的。所以这里面涉及到一个知识产权的问题，如果知

识产权得到保护，而且得到股权激励，他怎么会走呢？因为他走的话，个人利益会受到损失，所以知识产权问题我们也要加强保护力度。

七、探索新的更有效更有活力的所有制实现形式

国有的、集体的是老的所有制实现形式，我们要创新，要发展，要寻找新的更能促进生产力发展的所有制实现形式。

这里有一个华为的样板，华为姓国吗？是国有企业吗？不是。是私人企业吗？也不是。所以，在党的十五大的时候，有人写信说华为姓"资"不姓"社"。为什么？因为认为华为第一是国家没有投入，第二是搞了职工持股，因此没有坚持社会主义方向。我参加十五大报告起草，我觉得华为的做法是改革要提倡的东西，千万不能当作姓"资"的打下去，我后来去调查，调查结果：华为确实国家没有投入。任正非21000元起家，然后职工持股，正因为职工持股，才有内在的动力，所以职工的积极性和企业发展捆绑在一起了，企业发展很快，职工也分到红利了，国家也得到大量税收了，社会上解决了大量的就业。最近，见到华为给我提供的材料，华为2018年的销售收入是6500多亿元，国家没花一分钱，国内外纳税990亿元，历年纳税总额3800亿元，结果给国家那么多贡献，你说它不是社会主义？另外就是它的投入，它为什么有那么强的创新能力？它将最近几年销售额的15%用于研发，所以它创新能力很强，创新有动力。十五大报告里，因为经过调查以后，写上了"劳动者的劳动联合和劳动者的资本联合为主的集体经济，尤其要提倡和鼓励"。任正非他们也不知道，保护了他们；后来他知道了，专门到北京来感谢我，我说不要感

谢，我不是为你们一个企业，我是为了改革而提出来的，所以用不着感谢。这是华为的样板。

另外一个是浙江的样板。浙江地处沿海，国家投入少，是个原来较穷的省。但是改革开放以后，浙江发生了巨大变化。2003年，我和时任浙江省委书记习近平说，浙江的经验不光浙江人分享，应当全国人来分享。浙江经验是什么？我概括了"五千精神"，即"千辛万苦"来创业、"千方百计"来经营、"千家万户"搞生产、"千山万水"找市场、"千头万绪"抓根本。我们过去是一个领导分包几个企业，结果吃偏饭，越搞越死，所以要放开，让群众去创造财富。所以，这五条精神集中到一条是政府是创造环境的主体，老百姓和企业是创造财富的主体。因为把政府的权力还给老百姓了，所以浙江才有今天，一个穷省一跃站在全国的前列，全省人均收入、百姓的富裕程度都是全国榜首。我觉得浙江的"五千精神"体现了新的所有制经济形式，民有、民营、民享的经济，就是老百姓经济，老百姓有句名言："政府一毛不拔，事业兴旺发达。"

没有一流企业家就没有一流的企业

——华为成功的 10 条经验

（2019 年 9 月）

什么是企业家？现在议论很多，我查阅了百度关于"企业家"的词条，里面没有给出确切的定义。社会上对企业家有各种各样议论。我的理解，企业家就是企业的创业者和创新者，是企业的掌门人。亚布力中国企业家论坛上新东方董事长俞敏洪有个讲话，讲到"致敬任正非、告别马云"，我认为马云是个很出色的企业家，当然也有局限性。我看了马云与马斯克的对话。马云说，地球上要做的事很多，你到其他星球上干什么？马斯克到星球上移民，移民首先需要火箭，火箭成本高怎样回收，这些前人未有过的创新他都实现了。我看了《乔布斯传》、《马斯克传》，很有感触，我很崇拜他们，他们都是世界一流的创新型企业家。

2016 年我写了一篇文章，题为《关于推进供给侧结构改革的几点思考》。当时对"供给侧改革"社会上议论纷纷，一种是"万能论"，什么都往里面装。另一种是"无用论"，认为供给侧改革是搞私有化，这两种议论都有。我认为供给侧改革核心是处理僵尸企业，不是搞私有化。我讲了 9 点看法，第 8 点是"人的自由和全面发展，是创新的动力之源"。这里面有一点是乔布斯的思维，他是斯坦福大学出来的，他成功以后回到斯坦福大学讲话，讲话结束以后学生提出来两个问题，一是我怎么会像你，二是我怎么会变成你。乔布斯的回答是：different think，这是乔布斯的思维，是创新思维。

第二个讲的是邓小平同志的创新思想，他对十二届三中全会《决定》的评价很高，他认为《决定》回答了什么是社会主义，怎样建设社会主义，讲了老祖宗没有说过的话。过去老祖宗没有说过的话你不能说的，但是《决定》讲了老祖宗没有说过的话，这就是创新。

第三个讲的是华为，我认为"华为走上了自主创新之路"，创新之路以客户为中心，以奋斗者为本的理念激发了创新动力。华为的创新是开放的创新，是站在巨人肩膀上的创新和发展。

没有一流企业家就没有一流企业，有了一流企业家才会有一流企业。按照社会评价，华为是一流企业，从小企业发展壮大起来，开始的时候任正非搞交换机贸易起步。小企业最终变成世界一流企业，到底依靠什么？

我跟华为创始人任正非有 10 多次的交谈，在交谈中受益良多，对华为有较深的了解。1997 年我参加十五大报告起草，当时有人说华为姓"资"不姓"社"，其理由一是没有国家投资，二是搞了员工持股，因此没有坚持社会主义方向。这个材料转到我手里，我负责文件起草的改革部分，我感觉改革发展要提倡的东西有人却要打压，所以我是反对这种声音的。但是我为了更有说服力，我到深圳作了调研。深圳当时书记是厉有为，他很支持我的看法，并配合我的调查。调查的结果是：国家没有投资一分钱，职工持股以后，职工内在动力激发出来，企业发展了，职工得到了红利，职工富起来了，解决了大量就业机会，国家得到了大量税收，并为社会创造了大量的就业。因此，我们必须大力保护这样的企业和企业家。

党的十五大报告里面写上了一句重要的话，"劳动者的劳动联合和劳动者的资本联合为主的集体经济，尤其要提倡和鼓励"。后来没有人再打压华为了，但是华为任正非不知道。后来浙大管理学院接替我的吴晓波院长，对华为高级顾问田涛说："我们高院长早就支持华为了"。任正非知道这个故事后带田涛顾问到北京来，见面第一句话，就是说您是我们的恩人，怎么不跟我们说一下。我说我不是为了你们一个企业，是为了整个改革，企业光靠国家投资，国家没有那么多钱，有那么多钱效益也不会好，众人拾柴才能火焰高。那种认为国家投资是社会主义，私人和社会投资是资本主义的观点是错误的。

我在 10 多次交谈当中，明白了华为是怎样成为一流企业的，没有国家的投入，但是它对国家对人民做出了巨大贡献。2018 年，国内纳税总额 890 亿元人民币，10 年来累计 4689 亿元；销售收入 7215 亿元，70% 来自国外；解决了 18 万人就业机会。而且华为在全球排名从 2010 年第 393 位上升到 2019 年的第 61 位，这是跳跃式发展。全球 30 亿人口使用了华为设备，这样一个国家没有投入的企业，却变成了世界一流企业。成功之道是什么？我经过深入学习思考归纳为 10 条经验。

第一，以客户为中心，为客户服务是华为存在的唯一理由。客户需要是华为发展的原动力。

华为创始人任正非说过，我们没有什么背景，也没有什么资源，我们除了拥有自己其他一无所有，一切进步掌握在自己手里，不在别人手里。知识与文化力量是巨大的，不是上帝给的。这是华为成功的动力之源。

第二，以奋斗者为本，长期坚持艰苦奋斗。

华为快速发展的内生动力就是华为实现职工持股，使员工成为企业的主人。我们过去说员工是企业主人比较虚，但是华为员工真正成为了企业的主人。我看过对诸城国有企业的 300 个青年工人的问卷调查，"假如有人偷公家东西你怎么办"，设定三个答案：一是进行斗争，二是装作没看见，三是你偷我也偷。无记名投票结果，选择斗争的只有 14 人，220 人选择装看不见，66 人选择你偷我也偷。"国外有一个加拿大，国内有一个大家拿"，当时流行一个顺口溜："亏损好，亏损好，评比检查不来了，工资奖金少不了"。华为解决了这个问题。

我看到华为的一个员工到非洲小岛上开发的故事，他一个人一条狗一个厨师，这个地方很落后，每天只有一个小时有点供应，在这样一个艰苦条件下他坚持下来了，后来在小岛上建立了华为先进的设备。为什么地震的一些国家，华为职工第一时间去第一线。核污染，日本人往外撤退的时候，华为员工进去了，首先他们有贡献精神，华为基站受到了冲击，如果不去整个地方通信都受到影响，所以华为碰到这样的情况，华为都是冲到前面。任正非说员工必须是"打粮食"，创造财富。有一次任正非跟我交谈的时候，一个华为青年人进来了，任正非当时就发火了，说你来干什么，把工作证没收后赶了出去，后来跟他解释这是误会，我要了解华为成长的经历中，年轻员工做了什么？有人把这个年轻人作为一个典型的人推荐给我，他也不知道任正非在这里他就进来了，任正非发现后说，你"不打粮食"进来干什么，找什么关系？后来经我解释，才消除了误会。

第三，建立员工、客户、投资者利益共享机制。

自华为公司成立以来，比较注意资本收益与劳动收益的平衡，在

《华为基本法》中也有所体现。第一次任正非来北京和我交流的时候，从下午3点一直到晚上11点，谈得很广泛，我说我们国家存在着资本收益远大于劳动收益，但是国家解决起来比较困难，在你的企业解决起来比较容易一点，如果不解决这个问题高管持股比例就高，收益就高，造成劳资矛盾突出，所以为了缓解矛盾，资本收益、劳动收益要平衡。后来华为提出了资本收入"1"，劳动收益"3"，这样的比例分配。外国学者对华为的经验很感兴趣，"资本为王"，"资本收益最大化"，产生了一些突出问题，他们认为华为解决得比较好，所以他们要研究华为分配机制。

第四，竞争力来自于创新力。

华为5G领先，除了员工有内在动力机制外，我觉得还有一些华为的成功地方。其一，华为大量投入科研。华为研发投入占销售收入以前是10%，最近几年增加到15%，所以这样的投资投入研发，才有华为持续的创新能力。这样的投入研发，推动了技术进步，增强了竞争力。2017年华为科研投入897亿元。新东方老总说他买了中兴股票现在还没有回本，一年科研投入只有十几亿，与华为无法比，科研经费大量投入为创新打下基础。其二，华为员工当中45%是搞研发，搞技术创新，华为员工中3万人是外籍人员。其三，把研究中心建立在有能人的地方，在国外寻找市场。有创新能力的人才，科学家在不影响工作前提下搞研究，还能增加收入，所以很乐意与华为合作，外部力量对华为技术领先也是起了重要作用。

第五，忧患意识、自我批判是华为不倒的重要原因。

1998年，任正非说，华为是否会垮掉，完全取决于自己，取决于他们的管理进步。管理是否进步，一是核心价值观能否让我们的干部接受，二是能否"自我批判"。2008年又说：华为奋斗的实践，使我们领悟了"自我批判"对一个公司有多么重要。如果他们没有坚持这条原则，华为绝不会有今天。没有自我批判，他们就不会认真听取客户的需求，就更不会密切关注并学习同行的优点，就必然被竞争激烈的市场环境所淘汰。

田涛、吴春波所著的《下一个倒下的会不会是华为》一书，我认真细读了两遍，受益很多。以华为的兴衰逻辑的故事，叙述了华为创新的历程，充分说明靠这种忧患意识和自我批判才有华为的今天。

第六，重视基础研究和基础教育是振兴华为的根本。

华为长期重视基础研究和基础教育，认为没有基础研究，产业就会架空。一个产业的诞生和振兴，需要无数科学家百年的开放合作，需要坐十年冷板凳的科研精神。基础研究的根本在于基础教育，需要形成一片人才黑土地。所以华为是用最优秀的人培养更优秀的人。

第七，任正非以身作则，榜样的力量是无穷的。

任正非是华为的创始人，投资 2 万多元起家的，但本人的股份只占 1.4%，98.6%的股份由员工分享。为了华为的生存和发展，大胆直言。有一次请了几位科学家座谈华为未来的发展方向，由值班CEO 徐直军主持，食堂给了任正非一个大馒头加酱豆腐，看他吃得津津有味，还抢着发言。大家认为万物相联，物联网是华为下一步的重点。当互联网刚兴起的时候，华为就抢先一步。

他平易近人，生活简朴，我们交谈时，他自己开了车来的，没有前呼后拥。他公差出去往往也是一个人，这是榜样的力量。华为建立了一套严明的奖惩制度。奖励提拔"屁股对着老板"的人。光为领导服务了就疏忽了为客户服务。我听任正非讲了一个故事，发现下面业务部门做假，毫不留情做了处罚，任正非说我有领导责任，所以我罚 100 万元，下面值班 CEO 每人被罚 50 万元。

第八，将合规落实到所有业务活动和员工管理中。

华为从 2007 年建立贸易合规体系，组建由集团首席合规官负责的全球合规责任体系。法律道德与全球合规是华为在全球生存、服务、贡献最重要的基础，并将合规落实到所有业务活动和员工管理中。

第九，公司治理从人治走向法治。

华为开始实行高度集中的管理体制，任正非说权力太集中风险太大，人在机构在，人不在机构就亡了，所以在公司治理上努力探索法治化的道路，权力适当分散以调动方方面面的积极性，建立了值班CEO制度，是一个有效的举措，日常工作由值班 CEO 轮流承担起来，而且可从 CEO 当中培养接班人。把董事长、总经理虚设，只有否决权，其他都是值班 CEO 掌握。

第十，深圳为华为创造了经济环境、法律环境和营商环境。

华为在深圳，如果华为在别的地方，可能华为没有今天。为什么？因为深圳有创造一流企业的环境，营造其经济环境、法律环境、营商环境。国家发改委宏观研究院常修泽教授在深圳参加会议，讲解国家为何支持深圳作为中国特色示范区，说深圳不是现在才重视这个问题，早在 2001 年深圳高级顾问会议就讨论深圳如何建设中国特色社会主义示范区，18 年前就讨论这个问题了。当时一个高级顾问黄涤岩是中国银行香港负责人，他提出了我们要建设中国特色社会主义示范区，要当样板，首先应回答什么是中国特色社会主义？这个前提不确定、不明确怎么能建设示范区。我当时讲了中国特色社会主义主要是四条：一是以民为本，这是中国特色社会主义出发点和落脚点；二是市场经济，这是中国特色社会主义经济的运行基础；三是共同富裕，这是中国特色社会主义重要目标；四是民主政治，这是中国特色社会主义的重要内容。其后，马洪同志提出，这四条很好，建议再加一条中华文化。所以五是中华文化，它是中国特色社会主义的内在要求。这五条在网上至今还保留着，18 年前的东西网络上都记录下来了。深圳市有关领导很重视，因为这是中国特色社会主义示范区很重要的历史材料，国家支持中国特色社会主义示范区，首先要了解历史，深圳是中国改革的窗口，一直走在前面，18 年前就在讨论怎么样建设中国特色社会主义示范区了。

我把华为为何成为世界一流企业，做了 10 条归纳，讲得不妥的地方请大家指正。

（本文系作者 2019 年 9 月 21 日在复旦大学的演讲）

策划编辑：张振明
责任编辑：刘彦青
封面设计：王欢欢

图书在版编目（CIP）数据

民营经济论/高尚全 著. —北京：人民出版社,2020.1
ISBN 978－7－01－021734－5

Ⅰ.①民…　Ⅱ.①高…　Ⅲ.①民营经济-研究-中国　Ⅳ.①F121.23

中国版本图书馆 CIP 数据核字（2019）第 288502 号

民营经济论

MINYINGJINGJI LUN

高尚全　著

人民出版社 出版发行

（100706　北京市东城区隆福寺街 99 号）

北京汇林印务有限公司印刷　新华书店经销

2020 年 1 月第 1 版　2020 年 1 月北京第 1 次印刷
开本：710 毫米×1000 毫米 1/16　印张：20
字数：237 千字

ISBN 978－7－01－021734－5　定价：45.00 元

邮购地址 100706　北京市东城区隆福寺街 99 号
人民东方图书销售中心　电话（010）65250042　65289539